MASUREN

W0022556

DUMONT REISE-TASCHENBUCH

Vordere Umschlagklappe: Nordosten Polens, Westteil

Hintere Umschlagklappe: Nordosten Polens, Ostteil

Titelbild: Bootssteeg am jezioro Mamry
Umschlaginnenklappe vorne: Masurisches Mohnfeld
Vignette: Schwan auf dem jezioro Łuknajno
Seite 2/3: Boote auf der Krutynia
S. 198: Am jezioro Mamry
Umschlaginnenklappe hinten: Krantor und Mottlau-Ufer in Danzig
Umschlagrückseite oben: Heuernte bei Krutyń
Umschlagrückseite Mitte: Kamaldulenserkloster in Wigry
Umschlagrückseite unten: Bischofsburg in Lidzbark Warmiński (Heilsberg)

Über den Autor: Tomasz Torbus, geboren 1961, studierte in Warschau und Hamburg Kunstgeschichte und Ethnologie; er wurde 1998 mit einer Arbeit über die Burgen im Deutschordensland Preußen promoviert. Er arbeitet als freier Autor und Studienreiseleiter in Leipzig und Wrocław (Breslau).
Der Autor dankt Frau Dörte Muß-Gorazd dafür, daß sie das Manuskript aufmerksam gegengelesen hat.

© DuMont Reiseverlag, Köln
3., aktualisierte Auflage 2002
Alle Rechte vorbehalten
Umschlaggestaltung: Groschwitz, Hamburg
Satz und Druck: Rasch, Bramsche
Buchbinderische Verarbeitung: Bramscher Buchbinder Betriebe

Printed in Germany ISBN 3-7701-4403-1

INHALT

LAND & LEUTE

Natur und Lebensraum

Masuren – eine Zeitreise	12
Geographische Regionen	13
›Steckbrief‹: der Nordosten Polens	14
Flora und Fauna	15
Thema: Nationalparks	16

Geschichte und Kultur

Geschichte im Überblick	20
Frühzeit – Heidnische Prußen	20
Christianisierung – Deutschordensritter	20
Thema: Zweimal Tannenbergschlacht	22
Herzogtum und Königliches Preußen	24
Die Preußischen Provinzen Ost- und Westpreußen	24
Seit dem Zweiten Weltkrieg	25
Von Prußen und Masuren, Deutschen und Polen	26
Thema: Ein Überbleibsel des Realsozialismus – die PGR	28
Wo die Kirchen noch brechend voll sind – Katholizismus	30
Deftig und ungemein substantiell – Polnische Küche	32
Thema: Nationalgerichte – Bigos und Chłodnik	34
Nicht nur Backsteingotik – Kunstgeschichte	37
Auf der Suche nach einem verlorenen Land – Literatur	39

UNTERWEGS
IM NORDOSTEN POLENS

Die Oberländische Seenplatte

Elbląg (Elbing)	46
Thema: Elbląg oder Danzig –	
Die polnische Denkmalpflege am Scheideweg	48
Stadtrundgang	50
Oberländischer Kanal	52
Am Frischen Haff	54
Frombork (Frauenburg)	55
Thema: Deutscher oder Pole –	
Der Astronom Nikolaus Kopernikus	58
Braniewo (Braunsberg)	61
Von Pasłęk (Preussisch Holland) nach Ostróda (Osterode)	63
Iława (Deutsch Eylau)	65
Kamieniec (Finckenstein)	66

Olsztyn und das Ermland

Das Ermland	70
Olsztyn (Allenstein)	71
Stadtrundgang	72
Gietrzwałd (Dietrichswalde)	77
Thema: Dem Verfall nahe –	
Schlösser in West- und Ostpreußen	78
Olsztynek (Hohenstein) und Umgebung	80
Nidzica (Neidenburg)	83
Barczewo (Wartenburg)	84
Dobre Miasto (Guttstadt) und Lidzbark Warmiński	
(Heilsberg im Ermland)	85
Bartoszyce (Bartenstein) und Liski (Liesken)	89
Orneta (Wormditt)	91

Giżycko und die nördlichen Masurischen Seen

Die Masurischen Seen	94
Giżycko (Lötzen)	95
Kętrzyn (Rastenburg) und die Wolfsschanze	100

Święta Lipka (Heiligelinde) und Reszel (Rössel)	103
Drogosze (Dönhoffstädt) und Barciany (Barten)	106
Thema: Ein allgegenwärtiger Begleiter –	
Der Weißstorch	108
Sztynort (Steinort) und Węgorzewo (Angerburg)	111
Thema: Das Problem der Namensgebung –	
Ein Beispiel aus Lenz' ›Heimatmuseum‹	112
Rund um Gołdap (Goldap)	116

Der Süden Masurens –
rund um Mikołajki (Nikolaiken)

Die südlichen Masurischen Seen	124
Mrągowo (Sensburg)	125
Sorkwity (Sorquitten)	128
Mikołajki (Nikolaiken) und der Śniardwy-(Spirding-)See	131
Thema: Tarpane – Eine rückgezüchtete Wildpferdrasse	134
Durch die Puszcza Piska (Johannisburger Heide)	136
Thema: Die Altgläubigen in Wojnowo	140
Pisz (Johannisburg)	143
Thema: Woher die Masuren kommen	144
Ełk (Lyck) und der Biebrzański-Nationalpark	146

Im Nordosten Polens – rund um Suwałki

Der Nordosten Polens	152
Suwałki	154
Von Swajcaria (Schweiz) nach Puńsk	156
Wigry-Nationalpark	158
Augustów und Umgebung	162
Thema: Die kurze Laufbahn des Architekten Maciej Nowicki	163

Ein Abstecher nach Danzig (Gdańsk)
und Marienburg (Malbork)

Danzig (Gdańsk)	168
Die Rechtstadt	168
Am Langen Markt (Długi Targ)	172
Am Mottlau-(Motława-)Kai	177
Marienkirche und Krantor	179
Rund um die Dominikanerkirche	182
Altstadt	184

Thema: Lenin-Werft und ›Solidarność‹ –
Das Ende des Kommunismus 186
Die Umgebung Danzigs 188
Oliwa (Oliva) 188
Sopot (Zoppot) 189
Malbork (Marienburg) 192

TIPS & ADRESSEN

Reisevorbereitung 201
Anreise 203
Unterwegs in Masuren 205
Unterkunft 207
Kleiner Sprachführer 209
Informationen von A–Z 211

Abbildungs- und Quellennachweis 219
Register 220

Verzeichnis der Karten und Pläne

Nordosten Polens, Westteil Vordere Umschlaginnenklappe
Nordosten Polens, Ostteil Hintere Umschlaginnenklappe
Stadtplan Elbląg (Elbing) 47
Die Oberländische Seenplatte 51
Stadtplan Olsztyn (Allenstein) 71
Olsztyn (Allenstein) und das Ermland 74
Giżycko (Lötzen) und die nördlichen Masurischen Seen 96/97
Der Süden Masurens – rund um Mikołajki (Nikolaiken) 126/127
Im Nordosten Polens – rund um Suwałki 153
Stadtplan Gdańsk (Danzig) 171
Marienburg 193

LAND & LEUTE

Im Süden Ost-
preußens, zwischen
Torfmooren und san-
diger Öde, zwischen
verborgenen Seen
und Kiefernwäldern
waren wir Masuren
zu Hause – eine Mi-
schung aus pruzzi-
schen Elementen und
polnischen, aus bran-
denburgischen, salz-
burgischen und russi-
schen.

Siegfried Lenz,
›So zärtlich war
Suleyken‹ (1955)

Natur und Lebensraum

Masuren – eine Zeitreise

Im Land der 3000 Seen – Geographie

Wo die Störche klappern – Flora und Fauna

Mehr als 3000 Seen laden zum Angeln ein

Natur und Lebensraum

Masuren – eine Zeitreise

Eine liebliche Landschaft, in der hügelige Äcker, blaue Seen und dunkelgrüne Wälder dicht nebeneinander liegen, breitet sich aus. Die weiten Spiegel der Seen mit den weißen Farbtupfern der Segelboote und einsame Forsthäuser am Waldrand sorgen für romantische Stimmung. Unvergeßlich der Sonnenuntergang an Deck einer Jacht, wo nur die Kormorane die Stille stören. Getreidefelder werden von Bauern bestellt, die mit der Sense und den Zugpferden arbeiten, im Frühjahr leuchten die Rapsfelder goldgelb. Wunderschöne, kopfsteingepflasterte Alleen, auf denen ein Panje-Wagen nur langsam dahinzockelt. Dörfer wie aus fernen Kindheitserinnerungen, mit gackerndem Geflügel und hochmütigen Störchen in ihren Nestern. An den kleinen Häuschen wenden sich die Sonnenblumen dem Licht zu; die Gartenzäune sind von bunten Wicken umrankt. Am Rande der Kornfelder der in anderen Breiten längst vergessene Anblick von Kornblumen, Klatschmohn und wilden Margeriten. Gerade diese Bilder machen die Attraktivität Masurens aus. Man fühlt sich in der Zeit zurückversetzt – die Gegenwart hält hier nur langsam Einzug.

Seit der Wende 1989 ist das Land Polen nähergerückt, weder Visumpflicht noch sozialistische Unannehmlichkeiten in den Hotels und Gaststätten hindern den Besucher.

Viele möchten das Land der Deutschordensritter und Störche, von Lenz und Grass sehen, vielleicht auch »das Land der dunklen Wälder und kristallnen Seen«, aus dem die Großmutter stammte. Seit einigen Jahren entdecken deutsche Besucher auch die landschaftlichen Reize: Wo ist die Natur noch in einem so ursprünglichen Zustand? Wo kann man Pilze sammelnd durch den Wald wandern, ohne eine Menschenseele zu treffen, oder auf dem Fahrrad die Landstraßen entlangstrampeln, ohne von Autos belästigt zu werden? Inzwischen haben viele Masuren lieb gewonnen und freuen sich alljährlich auf ein Wiedersehen. Und tatsächlich macht vieles die Reise lohnenswert. Die faszinierende, oft sehr bewegte, gar blutige Geschichte hinterließ Zeugnisse, die ihresgleichen suchen. Wenn man in Masuren weilt, liegen zwei Schmuckstücke nahe: die majestätische, Macht ausstrahlende Marienburg (Malbork) und Danzig (Gdańsk) mit seiner Architektur von Weltrang, die nach dem letzten Krieg mit Fingerspitzengefühl aus den Trümmern zum Leben erweckt wurde. Weiter östlich liegen Frombork (Frauenburg) und Lidzbark Warmiński (Heilsberg im Ermland), die man nicht versäumen sollte, und … sehr, sehr viel Natur.

Auch die Begegnung mit den Menschen macht die Reise faszinierend. Immerhin ist man in dem nach Frankreich zweitgrößten Nachbarland Deutschlands, zu dem ein kompliziertes Verhältnis besteht. Er-

Geographische Regionen

Ein häufiger Anblick: Panje-Wagen

staunlich aber, wie schnell in den letzten Jahren hierin Normalität eingekehrt ist. Und schließlich ist man in dem Land, das sich die Gastfreundschaft auf seine Fahnen geschrieben hat. *Witamy w Polsce*, »Willkommen in Polen!«

Geographische Regionen

Das Ermland, Oberland, Masuren, der Süden des alten Ostpreußen, der Nordosten Polens – wie man das weder geographisch noch historisch abgrenzbare Gebiet auch nennen mag, es ist geographisch gesehen ein Teil des Baltischen Höhenrückkens. Hier, in diesem stark gewellten Moränengebiet mit bis zu 300 m Höhe, befinden sich die wasserreichsten Seengebiete Polens – die Große Masurische Seenplatte (Wielkie Jeziora Mazurskie), die Oberländische Seenplatte (pojezierze Iławskie) und die Suwałki-Seenplatte (pojezierze Suwalskie). Im Süden geht die hügelige Landschaft in die flache Masowische Tiefebene (Nizina Mazowiecka) über.

Der Ursprung dieser Landschaft, die sich von Schleswig-Holstein bis zum Baltikum erstreckt, liegt in der Eiszeit. Während der drei großen

›Steckbrief‹: der Nordosten Polens

Geographische Abgrenzung: Die Nordgrenze unseres schwer zu definierenden Gebietes zieht sich entlang der Ostsee und der schnurgeraden polnisch-russischen Grenze, die Ostgrenze entlang der heutigen polnisch-litauischen und polnisch-weißrussischen Grenze. Im Süden und Westen macht unsere Beschreibung ungefähr halt an der ehemaligen Grenze Ostpreußens zu Polen (mit Nowogród und Biebrzański Park Narodowy als Ausnahme) und zur Provinz Westpreußen (Ausnahmen sind die westpreußischen Städte Elbląg/Elbing, Gdańsk/Danzig und Malbork/Marienburg).
Größte Erhebungen: Góra Dylewska (Kernsdorfer Höhen) 313 m, Szeska Góra (Seesker Höhen) 309 m. **Größte Seen:** jezioro Śniardwy (Spirding-See) ca. 114 km^2, Mamry (Mauer-See) 104 km^2, Jeziorak (Geserich-See) 35 km^2 und Wigry 22 km^2. **Längste Flüsse:** Weichsel (Wisła) 1047 km, Łyna (Alle) 289 km, davon 224 km in Polen, Pasłęka (Passarge) 211 km, Biebrza 164 km und Krutynia (Kruttinna) 94 km.

Bevölkerung: Polen zählt rund 38,5 Mio. Einw.; die durchschnittliche Bevölkerungsdichte liegt bei 124 Personen/km^2, in den Woiwodschaften Olsztyn und Suwałki bei knapp der Hälfte. Im Nordosten Polens ist die ›Dreistadt‹ (Danzig, Sopot/Zoppot und Gdynia/Gdingen) mit etwa 760 000 Einw. die einzige Großstadt, mit großem Abstand gefolgt von Olsztyn (Allenstein; 170 000 Einw.) und Elbląg (Elbing; 130 000 Einw.). Die größten masurischen Städte zählen knapp 30 000 Einw. (Mrągowo/Sensburg, Ełk/Lyck, Giżycko/Lötzen).
Politik und Verwaltung: Polen ist seit der Ausrufung der ›Dritten Republik‹ 1990 eine parlamentarische Demokratie mit einem alle 5 Jahre vom Volk gewählten Präsidenten, der nach der 1997 verabschiedeten Verfassung das Vetorecht für die Beschlüsse des Sejm (gesetzgebende untere Kammer des Parlaments) hat. Seit den Wahlen 2001 regiert eine Koalition aus dem Bündnis der demokratischen Linken (SLD), einer weiteren linken Partei (UP) sowie der Bauernpartei (PSL), geführt von Premierminister Leszek Miller.

Die Verwaltungsreform ließ aus der bisherigen Aufteilung des Landes in 49 Woiwodschaften 16 größere Einheiten entstehen. Im Nordosten gibt es seit 1999 eine Woiwodschaft Pommerellen (Pomorze Wschodnie) mit den Zentren in Danzig und Słupsk (Stolp), eine Woiwodschaft Ermland und Masuren (Warmia-Mazury) mit Olsztyn (Allenstein) und Elbląg (Elbing) sowie Podlachien (Podlasie) mit Białystok und Suwałki.

Eiszeitperioden, vor 500 000 bis etwa 30 000 Jahren, waren Nord- und Zentraleuropa bis zu den Mittelgebirgen hin fast ständig von hundert Meter dicken Gletschermassen bedeckt. Diese Gletscher schleppten Massen von lockerem Gestein und Erde mit sich. In den Randzonen lagerten sich Gesteinsbruchstücke und Geröll ab und formten langgestreckte Züge und Hügelketten, die Endmoränen. Im südlichen Vorland der Gletscher brachen gewaltige Schmelzwassermassen mit mitgerissenem Sand hervor und ließen schwach geneigte Sander- (Schotter- und Sand-)flächen entstehen, beispielsweise dort, wo heute die Johannisburger Heide (Puszcza Piska) wächst.

Wie viele Seen es in Masuren gibt, weiß niemand. Ungefähr 3000 zählte man in allen polnischen Seenplatten östlich der Weichsel (Wisła). Die Entscheidung, ob mancher Tümpel oder stark verlandete See dazu zählt, ist gewiß sehr schwierig. Die Geographen unterscheiden einige Kategorien von Seen – große Flachseen, die in einer Grundmoräne entstanden sind, Staueisseen, wo Schuttmassen den Abfluß des Wassers nach Süden blockierten, tiefe, schmale und sehr lange Rinnenseen und schließlich die Toteisseen, die an der Stelle eines geschmolzenen Eisblocks entstanden sind. In den wissenschaftlichen Erörterungen findet man freilich selten einen Hinweis darauf, daß gerade diese kleinen, tiefen, runden Seen landschaftlich besonders reizvoll sind. Sie erwecken den Eindruck, als ob Giganten in der Landschaft glänzende Perlen verstreut hätten.

Flora und Fauna

Masuren und die umliegenden Landschaften sind ein Paradies für Biologen. Von den vier wichtigsten Waldgebieten, die etwa ein Viertel des Gebietes bedecken, zählen zwei (Johannisburger und Augustów-Heide) mit ihren über 100 km^2 zu den größten des Landes. Sie gehören auch zu jenen 21 % der polnischen Wälder, die als gesund eingestuft werden. Hier gibt es keine Monokulturen wie die Fichtenwälder Südpolens, sondern einen resistenteren Mischwald mit Eichen, Kiefern und Fichten. Erlen, Birken und Eschen wachsen in den sumpfigen Niederungen. Das Unterholz bilden Wacholder, Eberesche und Haselstrauch. Zwischen Erdbeeren und Blaubeeren blühen Leberblümchen und Anemonen. In den Naturschutzgebieten sind viele Orchideenarten, z. B. Frauenschuh anzutreffen. Unter jenen Pflanzen, die in Masuren endemisch (d. h. nur hier) vorkommen, ist vor allem ein Relikt der Eiszeit zu erwähnen, die Lappländische Weide, die im Reservat Spytkowo bei Giżycko beheimatet ist.

Die Wasserflächen der Seen sind von Teichrosen bedeckt, während an den Ufern Rohrkolben und Kalmus

Natur und Lebensraum

Nationalparks

Vier Nationalparks befinden sich im Nordosten Polens: Białowieski (Białowieża), Narwiański, Wigierski und Biebrzański Park Narodowy. Der letzte gehört neben Kampinos bei Warschau und der Hohen Tatra zu den drei flächenmäßig größten Parks des Landes. Er umfaßt die Biebrza-Sümpfe – dieses der Fläche nach größte Sumpfgebiet in Europa (die GUS-Staaten ausgenommen), erstreckt sich beiderseits des gleichnamigen Flusses, der in seiner vollen Länge von 164 km der einzige naturbelassene Wildfluß des Kontinents ist. Rund 250 der 280 Brutvogelarten Europas leben hier. Nicht nur Vogelfreunde haben ihre Freude, wenn die bunten Kampfläufer im Frühling ihre aufwendigen Balztänze vorführen.

Außer den genannten Nationalparks gehören zu den wichtigsten unter den kleineren Reservaten der jezioro Łuknajno (Lucknainen-See) mit der größten europäischen Höckerschwankolonie, Jezioro Dobskie (Doben-See) mit den schwarzen Kormoranen, jezioro Oświn (Nordenburger-See) mit etlichen Vogelarten, u. a. Schwarzstörchen und Kranichen, und schließlich das Reservat Mokre bei Sztynort (Steinort), wo ein über hundertjähriger Eichenwald in einem sumpfigen Gelände geschützt ist.

Seit etwa 20 Jahren wird die Errichtung des Masurischen Nationalparks angekündigt, dessen Etablierung aber auf erhebliche Schwierigkeiten stößt. Während in anderen Gebieten Polens ein Nationalpark nach dem anderen per Dekret zu schaffen ist, gibt es hier inzwischen eine Tourismuslobby, die sich den Plänen heftig widersetzt. Deren Vertreter argumentieren, daß die wertvollsten Teile Masurens bereits in elf Reservaten geschützt sind und daß der Rest der Landschaft ohnehin bereits dermaßen von Menschen verändert wurde, daß weitere Hotels sozusagen auch nichts mehr kaputtmachen könnten. Die Johannisburger Heide (Puszcza Piska), die er umfassen soll, ist tatsächlich bereits mehrmals in der Geschichte gerodet worden und jedesmal neu zugewachsen. Trotzdem muß diese Landschaft, Flora und Fauna, schnellstens gesetzlich geschützt werden.

Der Kampf zwischen den Anhängern des Ökotourismus und jenen, die um jeden Preis den Massentourismus in diese unterentwickelte Gegend locken möchten, geht weiter. Dabei ist der Hauptleidtragende die Natur des hoffentlich noch nicht ad acta gelegten Masurischen Nationalparks selbst.

Flora und Fauna

das Wasser erobern. Auf verlandenden Gewässern tauchen zuerst die ›Triebkämpe‹ auf, durch verknäulte Wurzeln gebildete schwimmende Inseln, anschließend Wollgras, Sonnentau, Moosbeere und Sumpfporst, ein Heidekrautgewächs.

In dieser reich wuchernden Vegetation leben ein großer Teil aller 3500 polnische Elche und die Mehrheit der etwa 100 000 Hirsche und Wildschweine, auch ein gewichtiger Teil der einen Million Hasen und halben Million Rehe. Zu den seltenen Säugetieren gehören Luchse in der Puszcza Borecka und in den Biebrza-Sümpfen. Auch Tarpane und Wisente wurden in der Puszcza Borecka in die Wildnis entlassen. Die Population der Wölfe ist in den letzten Jahren angewachsen und zählt vermutlich etwa 100 Exemplare. Unter den kleineren Raubtieren gibt es Füchse, Dachse und einen russischen Import, den erst in den letzten Jahren von Osten zugewanderten Marderhund.

Neben den gängigen Reptilien lebt hier noch eine absolute Seltenheit, die Sumpfschildkröte. Anders als sie ist der Biber nicht mehr gefährdet. Nach dem Zweiten Weltkrieg in freier Wildbahn fast ausgestorben, wurden in der Forschungsstation Popielno gezüchtete Biber an den Flüssen ausgesetzt und vermehrten sich anschließend dermaßen, daß ihn manche sogar aus der Liste der geschützten Arten streichen wollen.

Masuren, die Suwałki-Region und die Biebrza-Sümpfe sind ein Paradies für Vögel, von denen hier etwa 300 Arten leben. Am seltensten anzutreffen sind die majestätischen Seeadler, gefolgt von ihren kleineren, häufiger auftretenden Verwandten aus der Greifvogel-Familie: Schrei- und Fischadler, Rot- und Schwarzmilane. Wenn man durch die Wälder wandert oder an einem Seeufer steht, erblickt man häufig einen Hauben- oder Rothalstaucher, einen der hier mit vielen Arten vertretenen Spechte oder vielleicht auch Steinkäuze, Uhus und Rohrdommeln.

Der Nordosten Polens ist aufgrund der geringeren Bevölkerungsdichte und der kaum vorhandenen Industrie naturbelassener als der Süden. Bis auf Elbląg mit seinen Werften, die Reifenfabrik in Olsztyn sowie kleinere Betriebe in Ełk oder Suwałki sucht man zum Glück vergebens nach Industrieanlagen und qualmenden Schornsteinen.

Größte Chance und Gefahr zugleich ist der Tourismus. Er sorgt einerseits für Geldzufluß in dieser armen Gegend mit ihrer bankrotten Landwirtschaft. Andererseits birgt er aber auch Risiken, da sanfter Tourismus hier für viele noch ein Fremdwort ist. Heute, wo die Seen immer noch sauber sind, nach dem Bau von Kläranlagen sogar sauberer als noch vor ein paar Jahren, und wo bis auf ein Hotel in Mikołajki keine die Landschaft verschandelnden Betonbettenbunker gebaut wurden, ist Masuren immer noch ein Land, wo Natur großgeschrieben wird.

Geschichte und Kultur

Geschichte im Überblick

Von Prußen und Masuren, Deutschen und Polen

Wo die Kirchen noch brechend voll sind – Katholizismus

Deftig und ungemein substantiell – Polnische Küche

Nicht nur Backsteingotik – Kunstgeschichte

Auf der Suche nach einem verlorenen Land – Literatur

Heuernte bei Krutyń

Geschichte im Überblick

Frühzeit – Heidnische Prußen

Steinzeit Im südlichen Ostseeraum leben unterschiedliche Völker, u. a. die germanischen Goten und Gepiden, die vom 4. Jh. an nach Westen auswandern. Ab dem 2. Jh. n. Chr. siedeln Prußen an der Küste östlich von Danzig; die weiten Gebiete westlich und südlich davon sind ab dem 5. Jh. von Slawen bevölkert.

997 Der Prager Bischof Adalbert (Wojciech) unternimmt von ›urbs Gyddanyzc‹ eine Missionsreise zu den Prußen im Auftrag des ersten polnischen Königs Bolesław des Tapferen und erleidet bei Elbing oder im Samland den Märtyrertod.

Der hl. Adalbert erhält den Bischofsstab, Domtür in Gniezno, 12. Jh.

Christianisierung – Deutschordensritter

1230 Der Deutsche Ritterorden beginnt auf die Veranlassung Konrads I., Herzog von Masowien (des Gebiets um das spätere Warschau), die Eroberung des Prußenlandes. Nach der Kruschwitzer Urkunde schenkt er dem Orden das Kulmerland

Geschichte im Überblick

(nördlich von Toruń/Thorn). Sowohl Kaiser Friedrich II. als auch Papst Gregor IX. ermächtigen den Orden, das ›Niemandsland‹, wie damals nichtchristliche Gebiete genannt werden, zu erobern.

1283 Die Eroberung des Prußenlandes gilt als abgeschlossen. Der Deutsche Orden geht zum planmäßigen Aufbau seines Staates über, der das Gebiet der Provinzen West- und Ostpreußen des 19. Jh. umfaßte. Etwa 100 Städte und 1000 Dörfer werden in der folgenden Zeit gegründet und häufig mit deutschen Siedlern besetzt. Die politische, wirtschaftliche und religiöse Macht besaß die dünne, in der Blütezeit des Ordens etwa 2000 Deutschordensritter zählende Oberschicht.

1308–09 Siegfried von Feuchtwangen, Hochmeister des Deutschen Ordens, verlegt seinen Sitz von Venedig in die Marienburg, die zum Machtzentrum des Staates wird. Die Deutschordensritter besetzen das 1294 polnisch gewordene Danzig und vertreiben die Brandenburger, die die Burg und die Stadt belagern – ein Bruch in den bisher freundschaftlichen Beziehungen zu Polen.

1352–82 Das Ordensland erlebt unter dem Hochmeister Winfried von Kniprode seine Blütezeit. Nur an den östlichen Rändern geht der Krieg gegen Litauen weiter, dessen Eroberung und Christianisierung die offizielle Daseinsberechtigung für den Ordensstaat darstellt. Erste zaghafte Versuche werden unternommen, das spätere Masuren, die ›Große Wildnis‹, zu erschließen.

1386 Jagiełło, der Fürst von Litauen, läßt sich in Krakau taufen, heiratet die polnische Königin Hedwig von Anjou (Jadwiga Andegaweńska) und öffnet sein Land der christlichen Mission.

1409–11 Der ›Große Krieg‹ zwischen dem Deutschordensland Preußen und Polen-Litauen, in dessen Verlauf der Orden eine vernichtende Niederlage in der Tannenbergschlacht (Grunwald, 1410) erleidet. Danzig, Thorn, Elbing und Königsberg huldigen dem polnischen König. Heinrich von Plauen, der spätere Hochmeister, rettet den Staat vor dem Zusammenbruch, indem er die Marienburg geschickt verteidigt.

1454–66 Die andauernde Finanzkrise im Ordensstaat und die Emanzipationsbestrebungen der Hansestädte führen zu einem Aufstand der im ›Preußischen Bund‹ vereinigten Ritter und Patrizier, die zuvor um die Aufnahme Preußens in die polnisch-litauische Monarchie gebeten hatten (›Dreizehnjähriger Krieg‹ oder ›Städtekrieg‹). Im Zweiten Thorner Frieden wird das spätere Westpreußen mit Danzig, Elbing und Thorn sowie das Bistum Ermland als autonomes Gebiet (›Preußen des

Geschichte und Kultur

Zweimal Tannenbergschlacht

Am 10. Juli 1410, einem heißen Sommertag, stellten sich etwa 25 000 Ritter unter der Führung des Deutschen Ordens der etwa 33 000 Soldaten zählenden Armee des polnisch-litauischen Königs Władysław (Ladislaus) III. Jagiełło. Als mit der Dämmerung der Kampf entschieden war, lagen zwei Drittel aller Beteiligten tot auf dem Feld, darunter die gesamte Elite des Ordensstaates mit dem Hochmeister Ulrich von Jungingen. Mit ihnen starb der Mythos des unbesiegbaren Ordens.

Seit den Teilungszeiten in Polen zum ›nationalen Sieg‹ erklärt, spielt diese Schlacht im polnischen Bewußtsein eine nicht zu unterschätzende Rolle. Als Gedächtnisstütze diente die Kunst: das gigantische Gemälde ›Grunwald-Schlacht‹ des Historienmalers Jan Matejko (Nationalmuseum Warschau, 426 x 987 cm) sowie der Roman des Quo-Vadis-Autoren Henryk Sienkiewicz ›Kreuzritter‹ (1900), dessen Verfilmung aus den 60er Jahren immer noch der unschlagbare Kassenhit des polnischen Kinos ist.

Im Film gibt es eine Szene, die bereits die mittelalterlichen Chronisten wiedergaben. Ein Herold des Deutschen Ordens überbrachte vor der Schlacht dem polnischen König zwei nackte Schwerter. Dieser bedankte sich mit dem Hinweis, daß sie zwar genügend Waffen hätten, aber auch für diese zwei Verwendung finden würden. Der anschließende polnisch-litauische Sieg hatte freilich nichts mit diesen zwei Schwertern zu tun, sie wurden aber im Laufe der Jahrhunderte zur Legende. Als die preußischen Beamten im 19. Jh. den Kindern in Posen den Religionsunterricht in polnischer Sprache verboten und als die NS-Besatzung das Land mit Grauen überzog, erinnerte man

Jan Matejko, ›Grunwald-Schlacht‹,
1878, Nationalmuseum Warschau

22

Geschichte im Überblick

sich wieder an jene Schwerter, die zum Symbol des deutschen Machtstrebens und der deutschen Arroganz aufstiegen. Alle Hinrichtungsstellen aus dem Zweiten Weltkrieg wurden mit dem Symbol dieser Schwerter markiert.

Im anderen Extrem wurde in Deutschland nach der Reichsgründung 1871 nach einem Symbol gesucht, das den damaligen Nationalitätenkampf geschichtlich erklären sollte. So machte man den Deutschen Orden zum Träger der gesamten kulturellen Entwicklung an der Ostsee unter den ›kulturarmen‹ Slawen und Balten. Der große Sieg über die Russen von 1914 in der Nähe von Hohenstein wurde auf Vorschlag des kommandierenden preußischen Generals Erich Ludendorff ›Tannenbergschlacht‹ getauft, obwohl er relativ weit vom mittelalterlichen Schlachtfeld stattgefunden hatte.

Die Glorifizierung des Deutschen Ordens erreichte in der NS-Zeit ihren Höhepunkt mit der Errichtung von Erziehungsstätten für Jugendliche, den sogenannten Ordensburgen. Ein Paradoxon war es allerdings, daß diese Vergöttlichung des Ordens mit seiner gleichzeitigen Auflösung durch Hitler einherging. Zu friedlich war dieser mit karitativen Aufgaben betraute Orden, zu wenig paßte er in das zu vermittelnde martialische Bild.

Königlichen Anteils‹, meist Königliches Preußen/Prusy Kró-
lewskie genannt) polnisch.

Herzogtum und Königliches Preußen

1525   Der preußische Ordensstaat wird aufgelöst. Albrecht von
Brandenburg-Ansbach säkularisiert den Staat, der fortan ein
protestantisches Herzogtum als Lehensgebiet Polens (Herzogtum Preußen) wird.

1569   Der Reichstag zu Lublin schafft die Autonomie von Königlich
Preußen innerhalb des polnischen Staates ab. Theoretische
Autonomie genießen Thorn und Elbing, praktische nur Danzig, das auch von der zunehmenden Polonisierung und Rekatholisierung des Landes kaum betroffen ist.

1655–60   Im ersten Nordischen Krieg wird das Herzogtum Preußen unter dem Großen Kurfürsten, Friedrich Wilhelm von Brandenburg-Preußen von Polen unabhängig.

1701   Trotz der Proteste der im Reich tätigen Deutschordensbrüder
wird Kurfürst Friedrich III. von Brandenburg als Friedrich I.
zum ›König in Preußen‹ gekrönt.

Die Preußischen Provinzen Ost- und Westpreußen

1772, 1793   In der Ersten Teilung Polens kommen das Königliche Preußen
und das Ermland zum Staat Friedrichs des Großen. 20 Jahre
später werden auch Thorn und Danzig Preußen einverleibt.

1807–15   Napoleon Bonaparte besetzt nach den Schlachten von Preussisch Eylau und Friedland Preußen; Danzig wird Freie Stadt.
Befreiungskämpfe unter dem preußischen General von Yorck.

1871   Die Provinzen West- und Ostpreußen erleben nach der
Reichsgründung einen wirtschaftlichen Aufschwung. Die französischen Reparationen nach dem Krieg 1870 werden über-
wiegend für die Entwicklung Preußens, vor allem für den Bau
des Eisenbahnnetzes, verwendet.

1920   Der polnische Staat wird wieder hergestellt. Im Versailler
Vertrag bekommt der neue Staat einen schmalen Zugang zur
Ostsee (Polnischer Korridor). In Westpreußen (Marienwerder,
Marienburg) und im gesamten Süden Ostpreußens werden
Abstimmungen abgehalten, die in gewaltiger Mehrheit zugun-
sten Deutschlands ausfallen (92,5 % in Westpreußen; 98 % in

Geschichte im Überblick

Ostpreußen). Danzig wird zur Freien Stadt innerhalb des polnischen Zollbereichs.

Seit dem Zweiten Weltkrieg

1939–45 Der Zweite Weltkrieg beginnt mit dem deutschen Angriff auf das polnische Munitionsdepot Westerplatte in Danzig. In Westpreußen wird die ›Liquidierung des polnischen Volkstums‹ durchgeführt, was bedeutet, daß Tausende von Menschen, vorwiegend Intellektuelle, ermordet oder in KZs inhaftiert werden. Am Ende des Krieges schlägt das Pendel der Gewalt zurück: Tausende Zivilisten werden bei der Flucht und kurz nach dem Einmarsch der Roten Armee zu Opfern. Anschließende Vertreibung der deutschen Bevölkerung aus dem nun dem polnischen Staat einverleibten Süden Ostpreußens und aus Danzig (bis auf Nachkommen der slawischen Masuren und Ermländer).

1956 Entstalinisierung (›Tauwetter‹): Die Kollektivierung der Landwirtschaft wird gestoppt. Tausende Einwohner von Masuren (›Autochthone‹) verlassen das Land.

1980–81 Die friedliche Revolution der Gewerkschaft ›Solidarność‹, die in Danzig beginnt, untergräbt die Macht des kommunistischen Staates, der auf die Forderungen der Danziger Werftarbeiter eingehen muß. Der Demokratisierungsprozeß wird unterbrochen durch die Ausrufung des Kriegsrechts am 13. Dezember 1981 durch General Wojciech Jaruzelski, der Tausende von Gewerkschaftsaktivisten und Intellektuellen internieren läßt.

1989 Die ›Gespräche am runden Tisch‹ mit den Vertretern des Regimes, der Kirche und der ›Solidarność‹ im Untergrund vereinbaren den stufenweisen Abbau des Machtmonopols der kommunistischen Partei. In deren Folge kommt Tadeusz Mazowiecki als erster nichtkommunistischer Ministerpräsident in einem Ostblockland an die Macht.

1990–91 Unterzeichnung der Verträge über die Anerkennung der bestehenden Grenzen und über die friedliche Zusammenarbeit zwischen der wiedervereinigten Bundesrepublik Deutschland und der Republik Polen.

1999 Mit dem NATO-Eintritt feiert die polnische Außenpolitik einen Erfolg. Das erklärte Ziel bleibt die für 2004 angestrebte Mitgliedschaft in der EU.

2001 Parlamentswahlen führen zum gewaltigen Linksrutsch.

Von Prußen und Masuren, Deutschen und Polen

Heute leben in Ostmitteleuropa die Völker klar getrennt. Östlich der Oder hin bis zur nächsten politischen Grenze hört man eigentlich nur die polnische Sprache. Lediglich die Slowinzerhütten in Kluki bei Łeba, Sonntagsmessen der Kaschuben in Kartuzy bei Danzig, das Haus der deutschen Minderheit in Olsztyn (Allenstein) oder die Synagoge in Sejny lassen plötzlich das Bild einer bunten Völkermischung auferstehen. Es sind die Überbleibsel der einstigen ethnischen Vielfalt, die bestand, bevor die totalitären Systeme des 20. Jh. hier *tabula rasa* gemacht haben.

Seit dem frühen Mittelalter war das Gebiet am Südrand der Ostsee westlich der Weichsel von Slawen und östlich von ihr von Prußen, auch Pruzzen oder Preußen genannt, besiedelt. Von dieser verschwundenen Nation zeugen nur ein paar Ortsnamen und der Landesname Preußen. Faßt man alle spärlichen mittelalterlichen Informationen zusammen, entsteht von den Prußen das Bild einer Gemeinschaft von elf Stämmen, die ca. 170 000 Menschen zählten. Sie lebten dort, wo später Ostpreußen entstand. Es waren freie Bauern sowie reiche ›kunigas‹ (Könige) oder ›nobiles‹, die die Anfänge einer sich gerade bildenden Adelsschicht darstellten. Die Naturgewalten, vor allem Sonne und Mond, stellten für die Prußen göttliche Mächte dar. Aufgrund ihres Geisterglaubens verehrten sie heilige Haine, was für Bischof Adalbert im Jahr 997 tragisch endete. Er betrat vermutlich einen solchen Hain und wurde mit Speeren getötet.

Das Ende der Prußen besiegelte die Ankunft des straff organisierten Deutschen Ordens 1230, der in jährlichen Kreuzzügen das Prußenland eroberte. In diesem über 50 Jahre dauernden Kampf kannte man – im Namen Gottes – kein Pardon. 1283 siegten die besser organisierten und ausgerüsteten Ordensritter. Die dezimierten Prußen assimilierten sich nach und nach, die letzten Prußen starben in Masuren vermutlich in der Zeit der großen Pest zu Anfang des 18. Jh.

Westlich der Weichsel (Wisła) lebten seit dem 5. Jh. die Slawen (von *slowo*, ›Wort‹). Übrigens werden Deutsche in fast allen slawischen Sprachen *niemcy* oder ähnlich genannt, was so viel wie ›die Stummen‹ bedeutet. Wahrscheinlich war die Kommunikation mit ihnen mühsam. An der Ostseeküste siedelten die ›Pomoranen‹, deren Teilstämme später als Slowinzer und Kaschuben bezeichnet wurden. 200 000 Kaschuben mit ihrer dem Polnischen sehr ähnlichen, aber doch eigenständigen Sprache waren westlich von Danzig beheimatet. Seit 1466, als das Land an der unteren Weichsel polnisch wurde, siedelten hier die Polen, die im 19. Jh. in der preußischen Provinz West-

Von Prußen und Masuren, Deutschen und Polen

preußen immerhin etwa die Hälfte der Bevölkerung ausmachten.

Die ›Stummen‹, also die Deutschen, traten schon im Frühmittelalter als Siedler in den Häfen der Ostsee auf, in größerer Anzahl wurden sie erst bei der planmäßigen Erschließung des Prußenlandes durch die Deutschordensritter angeworben. Aufgrund der dort gebotenen wirtschaftlichen Privilegien zogen im 13. und 14. Jh. Bauern und Bürger aus Hessen, Westfalen, dem Rheinland, Franken oder Sachsen in die neugegründeten Dörfer und Städte. Auch viele Nachkommen von Siedlern, die sich einige Generationen zuvor in Böhmen oder Schlesien niedergelassen hatten, machten sich auf den Weg nach Osten. Die deutsche Ostsiedlung versickerte mit der Schwarzen Pest um 1350.

Größere erneute Siedlungswellen deutsch oder niederdeutsch sprechender Bevölkerung hat es erst im 16.–18. Jh. gegeben. Bei den Niederländern handelte es sich meist um geschickte Bauern, die im Weichsel-Werder dem Meer neue Anbauflächen entrissen. Unter ihnen waren auch oft Religionsflüchtlinge – Baptisten, Antitrinitarier, Pfingstler oder Mennoniten.

Am Anfang des 20. Jh. präsentierten sich die Bewohner Ostpreußens als »eine Mischung aus pruzzischen Elementen und polnischen, aus brandenburgischen, salzburgischen und russischen« (Lenz). Die Städte waren seit dem Mittelalter in gewaltiger Mehrheit von Deutschen bewohnt, ebenfalls die Dörfer um Königsberg, in Barten, Natangen und im Samland oder im Norden des Ermlands. Anders war die Situation im Süden der Provinz, wo noch Ende des 19. Jh. die Mehrheit der Bevölkerung – die Masuren – polnischer Muttersprache war, wenn auch nicht polnischer nationaler Identität. Es waren die Nachkommen der Polen aus Masowien, die seit dem 14. Jh. nach Preußen auswanderten und sich im Süden des Landes, im Bereich der ›Großen Wildnis‹, niederließen.

Prußische Statue im Museum in Olsztyn

Geschichte und Kultur

Ein Überbleibsel des Realsozialismus – die PGR

Als Polen 1945 kommunistisch wurde, beschlossen die neuen Machthaber natürlich, daß das Land den Bauern gehören sollte, also zu kollektivieren sei. Die verbliebenen polnischen Großgrundbesitzer wurden verjagt, viele von ihnen waren ohnehin schon von den beiden Besatzerarmeen ermordet worden. Ebenso war es in den ostdeutschen, nun Polen zugefallenen Gebieten, wo die Einwohner, einschließlich des Landadels, geflüchtet waren oder vertrieben wurden.

Die Kollektivierung dauerte bis 1953. Sie wurde nur langsam vorangetrieben, da die Bauern nicht in die PGR (Państwowe Gospodarstwa Rolne), vergleichbar mit den sowjetischen Kolchosen oder den Landwirtschaftlichen Produktionsgenossenschaften der DDR, eintreten wollten. Der passive Widerstand wuchs von Jahr zu Jahr: Die Felder lagen brach, die Ernteerträge wurden nicht an die Verkaufsstellen abgeliefert und das Vieh lieber geschlachtet als an die Genossenschaften abgegeben. Mit Stalins Tod 1953 und dem ›Tauwetter‹ war es dann soweit: Die Kollektivierung wurde gestoppt, teilweise sogar zurückgenommen. Polen behielt – ein absoluter Einzelfall unter den Ostblockländern – eine zu 70 % private Landwirtschaft. Diese ist aber mit ihren kleinen, weit auseinanderliegenden Parzellen schon lange nicht mehr zeitgemäß. Von den 2,1 Mio. Bauernhöfen ist die Hälfte kleiner als 5 ha. Eine Million Pferde ersetzen noch immer die Traktoren.

Daher erweist sich die private Landwirtschaft nicht als Segen, wie die antikommunistische Opposition meinte, sondern eher als Handicap. Mit

Nach 1871, als Deutsch in allen Schulen als ausschließliche Unterrichtssprache eingeführt wurde, ging die Anzahl der polnisch sprechenden Masuren rapide zurück. Nach einer Volkszählung im Jahr 1910 machten sie nur in fünf Kreisen über 50 % der Bevölkerung aus, 15 Jahre später in den gleichen Kreisen nur noch zwischen 10 und 30 %. Die gesprochene Sprache spielte bei der Frage nach einer etwaigen propolnischen Einstellung keine Rolle; nur knapp 1 % der Masuren entschied sich 1920 in einem Plebiszit, in dem über die Zusammengehörigkeit des südlichen Ostpreußen entschieden werden sollte, für Polen. Als 1945 alle masurischen Gebiete dem polnischen Staat einverleibt wurden, durften etwa 80 000 Einheimischen (›Autochthone‹) im Land bleiben.

Von Prußen und Masuren, Deutschen und Polen

Schaudern wird bei der Diskussion um den EU-Beitritt das Stichwort ›polnische Landwirtschaft‹ genannt. 27 % der Bevölkerung leben von der Landwirtschaft (in Deutschland oder Frankreich weit unter 10 %). Die Absatzmärkte im Westen sind für die polnischen Produkte kaum zu erobern, dafür ist die Bauernlobby in der EU zu stark. Blickt man nach Osten, so ist dort zwar die Nachfrage vorhanden, aber häufig kaum harte Währung, um die Produkte bezahlen zu können. Notwendige Reformen, die die Zahl der Landwirte langfristig reduzieren sollen, stoßen bei der mächtigen Bauernpartei auf Widerstand. Es ist noch schwer zu sagen, welche Chancen die polnische Landwirtschaft hat. Vielleicht liegt ihre Stärke im Bereich der Ökoprodukte, da die technologische Verspätung auch Positives, so z. B. die weniger intensive Nutzung von Düngemitteln, mit sich brachte.

In Masuren ist der Reisende häufig mit traurigen Bildern konfrontiert. Mißwirtschaft, heruntergekommene Gebäude, Armut, die den mißtrauischen Menschen ins Gesicht geschrieben steht. Schon immer defizitär, bekamen die PGR mit der Wende den letzten Schlag: Der Staat hörte auf, sie zu subventionieren. Unfähig, sich selbst zu versorgen und marktwirtschaftlich zu agieren, gingen sie eine nach der anderen pleite. Die ehemaligen Landarbeiter leben von der kargen Arbeitslosenhilfe: Die PGR sind nicht gerade der Ort, wo ein tatkräftiger Jungunternehmer nach neuen Angestellten Ausschau hält, auch wegen des oft hohen Alkoholkonsums. Die wenigsten der ehemaligen PGR-Arbeiter werden selbst den Boden bebauen, Arbeit im Fremdenverkehr finden oder in die Stadt ziehen.

Nach einem polnischen Sprichwort aus dem 16. Jh. ist das Land für den Adel und die Juden das Paradies, für das Bürgertum das Fegefeuer und für die Bauern die Hölle. Viele, die auf dem Land leben, werden dem auch heute noch beipflichten.

Aber die Hoffnung der neuen Machthaber, daß sich die Masuren, oft willkürlich zu solchen erklärt und mit deutscher Identität, sich bald als Polen fühlen würden, erwies sich als Trugschluß. Schon die erste Begegnung verstärkte das bereits vorhandene Unbehagen. Die Plünderungen, das Mißtrauen der neuen katholischen Nachbarn, die Willkür der Behörden, die die Kollektivierung der Landwirtschaft mit Zwang durchsetzten, ließ die Menschen seit 1956 aus Polen auswandern. Heute beträgt ihre Zahl kaum mehr als 10 000. Die Nachkommen der Masuren im Lande verbinden mit dem Thema Polen meist nur Negatives und erinnern sich ungern ihrer slawischen Herkunft. Sie verstehen sich heute als deutsche Minderheit in Masuren.

Geschichte und Kultur

Wo die Kirchen noch brechend voll sind – Katholizismus

Das ermländische Stoczek Klasztorny (Springborn) bei Lidzbark Warmiński (Heilsberg im Ermland) steht für einen verlorenen Kampf der weltlichen Macht gegen die Institution der katholischen Kirche. In diesem barocken Kloster war 1953–54 der Primas von Polen, Kardinal Stefan Wyszyński (1901–81), inhaftiert. Diese Aktion stellte den Höhepunkt des offenen Kampfes des kommunistischen Regimes gegen die Kirche dar, später griff man zu subtileren Methoden der Spaltung und Unterwanderung. Kardinal Wyszyński, der als großer Realpolitiker in die Geschichte eingegangen ist, äußerte damals angesichts der tausendjährigen Geschichte der polnischen Kirche, daß die leidigen paar Jahre der kommunistischen Herrschaft zu ertragen sein würden. Die Wende von 1989 bewies, wie weitsichtig seine Einschätzung von der Vorläufigkeit der kommunistischen Welt war.

Ein paar Zahlen, die die Macht der polnischen katholischen Kirche illustrieren: 95 % der Bevölkerung bezeichnen sich als katholisch und in den ländlichen Gegenden gehen 85 % regelmäßig zur Messe (in den größeren Städten beträgt diese Zahl etwa 70 %). Jährlich werden 600 000 Kinder getauft, und fast jedes Kind nimmt an dem nach der Wende wieder eingeführten Religionsunterricht teil. Dieser ist zwar freiwillig, aber die Alternative – das Fach ›Ethik‹ – wählen für ihre Sprößlinge nur die allerwenigsten Eltern, zum Teil aus Furcht vor sozialer Ausgrenzung. Mit weit über 20 000 ausgebildeten Priestern deckt das Land nicht nur seinen eigenen Bedarf, sondern ›exportiert‹ darüber hinaus seine Priester, die beispielsweise Gemeinden in Österreich betreuen. Zu den schon bestehenden weit über 10 000 Gotteshäusern gesellten sich in den 80er Jahren fast 2000 neue Kirchen. Interessanter als ihre häufig unschöne, moderne Form ist der geschichtliche Kontext, in dem sie entstanden sind: Das Re-

---

Allgegenwärtig: die katholische Kirche

Wo die Kirchen noch brechend voll sind – Katholizismus

gime kaufte sich mit der Genehmigung zur Errichtung unzähliger Kirchen gleichsam die Neutralität des Klerus im Kampf gegen das eigene Volk unter dem Kriegsrecht 1981–83.

Ausländische Reisende sind nach wie vor erstaunt über die allgegenwärtige Frömmigkeit. An Sonntagen werden im Schnitt fünf bis sieben Messen pro Kirche abgehalten, und alle sind gut besucht. Diese starke Bindung an die katholische Kirche wurzelt in der Geschichte. Drei Beispiele, warum Polen als ›Vormauer‹ des Christentums gilt: Die Christianisierung Litauens (1386), des letzten heidnischen Staates Europas, wurde von Krakau aus unternommen; den letzten Versuch, Konstantinopel vor den Osmanen zu retten, beendete der Tod des polnisch-ungarischen Königs Władysław III. des Jagiellonen (Warneńczyk) in der Schlacht bei Warna (1444) und drittens der Entsatz von Wien durch den Sieg der polnisch-österreichisch-bayrischen Armee unter König Jan III. Sobieski auf dem Kahlenberg über die Türken (1683).

Bis zum 17. Jh. jedoch hatte dieses Christentum keine fanatischen Züge. Diese Situation änderte die Gegenreformation, die mit der Errichtung des Jesuitenkollegs in Braniewo (Braunsberg) im Ermland begann. Im 18. Jh. wurde das ganze Land katholisch und anderen Konfessionen gegenüber zunehmend intolerant. Die Teilungszeit im 19. Jh. stärkte zusätzlich die Position der Kirche, da sie angesichts des protestantischen Preußens und des orthodoxen Rußland eine Symbiose mit dem nationalen Kampf einging. Später wurden die Vertreter der Kirche als Personifizierung des Polentums von den Nationalsozialisten gehaßt, 2600 Priester wurden ermordet.

Die Nachkriegszeit war durch den Kampf des atheistischen Staates gegen die Kirche gekennzeichnet. Aus all dem ging der Katholizismus eher gestärkt als geschwächt hervor. Es scheint allerdings, daß Demokratie und Verwestlichung der Gesellschaft langfristig zu einer Schwächung des Katholizismus führen werden. Viele nehmen der Kirche übel, daß sie sich zu sehr in die Politik einmischt, andere stört ihre doppelte Moral. Die polnischen Scheidungs- und Abtreibungsraten weichen trotz der Mahnungen des hierzulande zu einer Ikone stilisierten polnischen Papstes Johannes Pauls II. (eigentl. Karol Wojtyła, seit 1978) ohnehin nicht wesentlich von denen in westlichen Ländern ab.

Die Position der katholischen Kirche, die nach außen hin unverändert durch brechend volle Kirchen gekennzeichnet ist, muß überdacht werden. Zweimal ließ sich die katholische Kirche nach der Wende in die Unterstützung bestimmter Parteien bzw. Kandidaten (Lech Wałęsa) hineinmanövrieren … und zweimal erlitt sie eine Schlappe. Wahrscheinlich wird sie sich von der Politik jetzt eher fernhalten und, um die Worte Wyszyńskis erneut zu gebrauchen, hoffen, daß sie auch diese Periode im Leben der Nation schadlos übersteht.

Deftig und ungemein substantiell – Polnische Küche

Zuerst sollte man klar stellen: Trotz der Beteuerungen einiger Reiseführer und den phantasiereichen Bezeichnungen auf einigen Speisekarten gibt es so gut wie keine eigenständige masurische Küche. Und mehr noch: es hat sie nie gegeben. Zwar existieren natürlich eigene ostpreußische Gerichte (Königsberger Klopse, Königsberger Fleck etc.), aber hier im Süden der alten Provinz herrschte viel zu große Armut, um eine besondere Speisekarte zu pflegen. Sie bekommen also in den Restaurants alle typischen polnischen Gerichte, bei denen nach den Umwälzungen des Zweiten Weltkriegs keine großen regionalen Unterschiede gemacht werden.

Den Erwartungen der Gäste entgegenkommend, serviert man freilich gerne Fisch. Angepriesen wird die Kleine Maräne (Sielawa), eine Fischart, die in den sauberen und tiefen Gewässern Masurens (auch Schleswig-Holsteins) zu Hause ist und gebraten auf den Tisch kommt. Forellen, Zander, Barsch, Aale, Schleien, Karpfen, an der Ostseeküste auch Flunder und Heringe werden bevorzugt. Eine Spezialität, die nicht in jedem Restaurant zu haben ist, wird in Deutschland unter dem Namen ›Karpfen auf polnische Art‹, in Polen dafür als ›Karpfen auf jüdische Art‹ *(karp po żydowsku)* angepriesen. Oft als Weihnachtsgericht serviert, wird dieser Karpfen in Gelee süß mit Mandeln und Rosinen zubereitet. ›Masurisch‹ ist noch der Reichtum an Pilzen, die hier im Spätsommer in Hülle und Fülle aus dem Boden schießen. Steinpilze, Pfifferlinge, Butterpilze und – gebratene – Parasolpilze (Schirmlinge) sind entweder eigenständige Gerichte oder werden als Beilage gereicht.

Die Polen sind eindeutige Europameister im Suppen-Essen. Mit 78 l pro Kopf im Jahr führen sie die Rangliste an, die die Griechen mit lediglich einem Liter beschließen. Und was für eine Auswahl: Gurken-, Tomaten-, Sauerampfersuppe *(szczawiowa)*, Brühe mit Fleischtaschen *(rosół z kołdunami)*, Brennessel- *(pokrzywowa)*, Bier- *(piwna)*, Erbsensuppe *(grochówka)*, Suppe aus Sauerkraut *(kapuśniak)*, Pilz- *(grzybowa)* oder Zwiebelsuppe *(cebulowa)* gehören noch zu den in Deutschland bekannten oder zumindest nachvollziehbaren Suppennamen. Schwieriger wird es mit *krupnik,* einer Brühe mit Grütze oder mit *żurek,* einer Sauermehlsuppe mit Wurst und Ei, der oberschlesischen Spezialität schlechthin. Allein an Borschtschsorten (diese Rote-Bete-Suppe heißt auf polnisch *barszcz)* gibt es etliche: mit Fleischtaschen *(barszcz z uszkami),* mit Rote-Bete-Grün *(botwinka* bzw. *barszcz ukraiński),* klar mit Fleischkrokette *(z pasztecikiem),* mit grünen Bohnen, speziell zum Heiligen Abend, oder in der kalten Ausfüh-

Deftig und ungemein substantiell – Polnische Küche

Oft dabei: polnischer Wodka

rung. Nicht jeder wird zum Liebhaber zweier spezieller polnischer Suppen, der seltenen *czernina* und der allgegenwärtigen *flaki*. *Czernina* ist die Gänseblutsuppe, bekannt durch den seit dem Mittelalter existierenden kulturhistorischen Kontext. Bekommt ein Heiratswilliger von den Eltern der Auserwählten ausgerechnet dieses Süppchen, bedeutet das eine Abfuhr, und er kann es sich ersparen, die Frage explizit zu stellen.

Überall in Polen sieht man Menschen, die anscheinend mit Appetit eine braune Flüssigkeit mit merkwürdig anmutenden Zusätzen verzehren. Hierbei handelt es sich um *flaki*, was soviel wie Gedärme bedeutet. Es ist eine Kuttelsuppe, allerdings anders zubereitet als in den Mittelmeerländern. Nachdem man sie auf den Tisch bekommen hat, würzt man sie mit Salz, Pfeffer, Maggi und Paprika so stark nach, daß die Suppe im Mund brennt und nur mit einer gehörigen Portion Brot aufgegessen werden kann.

Noch einige allgemeine Hinweise zur polnischen Küche. In der Zusammenstellung erinnert sie an die fast untergegangene deutsche traditionelle Küche. Das Mittagessen besteht aus einer Suppe, dann meist einem Fleischgericht mit Kartoffeln und Gemüse; später folgen Kuchen und Trinkkompott. Zahlreiche der Fleischgerichte, u. a. das *schabowy*, eine Art Wiener Schnitzel, aber mit einem obligatorischen Knochen, oder *golonka*, was nichts anderes als Eisbein ist, erinnern an deutsche

Nationalgerichte – Bigos und Chłodnik

Polnisches Nationalgericht par excellence ist Bigos. Ihm widmete schon Adam Mickiewicz, ›der polnische Goethe‹, einige Verse. Diese finden sich in ›Pan Tadeusz‹, einem Sehnsuchtsgesang an das untergegangene Adelsleben aus dem Jahr 1834, dem polnischen Epos schlechthin: »In Kesseln kocht man Bigos. Wie aber stellt man dar, / Wie Bigos schmeckt und aussieht und duftet wunderbar? / Es hört den Klang der Worte, der Reime im Gedicht, / Um Lithauer Lieder und Speisen zu würd'gen, dazu gehören / Drei Dinge: Landluft, Gesundsein und von der Jagd Heimkehren.«

Der **Bigos** ist eben ein Jagdgericht, das immer wieder erwärmt und über mehrere Tage serviert werden kann. Er soll ohnehin am zweiten und dritten Tag am besten schmecken. Eigentlich ein Kohleintopf, ist er von seiner simplen Ausführung in Bars bis zu noblen Versionen mit Rotwein, Wildfleisch und Steinpilzen in den besten Restaurants in mannigfacher Form vertreten. Jede Hausfrau in Polen hat ihr eigenes Rezept, eine Erkenntnis, die Wolfram Siebeck schmerzhaft erfahren mußte, als er über mehrere Folgen im ZEIT-Magazin mit dem Nachkochen von verschiedenen zugesandten Rezepten kämpfte und mit seiner Absicht, ein allgemeingültiges Bigos-Rezept zu schaffen, schließlich Schiffbruch erlitt. So ist das folgende Rezept für 6 Personen nur eine der vielen möglichen Bigos-Varianten.

1 kg Sauerkraut
250 g feingeschnittener Weißkohl
150 g feingehackte Zwiebeln
250 g Schweinefleisch
250 g Rindfleisch
250 g geräucherte Wurst (Krakauer)
50 g getrocknete Pilze
2 EL Pflanzenöl
5 Pimentkörner
4 Lorbeerblätter
10 getrocknete Pflaumen

Spezialitäten. Es ist ohnehin eine sehr eklektische Küche, da sie Einflüsse vieler Völker, die die alte polnische Republik bewohnten, aufnahm und vermischte. Russisch bzw. ukrainisch sind beispielsweise die Borschtsch-Suppen, auch wenn viele für ihre polnische Herkunft

Deftig und ungemein substantiell – Polnische Küche

2 Karotten
1 Knoblauchzehe
Salz, Pfeffer, Tomatenmark

Sauerkraut und Weißkohl separat kochen, bis sie gar sind. Das grob gewürfelte Fleisch mit den Zwiebeln in Öl anbraten. Die zuvor in Wasser eingeweichten Pilze werden gekocht und dann fein gehackt. Das alles wird in eine große Kasserolle gegeben, dazu die in kleine Stücke geschnittene Wurst. Den Eintopf mit Salz, Pfeffer, Pflaumen, Karotten, der zerquetschten Knoblauchzehe, Pimentkörnern, Lorbeerblättern (nach 20 Min. entfernen) und ein wenig Tomatenmark würzen. Die Kasserolle fest zudecken und bei schwacher Hitze 90 Min. garen lassen. Am besten schmeckt der Bigos nach dem Aufwärmen am nächsten Tag. Der Dichtermund drückt es so aus (Adam Mickiewicz in ›Pan Tadeusz‹): »Doch ohne die Würzen ist Bigos auch so verächtlich nicht, / Ist ein aus guten Gemüsen gar künstlich gebildet Gericht; / Es wird dazu gehacktes Sauerkraut genommen, / Das, laut dem Sprichwort, von selbst kommt in den Mund geschwommen; / Im Kessel verschlossen, bedeckt's mit seinem feuchten Schooß / Die besten Stücke von Fleisch, das selbst schon tadellos. / Man prägelt es, bis die Glut, was es an Säften besitzt, / Auspreßt, daß über die Ränder das siedende Wasser spritzt, / Und rings herum in die Lüfte sich der Duft ergießt.«

Unter vielen Suppen, auf die die polnische Küche stolz ist, gibt es eine Kaltschale, die geradezu ideal ist für einen heißen Tag der Masuren-Reise. **Chłodnik** ist eine Borschtsch-Sorte, die man mit Kefir oder Sahne, Schnittlauch, hart gekochtem Ei und Schinken zubereitet. Das folgende Rezept ist für 2 Personen geeignet.

1 l Sauermilch oder Kefir
4 gekochte rote Rüben (oder Rote Bete aus dem Glas)
2 Gurken
4 hartgekochte Eier
1 Bund Dill
Salz, Pfeffer

Eier, Gurken und Rote Rüben würfeln. Den Dill fein hacken. Alles mit Kefir bzw. Sauermilch verrühren und nach Geschmack würzen. Kalt servieren. *Smacznego!*

plädieren. Deutsche, Litauer, Juden, Ungarn, Armenier und Italiener brachten eigene Rezepte mit, die fortan im Lande blieben. Die polnische Küche erfuhr auch einen Demokratisierungsprozeß: erlesene Wildfleischgerichte serviert man heutzutage beispielsweise mit Buch-

Geschichte und Kultur

weizengrütze oder *pierogi* (Mehl-taschen gefüllt mit Fleisch, Kohl, Pil-zen oder Käse), die einst Merkmal der bäuerlichen Küche waren. Zum Trinken gibt es Tee *(herbata)* oder Kaffee auf türkisch *(kawa po ture-cku),* wo Sie aufpassen müssen, nicht zu viel Kaffeesatz zu schluk-ken. Mit etwas Zucker sinkt der Satz brav ab auf den Boden des Glases, in dem man traditionell den Kaffee serviert. Allerdings setzen sich in-zwischen Formen der Kaffeezubereitung durch, die für ›zivilisatorisch entwickelter‹ gehalten werden, so daß Sie nur noch in einem Provinz-restaurant der oben genannten Freuden teilhaftig werden können.

Es sterben übrigens auch die tra-ditionellen Glastheken aus, hinter denen man das Sortiment der Vor-speisen vorgeführt bekam: Tatar mit einem Eigelb in der Mitte, Hering in Sahne und etliche Sülzesorten. Sen-timentale Seufzer helfen hier wenig: Im Vormarsch sind Pizzerien, China-Restaurants und Gyros-Buden, wie es das EU-Mittelmaß diktiert.

Was allerdings die Polen leider Gottes vom EU-Durchschnitt unter-scheidet, ist der Wodkakonsum. Sie trinken nicht einmal so viel: Auch unter Berücksichtigung der geschätz-ten Zahlen des selbstgebrannten und geschmuggelten Alkohols liegt das Land mit einem Verzehr von reinem Alkohol von etwa 9 l pro Jahr und Kopf wesentlich hinter Deutschland, das mit 12,5 l der europäische Rekordhalter ist. Aber man trinkt anders. Weniger Bier, noch weniger Wein, statt dessen

Wodka, und dann so, daß man schnell das selige Gefühl des Be-trunkenseins spürt. Auf den Ge-schmack kommt es nicht an. Diese Trinkweise führt zu verheerenden sozialen Folgen. Bei allen Kampfan-sagen gegen den Alkoholkonsum ist zu bedenken, daß der Staat als Monopolist für härtere Alkoholika mächtig mitverdient. Gleichwohl sollten Sie etwas von den landes-spezifischen Getränken probieren.

Der beste Wodka ist der klare Weizenwodka *wyborowa* oder *żu-brówka* (Grasowka) mit einem Gras-halm in der Flasche. Als Mitbringsel bietet sich der ›Chopin-Wodka‹ an, mit einer schmucken Flasche, wo das Konterfei des Komponisten durch die Flasche hindurch auf der Rückseite des Etiketts sichtbar ist. Die Verbindung des berühmtesten polnischen Komponisten mit einer Wodkasorte entrüstet allerdings viele, und es gibt Bemühungen, ein gerichtliches Verbot dieser Marke durchzusetzen. Auch wenn das gelingen sollte, werden genügend andere Sorten übrigbleiben, da nach der Wende die Anzahl der ver-schiedenen Wodkasorten so in die Höhe schnellte, daß einem von den unterschiedlichen farbigen Etiketten in einem Spirituosengeschäft *(sklep monopolowy)* die Augen schmer-zen. Eine erstaunliche Entwicklung, wenn man bedenkt, daß der Wodka nicht einmal zur polnischen Tradi-tion gehört. Vor mehreren hundert Jahren noch kannten die polnischen Adligen ihn nicht. Das Hauptge-tränk war Med, auch Trinkhonig ge-

Deftig und ungemein substantiell – Polnische Küche

nannt *(miód pitny)*, dessen Sorten nach dem Mengenverhältnis von Wasser und Alkohol (*dwójniak* ist am stärksten) definiert werden. Der Med wird entweder warm oder kalt serviert.

Unter den anderen alkoholischen Getränken herrscht nicht der Wein vor, der importiert und teuer ist, sondern das Bier, dessen Verkaufszahlen in den letzten Jahren rapide ansteigen. Die polnischen Sorten schmecken etwas milder als das deutsche Bier. Die bekanntesten Marken, die aus dem harten Konkurrenzkampf als Sieger hervorgehen, heißen: Żywiec, Okocim (beide in Kleinpolen), Tyskie (in Oberschlesien), das Posener Lech und das nordpolnische EB (Elbląg, Braniewo).

Also *smacznego* (Guten Appetit) und *na zdrowie* (nicht mit dem russischen Trinkspruch, den man *sa sdarowje* aussprechen soll, zu verwechseln). Der Spruch heißt übrigens übersetzt ›für die Gesundheit‹, was wegen des oben Gesagten vielleicht etwas doppelsinnig, aber gewiß wünschenswert ist.

Nicht nur Backsteingotik – Kunstgeschichte

Womit assoziiert man den heutigen Nordosten Polens? Geschichtlich Bewanderte denken sofort an die roten Kuben der Deutschordensburgen, allen voran an die traumhaft mächtige Marienburg. Oder an die Bürgerhäuser Danzigs und die Marienkirche. Weiter östlich, in Masuren, sieht man vor seinem inneren Auge zwar viel Wasser, Wälder und einige interessante Vögel, aber weit und breit nichts Kunstgeschichtliches von Rang. Stimmen diese Klischees? Im Prinzip ja!

Der Westen des Deutschordenslandes und das spätere Königliche Preußen waren reicher, bedeutender und intellektuell reger als der Südosten des Landes, das arme Masuren. Anders steht es schon mit dem Ermland, in dem auf den Reisenden wichtige Architekturdenkmäler warten. Außerdem gibt es Kunstwerke, wie die Kirche in Sorkwity oder das Nonnenkloster in Wojnowo, die – mögen sie auch noch so bescheiden sein – das Herz höher schlagen lassen als manche hochkarätigen Sehenswürdigkeiten, wo man nur eine Nummer im Gedränge der sich gegenseitig auf die Füße tretenden Touristen ist.

Es gibt zwei Kunstepochen, die für das Land prägend waren. Zuerst die Backsteingotik: Sie datiert in die Zeit zwischen dem Jahr 1250, als die Wehrmauer in Toruń (Thorn) entstand, und dem 16. Jh., als die letzten verspäteten Dorfkirchen noch im gotischen Stil gebaut wurden. Diese Bauweise überzog das Prußenland mit einem engmaschigen Netz von Kirchen, Burgen, Stadtmauern und Rathäusern. Eine Bauaktion, die ihresgleichen sucht, und die nur im streng verwalteten Ordensstaat möglich war. Es war der

Geschichte und Kultur

Die Marienkirche in Danzig, die größte Backsteinkirche der Welt

Orden selbst, der in fast jedem Dorf des Kulmerlandes, der Wiege des Staates, eine Backsteinkirche errichten ließ. Der Orden als Mäzen setzte vermutlich häufig eigene Vorstellungen durch, so in der Verwendung von glasierten Backsteinen (grün, gelb, schwarz) oder in der Anbringung von Schriftfriesen, wie in der Jakobikirche in Toruń (Thorn). Der Orden baute mehr als hundert Burgen, die von den mächtigen Anlagen in Marienburg sowie den weitgehend zerstörten in Königsberg, Elbing und Danzig über etwa 30 Komturburgen und Vogt- und Pflegerburgen bis hin zu kleinen städtischen Residenzen oder ›Wildämtern‹, wie in Kętrzyn (Rastenburg) variierten.

Ebenfalls mannigfaltig ist die Welt der Sakralarchitektur. Eine regionale Spezialität entwickelte sich im Ermland, wo als Kirchentypus vorherrschend eine chorlose Halle auftritt.

Nicht nur Backsteingotik – Kunstgeschichte

In jenen Kirchen ließ man bei den Gewölben der Phantasie freien Lauf. Nicht das schlichte Kreuzrippengewölbe, sondern das dekorative Sterngewölbe beherrscht die Decken. Diese Mode stammte aus England, mit dem Handelsbeziehungen bestanden. Vor allem im Ermland erfuhr das Sterngewölbe eine Weiterbildung und verschiedene neue Gewölbearten tauchten auf: Nicht ein Stern wird durch Rippen in einem Joch gebildet, sondern vier davon (Reszel/Rössel, Braniewo/Braunsberg), die Rippen gehen palmenartig von einer Stütze zu den Seiten (Radialgewölbe; Marienburg, der Sommerremter), sie überziehen das ganze Kircheninnere mit einem engmaschigen Gebilde (Netzgewölbe; Olsztyn, Jakobikirche); schließlich schafft man die Rippen gänzlich ab und formt die Wölbung um in eine Anzahl von an geschliffenes Kristallglas erinnernde Felder (Zellengewölbe; Kętrzyn/Rastenburg, Olsztyn, Burg).

Die nächste wichtige künstlerische Epoche prägte Danzig. Der ›niederländische Manierismus‹ muß hier genannt werden. Die hohen Giebeldächer, das Beschlagwerk und die zum Teil seltsamen Proportionen dieses Baustils sind so weit von den Bauten Italiens entfernt, daß der Ausdruck Renaissance hier kaum paßt, auch wenn gelegentlich von der nordischen bzw. holländischen Renaissance gesprochen wird. Es war die Zeit, als Holland seine Architekten und Künstler exportierte: Anthonis van Opbergen,

die Familie van den Blocke und Jan Vredemann de Vries gehörten zu den größten unter ihnen.

Später ist in diesem Teil Europas wenig Nennenswertes entstanden. Zwar steht inmitten der masurischen Wälder ein Juwel der barocken Architektur, Heiligelinde (Święta Lipka), aber der Bau ist eher ein einsamer Import des polnisch-litauischen Barock, dessen Schöpfer ein sein Leben lang in Wilna (Vilnius) tätiger Südtiroler war. Auch die bei Olsztyn und Augustów erwähnten Erich Mendelsohn und Maciej Nowicki waren Architekten, die ihre besten Werke weit entfernt von hier entworfen haben.

Zur Kunstgeschichte gehört mittlerweile der Wiederaufbau Danzigs nach 1945, über den die ersten wissenschaftlichen Abhandlungen entstehen. Dagegen zählen die seelenlosen Betonblöcke der kommunistischen Ära glücklicherweise noch nicht zu den Forschungsaufgaben eines Kunsthistorikers.

Auf der Suche nach einem verlorenen Land – Literatur

Man kann nicht behaupten, daß es vor dem 20. Jh. in Masuren, dem Ermland oder Danzig keine Literatur gegeben habe. Martin Opitz (1597–1639), der Meister der deutschen barocken Dichtung, verbrachte in Danzig seinen Lebens-

39

Geschichte und Kultur

abend, es gab die religiöse Literatur des Deutschen Ordens und seit dem 16. Jh. das kaschubische Schrifttum. Von hier stammten *Johann Gottfried Herder* (s. S. 63 f.) und *Arthur Schopenhauer,* deren weltbekannten philosophischen Abhandlungen aber wenig mit ihren Herkunftsorten zu tun haben. Ähnliches gilt für *Ignacy Krasicki* (1735–1801), den größten polnischen Aufklärer, der zwar Fürstbischof im ermländischen Heilsberg war, aber eher gesamtpolnische als regionaltypische Mißstände anprangerte. Der wohl bekannteste Schriftsteller der ersten Hälfte des 20. Jh., der über Masuren schrieb, war *Ernst Wiechert,* der mitten in diesem Land in einem Forsthaus geboren wurde (s. S. 137 ff.).

Aber erst die Katastrophe des Jahres 1945 brachte deutschen Schriftstellern östlicher Herkunft ein gemeinsames Thema: das Heraufbeschwören eines Landes, das es nicht mehr gibt, die Suche nach Umbrüchen und Kontinuitäten in der Landesgeschichte, die Frage nach Ursachen und Folgen.

Siegfried Lenz, 1926 in Lyck (Ełk) geboren, »einer Kleinstadt zwischen zwei Seen, von der die Lycker behaupten, sie sei die Perle Masurens«, ist derjenige, dessen Werke man am häufigsten im Reisegepäck hat. Er ist auch der wichtigste Schriftsteller, der sich in der Nachkriegszeit mit Masuren bzw. Ostpreußen befaßte. Wie er selbst bekannte, war sein wichtigster Antrieb zum Schreiben der Wunsch, die verlorene Heimat Masuren in der Literatur zu vergegen-

wärtigen, ihre Landschaft, ihre Seen, die Wälder, den Menschenschlag und die Sprache. Und das auf zweierlei Art. Die humorvolle, leichte Art des Erzählungsbandes ›So zärtlich war Suleyken‹ (1955) stellt, wie Lenz selbst schreibt, »keinen schwermütigen Sehnsuchtsgesang« dar. Diese heiteren, schwankhaften Anekdoten sind »zwinkernde Liebeserklärungen an mein Land, eine aufgeräumte Huldigung an die Leute von Masuren«. Schon die absichtlich unbeholfene Sprache mit ihrer oft slawischen Satzstellung und den unendlich vielen Verkleinerungsformen erzeugt Komik. Mal rührend geduldig, mal etwas schwerfällig, sind uns diese Masuren sympathisch, zumal der Autor nie die unsichtbare Grenze überschreitet, ab der die Charakterisierung der Holzarbeiter, Bauern, Fischer und Besenbinder zur Karikatur würde.

Der Roman ›Heimatmuseum‹ (1978) wiegt schwer. Er ist eine Abrechnung mit Ostpreußen samt einer Analyse der Wege, die zum Desaster führten. Lenz malt ein Panorama Masurens vor und nach dem Krieg, mit seinen Helden und Rattenfängern und mit all den kleinen Menschen, Eigenbrötlern und Sonderlingen, die zu Zeugen einer geschichtlichen Katastrophe wurden. Er nimmt gleichzeitig Partei für die Millionen Heimatvertriebenen, aber ohne jeglichen Revisionismus und mit einem Appell für den Ausgleich mit den östlichen Nachbarn Deutschlands; ein Plädoyer, das er in journalistischer Form bereits

Auf der Suche nach einem verlorenen Land – Literatur

David Bennent als Oskar Matzerath in der Schlöndorff-Verfilmung (1979) des Romans ›Die Blechtrommel‹ von Günter Grass

1971 mit dem Titel ›Verlorenes Land – Gewonnene Nachbarschaft‹ vorwegnahm. Und was Masuren betrifft, so ist das ›Heimatmuseum‹ ein Werk sowohl über den Verlust der Heimat als auch über ihr Wiederfinden (s. S. 112 f.).

Hier gibt es Parallelen zu *Günter Grass*, der 1927 als Sohn eines Kolonialwarenhändlers in Danzig-Langfuhr geboren wurde. »Der Kaschube, der das Kaschubische verlernt hat«, wie er sich etwas kokettierend vorstellt, wurde mit der 1959 verfaßten ›Blechtrommel‹ über Nacht international bekannt. Bis 1963 schrieb er weitere Romane – ›Katz und Maus‹ und ›Hundejahre‹ –, die zur Danziger Trilogie gehören. Sein Protagonist Oskar Matzerath hört als Kind auf eigenen Wunsch auf zu wachsen, eine Metapher für einen Menschen, der sich nicht mit der Herrenmenschen-Ideologie identifizieren möchte. Er ist Zeuge des Machtantritts der Nationalsozialisten in Danzig, der erfolglosen Verteidigung des Postgebäudes 1939 durch die Polen, der Bombardements 1942 und 1944, des sowjetischen Einmarsches und der anschließenden Vertreibung. Es ist ein tiefbewegendes Werk, trotz oder gerade wegen seiner grotesken Züge und skurrilen Phantasie. Die Beschreibung der Vorgänge von 1945, in der, gelinde gesagt, die Rote Armee nicht besonders gut abschneidet, ließen das Werk jahrelang auf seine Veröffentlichung in Polen warten, auch der gleichnamige Film Volker Schlöndorffs (1979) durfte erst in der ›Solidarność‹-Ära 1980–81, und auch dann nur in geschlossenen Veranstaltungen, gezeigt werden. Inzwischen ist Günter Grass als Ehrenbürger von Danzig ein häufiger und hochgeschätzter Gast.

In die Fußspuren von Grass tritt in Polen eine neue Generation Danziger Schriftsteller, unter ihnen *Stefan Chwin* (Jg. 1949) und *Paweł Huelle* (Jg. 1957). Ihre Werke, ›Heineman‹ und ›Weiser Davidek‹ liegen inzwi-

41

Geschichte und Kultur

schen auf deutsch vor und wurden von der Kritik sehr positiv aufgenommen. Wir erleben hier eine mühsame Suche nach den Wurzeln in einer verstümmelten Stadt, den Versuch, nach Überbleibseln einer untergegangenen Welt zu fahnden und die Sehnsucht nach Kontinuität in einer flüchtigen Realität. Wenn auch beide Autoren Begeisterung für Grass erklären, so sind ihre Werke doch eigenständig.

Neben Grass und Lenz gibt es eine Reihe von Schriftstellern, die sich mit den alten Ostprovinzen Deutschlands befassen. Eine beinahe volkstümliche Popularität in den Reisebussen der Heimattouristen genießt *Arno Surminski,* geboren 1934 in Masuren und heute ein Hamburger. Seine ›Geschichten aus Kalischken‹, ›Jokehnen oder wie lange fährt man von Ostpreußen nach Deutschland‹, ›Polinken oder eine deutsche Liebe‹ und ›Die Reise nach Nikolaiken‹ besitzen einen sentimental-nostalgischen Beigeschmack, sind aber gleichwohl eine dankbare Reiselektüre.

Eigene Erfahrungen schildert *Hans Graf von Lehndorff* in seinem ›Ostpreußischen Tagebuch‹, 1961 zuerst erschienen. Ebenfalls *Christian Graf von Krockow,* der einer pommerschen Adelsfamilie entstammt und sich heute wieder oft in seinem Schloß Krokowa westlich von Danzig aufhält. Sein Buch ›Annäherungen an Ostpreußen‹ (1993) ist eigentlich eine Essaysammlung zu etlichen Aspekten Ostpreußens, verbunden durch einen Bericht über die eigene Reise dorthin. Neue Facetten eröffnet ein in der Form analoges Buch des politisch eher links orientierten *Ralph Giordano* (›Ostpreußen ade‹, 1994), der – wie er schreibt – durch eine Fotografie seit seiner Kindheit stets von Ostpreußen fasziniert war. In den politisch konservativen Werken nostalgischer Art fehlen seine Themen oft, beispielsweise die NS-Herrschaft und das ostpreußische Judentum, so daß sich das Bild mit diesem Buch vervollständigt. Und hier sei schließlich ein drittes Buch dieser Feuilletonähnlichen Gattung als eine informative Reiselektüre empfohlen: ›Fernes nahes Land, Begegnungen in Ostpreußen‹ von *Klaus Bednarz* (1995).

Beinahe zu den ostpreußischen Klassikern gehören Bücher wie ›Kindheit in Ostpreußen‹ und ›Namen, die keiner mehr nennt‹ von *Marion Gräfin Dönhoff.* 1909 in dem prächtigen Schloß Friedrichstein (nicht erhalten, heute im russischen Kaliningrader Gebiet) geboren, schildert sie das Leben dort und in anderen Adelshäusern, so in Steinort (Sztynort), wo sie als Kind oft zu Besuch war. Die Lebensbeschreibungen des preußischen Adels aus eigener Erfahrung lesen sich wie ein ausgezeichneter Roman, der vor allem gleichzeitig Tatsachenbericht ist. Faszinierend ist der Weg der ›Zeit‹-Herausgeberin von einer Betroffenen, die die Anerkennung der Oder-Neiße-Grenze ablehnte, zu einer der größten Befürworterinnen der Aussöhnung Deutschlands mit Polen und Rußland.

UNTERWEGS
IM NORDOSTEN POLENS

Wenn ich an die Wälder
und Seen Ostpreußens
denke, an die weiten
Wiesen und alten Alleen,
dann bin ich sicher, daß
sie noch genauso unver-
gleichlich schön sind wie
damals, als sie mir Hei-
mat waren. Vielleicht ist
dies der höchste Grad
der Liebe: zu lieben
ohne zu besitzen.

Marion Gräfin Dönhoff,
›Namen, die keiner
mehr nennt‹ (1962)

Die Oberländische Seenplatte

Stadtrundgang durch Elbląg

Eine Fahrt auf dem Oberländischen Kanal

Frische Brise und weite Sicht am Haff

Der Dom zu Frombork (Frauenburg)

Die Nikolaikirche in Elbląg

Die Oberländische Seenplatte

Elbląg (Elbing) mit seiner wiederaufgebauten Altstadt ist ein idealer Ausgangspunkt zur Erkundung des Westteils der großen Seengebiete. Von hier aus kann man zu einer der größten Attraktionen aufbrechen, der Fahrt auf dem Oberländischen Kanal. Weiter im Süden, dem ›Oberland‹, gilt es Herders Geburtsstadt Morąg (Mohrungen) zu entdecken und die Schönheit der Seenlandschaft bei Ostróda (Osterode) und Iława (Deutsch Eylau) zu genießen.

Elbląg

An diesem Ort soll der Prager Bischof Adalbert (poln. Wojciech), später der wichtigste polnische und böhmische Heilige, im Jahr 997 mit der Axt erschlagen worden sein. Allerdings liegt vieles im Dunkel der Geschichte. Einige Historiker wollen den Ort des Märtyrertods im Samland sehen und nicht an dem nahe Elbląg gelegenen See Druzno (Drausen-See).

Sicher ist immerhin, daß die jetzige Stadt Elbląg eine Gründung lübeckischer Kaufleute aus dem Jahr 1237 ist. Sie wurde als Hafenstadt am Fluß Elbing angelegt, mit Straßenzügen quer zum Kai, auf den sich die Stadttore öffneten. Der Zugang zum offenen Meer war allerdings beschwerlich; er führte über den Fluß Elbing, das Frische Haff und die Tiefen der Nehrung, die im Mittelalter häufig ihre Lage wechselten. Kein Wunder also, daß das leichter zugängliche Danzig in der Frühneuzeit mehr Handelsschiffe an sich zog und wirtschaftlich attraktiver wurde.

Elbing wurde im 14. Jh. zu der neben Toruń (Thorn) und Danzig reichsten Stadt des Ordenslandes Preußen. Als Hansestadt bedacht auf ihre Autonomie, war sie aber auch gleichzeitig die Wiege der Opposition gegen die Deutschordensritter: 1454 stürmten die Bürger die Ordensburg und ordneten sich der Herrschaft eines weniger restriktiven Landesherrn, des polnisch-litauischen Königs, unter.

Im Laufe der folgenden Jahrzehnte verblaßte allmählich der Glanz der Stadt – sie verlor den Konkurrenzkampf gegen Danzig, und 1569 beschnitten die Polen ihre Autonomierechte empfindlich. Schon der polnische König August II. der Starke wollte 1698 die Stadt an Preußen

Elbląg (Elbing)

übergeben, tatsächlich preußisch wurde sie aber erst 1772. Die 1837 gegründete Schichau-Werft, das große Lokomotivwerk und die in ganz Deutschland berühmte Tabakfabrik Loeser & Wolff waren die wirtschaftlichen Vorzeigebetriebe in einer Stadt, die nach der Reichsgründung 1871 einen großen Aufschwung erlebte und in der Zwischenkriegszeit die zweitgrößte Stadt der Provinz Ostpreußen (wenn auch historisch in Westpreußen gelegen) war.

Das Inferno des Jahres 1945 traf also eine elegante Großstadt. Die Kriegshandlungen und die Brände nach dem Einmarsch der Roten Armee überdauerten aber nichts als kümmerliche Ruinen. Die neuen Machthaber verschifften die Trümmer nach Danzig und Warschau. Dort rekonstruierte man die Altstädte, hier in Elbląg wurde der Stadtkern zur grünen Wiese. Erst seit dem Ende der 80er Jahre wird die Altstadt planmäßig wiederaufgebaut (s. S. 48 f.). 1975–98 war Elbląg Woiwodschaftshauptstadt, verlor diese Stellung aber infolge der Verwaltungsreform, bei der die Stadt der

---

Elbląg (Elbing):
1 Nikolaikirche   2 Renaissance-Haus   3 Markttor   4 Ehem. Dominikanerkirche
5 Häuser Heiliggeiststraße   6 Spitalgebäude des Hl. Geistes   7 Elbinger Museum

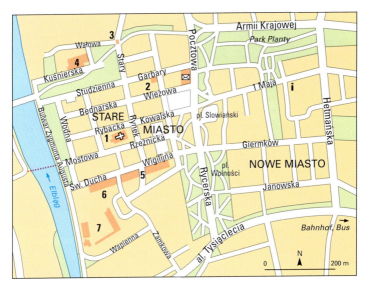

Elbląg oder Danzig

Die polnische Denkmalpflege am Scheideweg

Auf altem Grundriß im postmodernen Stil neu erbaut: Häuser in Elbląg

Die polnische Denkmalpflege ist aus der Not entstanden. 1945 waren die meisten polnischen und die Polen zugeschlagenen ostdeutschen Städte Trümmerfelder. Der Wiederaufbau in ihrer ursprünglichen Form sollte das Gefühl von historischer Kontinuität vermitteln.

An sich waren die polnischen Kunsthistoriker und Denkmalschützer fleißige Schüler des Wieners Alois Riegl, der eine Rekonstruktion nur im äußersten Fall vorsah. Der oberste polnische Denkmalschützer Jan Zachwatowicz konstatierte aber eine Ausnahmesituation, und so begann man Ende der 40er Jahre mit der Rekonstruktion von Warschau, in den 50er Jahren folgten Lublin, Gdańsk (Danzig), Poznań (Posen) und – unvollendet – Wrocław (Breslau).

Der Fall Danzig gibt Auskunft über die Herangehensweise. Existierten genaue Inventarisierungen aus der Vorkriegszeit, so wurde der entsprechende Bau minutiös rekonstruiert. Die Innenräume wurden modernisiert, um in den einstigen Patrizierhäusern Platz für Arbeiterwohnungen zu schaffen. Bei ganzen Straßenzügen fehlte jegliche Dokumentation. Dort entstanden Häuser mit quasibarocken bzw. quasi-Renaissance-Formen, wohl um jene Periode hervorzuheben, in denen die Stadt zu Polen gehörte. Einige sehen das als Geschichtsklitterung, andere schlicht als

Elbląg oder Danzig – Polnische Denkmalpflege

Bezug auf die Blütezeit der Stadt. Das Ergebnis kann sich jedenfalls sehen lassen.

In den 60er Jahren wurden die ›Werkstätten für Denkmalpflege‹ (PKZ) gegründet, die sich zu einem Industriezweig mit unzähligen Niederlassungen entwickelten. In eigenen Werkstätten ließen sich baukünstlerische Details, Gips- und Stuckteile, schmiedeeiserne Gitter und Balustraden, Zimmermanns- und Schnitzereiarbeiten restaurieren oder rekonstruieren.

Für Nachwuchs sorgte die hochgeschätzte Denkmalpflegerausbildung an der Thorner Universität sowie an den Technischen Hochschulen Warschaus und Krakaus. Polnische Denkmalpfleger arbeiteten häufig in Deutschland (so an der Münchner Residenz, in Sanssouci, in Quedlinburg und Brühl), aber auch in entfernteren Gefilden wie Kambodscha (Bayon in Angkor Thom) und Ägypten (Hatschepsut-Tempel in Theben). Die Wende brachte eine neue Situation. Aus den staatlichen Betrieben wurde eine private Firma; außerdem nutzten viele den guten Ruf dieses Berufs und gründeten private Firmen für Denkmalpflege, die nicht immer über das nötige Know-how verfügten. Der Ruhm verblaßte schnell.

Für viele der mittelgroßen Städte, die die kommunistische Nachkriegszeit in einem Zustand überdauerten, als ob der Krieg gestern zu Ende gegangen wäre, machte eine Rekonstruktion à la Danzig angesichts der fehlenden Dokumentationen, des großen zeitlichen Abstands sowie der neuen marktwirtschaftlichen Realitäten wenig Sinn. So kam man in Elbląg (Elbing) auf die Idee, solchen Städten ihre Stadtkerne wiederzugeben, aber in ganz neuen Formen.

Seit dem Ende der 80er Jahre wird in Elbląg ein Häuserblock nach dem anderen – nach genauen archäologischen Voruntersuchungen – wiederhergestellt. Der Bebauungsplan der Altstadt sieht vor, neben zwölf zum Teil erhaltenen und 50 zu rekonstruierenden Häusern alle weiteren Gebäude in einem der historischen Bebauung nachempfundenen Stil zu errichten. Das Ergebnis mit etlichen Erkerchen, Fachwerkelementen oder geschwungenen Giebeln ist nicht immer gelungen, den gängigen Betonblöcken jedenfalls vorzuziehen.

Elbląg machte Schule: ›neue Altstädte‹ bekommen Kołobrzeg (Kolberg), Głogów (Glogau) und Szczecin (Stettin). Die Einwohner sind glücklich, da sie endlich ein echtes Stadtzentrum zum Flanieren haben, die Fachleute schütteln die Köpfe und die Denkmalpflege … sie hat hier eigentlich wenig zu suchen. Die wahren Aufgaben liegen in der Provinz, wo Tausende von Schlössern und Gutshäusern – oft in katastrophalem Zustand – auf neue finanzkräftige Besitzer und eine ihnen gerecht werdende Restaurierung warten.

Großwoiwodschaft ›Ermland und Masuren‹ zugeschlagen wurde.

Als Hafenstadt ist Elbląg heute nur in sehr eingeschränktem Sinne zu bezeichnen: Die einzige Fahrrinne durch die Nehrung verläuft direkt in der Nähe des russischen Militärhafens Baltijsk (Pillau), was für jedes Transitschiff hohe Zollgebühren und langwierige Formalitäten bedeutet. Die Pläne, eine Fahrrinne durch den polnischen Teil der Frischen Nehrung zu graben, werden wohl noch lange brauchen, um konkretere Formen anzunehmen. Und so wird sich bis auf weiteres die Karriere Elblągs als Hafenstadt auf gelegentliche Tagesfahrten von Tragflächenbooten nach Königsberg (Kaliningrad) beschränken.

Stadtrundgang

Den optischen Mittelpunkt der Stadt und gleichzeitig den Beginn eines kleinen Rundgangs bildet die **Nikolaikirche** (1; kościół św. Mikołaja) mit ihrem markanten, 95 m hohen Glockenturm, auf den man Ende des 16. Jh. noch eine manieristische Haube setzte. Die große Hallenkirche wurde in mehreren Phasen von ca. 1240 bis zum Ende des 15. Jh. erbaut. 1945 verlor der Kirchenraum sein Gewölbe, das durch eine schlichte Betonschale ersetzt wurde.

Hier bezeugen mehrere spätgotische und frühneuzeitliche *Altäre* aus den zerstörten Kirchen Elblągs das hochstehende künstlerische Leben, v. a. der ›Malzbräuer-Altar‹ von 1520 in der Kapelle rechts vom Altar. Das *Bronzetaufbecken* in der mittleren Kapelle der Nordseite, ein Werk des Meisters Bernhauser aus dem Jahr 1387, stellt neutestamentarische Szenen dar.

Nördlich der Kirche liegt das einzige gänzlich erhaltene **Renaissance-Haus** Elblągs (2; ul. Garbary 16), umgeben von postmodernen Neubauten. Diese sind ein Teil des neuen Bebauungsplans der Altstadt.

In der Nähe liegen noch weitere Relikte der einstigen Pracht der Stadt: das **Markttor** (3; Brama Targowa), entstanden 1319–1420, und die **Dominikanerkirche** (4; dawny kościół dominikański). Ihr karger gotischer Raum dient der landesweit bekannten Galerie für zeitgenössische Kunst ›EL‹ als Ausstellungsraum.

Einen Hauch der ursprünglichen Atmosphäre der Stadt vermitteln die Straßen ul. Św. Ducha und ul. Wigilijna, vor 1945 unter einem gemeinsamen Namen: Heiliggeiststraße. Teilweise wurden hier die **Häuser** (5; kamienice mieszczańskie) schon nach 1957 und erneut in den 70er Jahren unter Verwendung der erhaltenen Renaissance-Fassaden (ul. Wigilijna 3, 18) rekonstruiert. Ebenfalls wiederaufgebaut und zu einer Bibliothek umgewidmet wurde das gotische **Spitalgebäude des Hl. Geistes** (6; dawny kościół i szpital Św. Ducha) aus dem 14. Jh. Es erinnert daran, daß in Elbing der ›Oberste

Elbląg (Elbing)

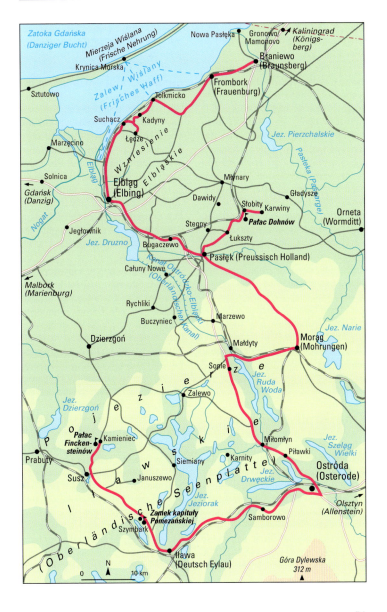

51

Spittler‹ des Deutschen Ordens residierte, dem die Krankenpflege in Preußen oblag.

Von der riesigen Deutschordensburg – immerhin Sitz des Landmisters 1250–1309/1324 – blieb allerdings äußerst wenig übrig. Die Elbinger, die nach 1454 die Burg schleiften, wollten nicht nur das Symbol des verhaßten Regimes beseitigen, sondern auch gleichzeitig verhindern, daß der polnische König hier seine Garnison einsetzte. Nur zwei Gebäude, in denen heute das **Elbinger Museum** (7; Muzeum Elbląskie) untergebracht ist, entgingen dem Abbruch. Hier verbergen sich wahre Schätze, die Ergebnisse der über 20jährigen Ausgrabungen in der Stadt. Wachstäfelchen für Kinder zum Schreibenlernen, phantasievolle englische Pfeifen, farbenfrohe spanische Majoliken vergegenwärtigen den einstigen Reichtum der Stadt und ihre internationalen Kontakte.

Oberländischer Kanal

Wer die Szene aus dem Film ›Fitzcarraldo‹ von Werner Herzog, in der ein Schiff über Land gezogen wird, für eine Vision des Filmemachers hielt, wird sich während eines Ausflugs auf dem Oberländischen Kanal (Kanał Elbląski) bei Elbląg eines besseren belehren lassen müssen. Auf einer Strecke von ca. 10 km wird das Schiff fünfmal auf eine Lore verladen und mit einem Seil gezogen, um auf die Weise die ›geneigten‹ oder ›schiefen Ebenen‹ mit insgesamt 99,5 m Höhenunterschied zu überwinden. Für den Transport der Schiffe bedient man sich zweier oben offener Leiterwagen, die an einem endlosen Seil befestigt sind und auf Schienen gegenläufig leer oder beladen die Ebene hinauf- oder herunterfahren. Die Zugkraft des Seiles wird über ein Wasserrad erzeugt. Ein Transportvorgang dauert etwa 15 Min., ist absolut umweltfreundlich und geräuschlos. Der Oberländische Kanal ist ein unvergeßliches Erlebnis und ein ›Muß‹ auf jeder Masuren-Reise.

1844–60 wurden vier geneigte Ebenen errichtet, 1874–81 die ursprünglichen fünf hölzernen Schleusen zur jüngsten Ebene im heutigen Całuny Nowe (Kußfeld) umgewandelt. Insgesamt verläuft der Kanal 80 km bis Ostróda und von dort weitere ca. 50 km bis nach Iława (Deutsch Eylau). Die wirtschaftliche Nutzung ist nach 1945 dem ausschließlich touristischen Verkehr gewichen.

Die Fahrt auf dem Kanal startet morgens früh um 8 Uhr, jeweils ein Schiff fährt in Elbląg und ein zweites in Ostróda ab. Die Reise ab Elbląg geht über den Druzno-(Drausen-)See, den 3 m tiefen einstigen Teil des Frischen Haffs, in dessen Naturschutzgebiet 180 Vogelarten leben. Danach beginnt die ›Landpartie‹ und endet gegen Mittag bei der letzten Ebene in Buczyniec (Buchwalde). Weiter gibt es ›nur‹ einsame Seen und Schleusen, Rohrdommeln

Oberländischer Kanal

und Eisvögel, bevor man – leicht ausgehungert – abends Ostróda erreicht. Die meisten organisierten Gruppen verlassen das Schiff in Buczyniec, des Mittagessens wegen und weil sich nur hier eine schiefe Ebene mit dem Auto erreichen läßt. Auf Wunsch wird das Maschinenhaus erklärt; auch wer keine Zeit für den Schiffsausflug hat, sollte einen Umweg hierhin einplanen.

Touristeninformation: ul. Czerwonego Krzyża 2, ☎ und Fax 055/232 42 34.

Unterkunft: Hotel Elzam ($$$), pl. Słowiański 2, ☎ 234 81 11, Fax 232 40 83, bestes Hotel am Ort, Zimmergröße variiert, daher kein Zimmer im letzten Stockwerk nehmen. Der Westblick ist schöner. Hotel Żuławy ($$), ul. Królewiecka 126, ☎/Fax 234 57 11, günstige Alternative zum oft vollen Elzam. Galeona, Dom wycieczkowy PTTK ($), ul. Krótka 5, ☎ 232 74 54, Fax 232 48 08. Hotel Dworcowy ($$), ul. Grunwaldzka 49, ☎ 233 74 22, nah an den Bahnhöfen, zuletzt gründlich renoviert.

 Campingplatz, ul. Panieńska 14, ☎ 232 43 07, in Altstadtnähe.

Essen und Trinken: Restaurants im Hotel Elzam, hier hat man die Wahl zwischen der gehobenen polnischen Küche und einem chinesischen Restaurant China Town (☎ 232 69 30); Restauracja Centralna, im Hotel Dworcowy, verfügt über das polnische Standardangebot; Restauracja Słowiańska, ul. Krótka 4, ☎ 232 42 78. Die reichhaltige Speisekarte der altpolnischen Küche bietet verführerisch Deftiges; hier empfehlen sich neben der Aalsuppe eine Sauermehl-

Schiffsverkehr am Oberländischen Kanal

Die Oberländische Seenplatte

suppe oder auch mit Äpfeln gebratene Ente.

Feste, Festivals: Internationales Festival der Orgelmusik in der Nikolaikirche, Juli–Aug.

Aktivitäten: Fahrt über den Oberländischen Kanal (Kanał Elbląski, Saison: 1.5.–15.9.), Abfahrt 8 Uhr vom Bulwar Zygmunta Augusta (auf Höhe der Nikolaikirche); Reservierung: Reisebüro im Hotel Elzam (☎ 232 51 58, 232 73 73), in Portour, ul. 1 Maja 30, ☎/Fax 232 73 73, oder am Campingplatz. Tagesausflug in das 90 km nordöstl. gelegene Königsberg (Kaliningrad); Reservierung und Visum (5 Tage vorher anmelden, Paßfotos, Kopie der Paßseite mit dem Bild): Reisebüro Watur, ul. Garbary 6, ☎ 641 26 12 und Handy 06 01 68 63 72.

Öffnungszeiten: Stadtmuseum (Muzeum Elbląskie, Bulwar Zygmunta Augusta 11, ☎ 232 72 73): Di–Sa 8–16, So 10–16 Uhr, ein zweites Gebäude daneben in ul. Zamkowa; Galerie EL in der Dominikanerkirche: Mo–Sa 10–18, So 10–17 Uhr.

Verkehrsanbindung: Bus- und Fernbahnhof liegen gut 1 km östl. der Stadtmitte nebeneinander.

Am Frischen Haff

Der Blick schweift über Wiesen und eine weite Wasserfläche, die nur selten von anderen Schiffen als Fischerbooten befahren wird. Am Horizont ein Streifen bewaldeten Landes, dahinter erst das offene Meer. Hinter dem Ort Suchacz (Succase),

von einem Parkplatz im Endmoränengebiet der Elbinger Anhöhen (Wzniesienie Elbląskie; 196 m) aus, ist der Blick auf das Frische Haff oder Zalew Wiślany (also im polnischen Weichsel-Haff) und auf die Frische Nehrung (Mierzeja Wiślana) am weitesten.

Benachbart liegt der Ort **Kadyny** (Kadinen oder Cadinen) mit dem Schloß des letzten deutschen Kaisers Wilhelm II., das auf den Grundmauern eines älteren Vorgängerbaus im neubarocken Stil um 1900 errichtet wurde. Zum Ensemble gehören weitere Wohn- und Wirtschaftsgebäude, die heute ein elegantes Hotel beherbergen. Unter den Gästen sind auch Pferdeliebhaber, denn ein großes Gestüt mit 160 Pferden der mit den Trakehnern verwandten großpolnischen Rasse macht es möglich, hier den Urlaub im Sattel oder auf der Kutsche zu verbringen.

Über die ›Tausendjährige Eiche‹, im Inneren stark ausgehöhlt und vermutlich wesentlich jünger, verkündet die Sage, daß sie vom Besitzer Kadinens Johann von Baisen (Jan Bażyński) gepflanzt wurde, dem Anführer des Aufstandes von 1454 gegen den Deutschen Orden und Befürworter des Anschlusses des Deutschordensstaates an Polen.

Auf dem Weg ins Landesinnere empfiehlt es sich, das Dorf **Łęcze** (Lenzen) aufzusuchen, und zwar wegen der ›Vorlaubenhäuser‹. Dieser Bautypus unklarer Herkunft war im Weichselwerder unter den holländischen Siedlern weit verbreitet. Das weit vorspringende, mit Säulen

Frombork (Frauenburg)

Edle Rösser in Kadyny

abgestützte Obergeschoß erlaubte es, mit einem Wagen unter die Laube zu fahren, damit das Getreide direkt in die obere Kammer der Laube verladen werden konnte.

Unterkunft in Kadyny (Tolkmicko): Hotel Kadyny-Palace ($$$), ✆ 055/231 61 20, Fax 231 62 00, Reservierung: ✆ 05 02 09 06 47 (Handy), Fax 058/621 44 38, gut ausgestattetes Luxushotel mit Swimming-Pool.

Essen und Trinken: Restaurant Stara Gorzelnia in einer alten Brennerei neben dem Hotel (✆ 231 61 20), eigenen Angaben nach auf die polnische, deutsche und englische Küche spezialisiert, auch wenn das hervorragende Fleisch-Fondue eigentlich zu keiner dieser nationalen Küchen gehört.

Frombork

Der **Domhügel** von Frombork (Frauenburg) kündigt sich schon aus der Ferne an. Der Komplex der von Wehrmauern umgebenen Kathedrale ist zweifelsohne der touristische Höhepunkt des Ermlands, neben dem das am Fuße des Hügels am Haff gelegene Städtchen nur eine Nebenrolle spielt.

Der Haupteingang in den Dombezirk führt durch den Doppelturm im Süden, dem eine Bastion, von der nur noch die Fundamente übriggeblieben sind, vorgelagert war. Nachdem das Auto offiziell geparkt ist – kein unnützer Hinweis angesichts des übereifrigen Rufs, den die hiesige Polizei genießt – löst man am Tor die Karten für den Turmaufstieg, den Eintritt in ein kleines Mu-

Die Oberländische Seenplatte

Der Dom von Frombork (Frauenburg)

seum und den Dombesuch. Es ist übrigens zum ersten Mal der Fall – aber vermutlich nicht zum letzten –, daß die Besucher einer Kirche in Polen zur Kasse gebeten werden.

Im Hof vor dem Dom gewahrt man die Einmaligkeit dieses Ensembles. Die Wehrmauern umgeben einen großen, langgezogenen, fünfeckigen Platz. Jeder Turm weist eine andere Form auf, was aber angesichts der langen Bauzeit vom 14. Jh. bis zur Mitte des 16. Jh. kaum verwundert. Nach den Kriegsschäden von 1945 wurden Teile der Mauern und Türme wiederhergestellt, nicht aber die an sie anschließenden, im Laufe der Jahrhunderte hinzugekommenen Wohnbauten, so daß sich die gesamte Anlage heutzutage ›gotischer‹ als vor dem Krieg präsentiert.

In der Südwestecke der Mauer steht der Radziejowski-Turm, eigentlich eine massige Bastei, der man einen Turm aufsetzte, welcher wiederum im 17. Jh. mit einer barocken Turmhaube bekrönt wurde. Im Turminneren schwingt ein Foucaultsches Pendel, das die Erdumdrehung empirisch beweist. Der mühsame Aufstieg auf einer modernen Treppe rund um das Pendel wird mit einer der schönsten Aussichten belohnt, die eine Nordpolen-Reise zu bieten hat.

Freistehend, mitten auf der grünen Wiese, erhebt sich der 1330–88 erbaute **Dom.** Die langgezogene Halle besitzt keinen Turm, wenn man von den Ecktürmchen, die die Westfassade zieren, einmal absieht.

56

Auffallend ist der von einem Arkadenfries umgebene Dreiecksgiebel.

Ein Augenschmaus ist die Vorhalle. Ihre Wände sind mit Putzdekor bedeckt, das an Fischschuppen erinnert und von einem Schriftfries aus Terrakottaplatten umrahmt. Die Gewölberippen sind gänzlich skulptiert. Am Hauptportal aus gotländischem Granit und Stuck sind u. a. die Klugen und die Törichten Jungfrauen sowie an den äußeren Bögen Fabelwesen und Dämonen dargestellt. Letztere sollten einst das Böse von der Kirche fernhalten.

Mit dem imposanten Äußeren kann das *Kircheninnere* nicht recht mithalten. Die verschiedenen Ausstattungselemente wollen nicht zueinander passen, die kräftigen Farben, mit denen die Pfeiler im 19. Jh. bemalt wurden, wirken aggressiv. Von der ursprünglichen *Ausstattung* der Kirche ist ohnehin wenig übriggeblieben: 1626 soll der Schwedenkönig Gustav Adolf eigenhändig die Eingangstür zerschlagen haben, um seiner Soldateska das Zeichen zum Plündern zu geben. Nur Teile des *Hauptaltars,* heute an die Nordwand angelehnt, mit einer Madonna auf der Mondsichel blieben erhalten (1504). Der Rest der Ausstattung stammt aus der Zeit nach dem Schwedeneinfall, darunter alle 14 barocken Seitenaltäre.

Beim genaueren Hinschauen entdeckt man im Dom noch viele interessante Kunstwerke. Die von Georg Nitrowski aus Danzig 1683–84 konstruierte *Orgel* ist sowohl ein Kunstwerk mit beweglichen Figuren als auch ein hervorragendes Musikinstrument. Ihr Klang wird durch eine zweite kleine Orgel an der Südwand neben dem Chor verstärkt. Die häufigen Orgelpräsentationen (15 Min. Dauer) sollte man nicht versäumen.

Eher kurios sind zwei *Grabplatten* aus dem 18. Jh. zu nennen, auf denen ein Gerippe mit einer Sanduhr und einer Rose – Todessymbole nach dem Spruch »heute rodt, morgen dodt« – die mangelhaften anatomischen Kenntnisse des Künstlers offenbart. Die Grabplatte des Bischofs Adam Konarski (Nordwand, nah am Chor) aus dem Jahr 1686 ist ein Jugendwerk Andreas Schlüters (ca. 1660–1714). Dieser vermutlich gebürtige Danziger wurde vom polnischen König Jan III. Sobieski ›entdeckt‹ und nach Warschau verpflichtet, wo er einige Werke, so die Giebel des Krasiński-Palais, schuf. Der Große Kurfürst, Friedrich Wilhelm I., warb ihn ab, und so wurde Schlüter – bekannt durch das Berliner Schloß und das Zeughaus mit den Masken der sterbenden Krieger – zum wichtigsten barocken Bildhauer Norddeutschlands.

Eine am Nordostpfeiler angebrachte Gedenktafel aus dem 18. Jh. zu Ehren Kopernikus' erinnert an den genialen Astronomen, »dessen Name und Ruhm Himmel und Erde erfüllte« und der in Frauenburg etwa 40 Jahre seines Lebens bis zu seinem Tod 1543 verbrachte (s. S. 58 f.). Seine Himmelsbeobachtungen betrieb Kopernikus von seinem Wohnhaus außerhalb des Dombezirks aus, anders als es manche Lo-

Die Oberländische Seenplatte

Deutscher oder Pole

Der Astronom Nikolaus Kopernikus

»Wstrzymał słońce, ruszył ziemię, polskie go wydało plemię«, diesen Satz, in dem der große Kopernikus – Mikołaj Kopernik –, der die Sonne anhielt und die Erde in Bewegung setzte, gepriesen wird, kann jedes Kind in Polen auswendig. Der Stamm der Polen hätte ihn hervorgebracht, heißt es dort, und jegliche sachliche Diskussion über seine Herkunft wird schwierig, da sofort ein Angriff auf nationale Heiligtümer gewittert wird. Es gab Zeiten, wo auch deutscherseits die ›Wahrheit‹ über Kopernikus' nationale Wurzeln zum Dogma wurde. 1939 setzten die Deutschen auf die polnische Tafel am Kopernikus-Denkmal in Warschau eine Platte zu Ehren des ›großen deutschen Astronomen‹ und drohten jedem mit der Todesstrafe, der sie zu entfernen wagte.

Nikolaus Kopernikus, Kupferstich nach einem zeitgenössischen Bildnis

1473 in Thorn an der Weichsel geboren, studierte Kopernikus in Krakau, Bologna, Padua und Ferrara. Nach seiner Rückkehr in den Norden wurde er Domkanoniker und Sekretär seines Onkels, des ermländischen Bischofs Lukas von Watzenrode und lebte abwechselnd in Lidzbark

kalführer, die auf einen quadratischen Befestigungsturm hinweisen, stolz verkünden. Als Domkanoniker fand er im Dom seine letzte Ruhe. Allerdings ist die genaue Lage der Grabstätte nicht festzustellen.

Das unterhalb des Domhügels liegende Städtchen hat nicht allzuviel zu bieten. Das moderne Denkmal des hier allgegenwärtigen Kopernikus, der frühneuzeitliche Wasserturm und einige Souvenirläden prägen das Bild. Das Museum für alte Medizin reizt wegen seines Raumes: Es ist im originalen Gebäude des Hl.-Geist-Spitals untergebracht, dessen Krankenkapelle eine sonderbare Darstellung des

Warmiński (Heilsberg im Ermland), Olsztyn (Allenstein) und Frombork (Frauenburg). In seinem Todesjahr erschien in Nürnberg sein Hauptwerk ›De revolutionibus …‹ (›Sechs Bücher über die Umläufe der Himmelskörper‹), das eine Abkehr von der bis dahin geltenden Theorie des Ptolemäus mit der Erde als dem Mittelpunkt des Weltalls bedeutete. Damit ist Kopernikus der Vater der modernen Astronomie.

Im ersten Streit um Kopernikus ging es um das kirchliche Dogma, das die Erde zum Weltzentrum erklärte. Der Vatikan setzte Kopernikus' Werk auf die Liste der verbotenen Bücher und ging hart gegen seine Nachfolger Galileo Galilei und Giordano Bruno vor. Nachdem die Kirche aber 1828 offiziell die Lehre Kopernikus' anerkannt hatte, entbrannte nun der zweite Streit, in dem es um die Frage der Abstammung des Gelehrten ging. Die Polen, die sich schon in der ersten Hälfte des 19. Jh. von Bertel Thorvaldsen ein Kopernikus-Denkmal in Warschau errichten ließen, argumentierten mit der politischen Zugehörigkeit Thorns und des Ermlands zu Polen, dem Studium des Astronomen in der polnischen Hauptstadt sowie dem Umstand, daß er in der Burg Allenstein Kriegsvorbereitungen gegen den Deutschen Orden getroffen hat. Die Deutschen verweisen auf die drei Briefe, die Kopernikus auf deutsch verfaßt hat, sowie auf die Tatsache, daß die oberen Schichten des Ermlands und Thorns damals in der überwiegenden Mehrheit Deutsche waren.

Hier wird wieder einmal aus den Positionen unserer Zeit argumentiert, in der Nationalstaaten der Normalfall sind. Das polnisch-litauische Doppelreich wurde aber von einem bunten Völkergemisch bewohnt. Es war zu Lebzeiten Kopernikus' kein Widerspruch, daß dieser sich, eventuell mit Deutsch als Muttersprache, als loyaler Bürger des polnischen Staates empfand. Er schrieb in Latein, in der Sprache Europas, wie damals viele andere auch. Ohnehin wäre es für Kopernikus vermutlich sehr amüsant – und auch unverständlich –, für welche Zwistigkeiten und Rivalitäten seine Person als Vorwand dienen mußte.

Jüngsten Gerichts (1423–26) ausschmückt.

Frombork besitzt einen kleinen Hafen, von dem aus häufig Schiffe zum Badeort **Krynica Morska** (Kahlberg) an der Frischen Nehrung verkehren. Die Nehrung weckt düstere historische Erinnerungen: Nahe bei ihrem westlichen Ende lag das **KZ** **Stutthof** (Sztutowo), in dem seit 1939 die polnische Elite aus Westpreußen inhaftiert und ermordet wurde. 1944 funktionierte man wegen der ›Überfüllung‹ von Auschwitz Stutthof zu einem Vernichtungslager um, so daß die gesamte Zahl der hier Umgekommenen ungefähr bei 80 000 liegt. Es mutet gespenstisch an, daß

Die Oberländische Seenplatte

im irrationalen Rassenwahn NS-Deutschlands die Juden sogar von der griechischen Insel Rhodos mit großem Aufwand hierher transportiert wurden, um vergast zu werden. Das Ganze geschah im Sommer 1944, als die Front bereits kurz vor Warschau stand.

Einige Monate später waren Haff und Nehrung Bühne für die tragische Flucht der ostpreußischen Zivilbevölkerung. In die Tausende geht die Zahl derer, die hier damals erfroren, durch Bomben umkamen oder den anschließenden Racheakten der Roten Armee und des

Frische Nehrung (Mierzeja Wiślana)

Die Frische Nehrung bei Krynica Morska

Braniewo

Bis vor kurzem noch war Braniewo (Braunsberg) ein verschlafenes Nest am Ende der Welt. 6 km weiter verlief die bis in die 1990er Jahre hermetisch abgeriegelte polnisch-russische Grenze. Der kümmerliche Zoo hinter der Katharinenkirche mit hier exklusiv zu bewundernden Exoten wie Zebras und Dingos war ein Inbegriff provinzieller Einöde. Nach der Grenzöffnung und der Privatisierung der jetzt von einem australischen Bierbrauer modernisierten Brauerei tut sich hier heute wesentlich mehr.

Auch das Aussehen der Stadt verändert sich schnell. Wenig erinnert noch an die Blütezeit im 15. und 16. Jh. – immerhin war Braniewo Hansestadt und erste Residenz der ermländischen Bischöfe mit einem großen Hafen an der Passarge (Pasłęka), die etwa 10 km weiter ins Frische Haff mündet. 1565 entstand hier unter Kardinal Hosius das erste Jesuitenkolleg in Polen, von dem aus die schließlich erfolgreiche Rekatholisierung (Polen war zeitweilig im Begriff, protestantisch zu werden) betrieben wurde.

Die Stadt büßte ihre Bedeutung ein, als sie im 17. und 18. Jh. in die Nordischen Kriege einbezogen wurde – die mächtigen Befestigungsbastionen halfen hier nur wenig. Der Durchstoß der Roten Armee zum

stalinistischen NKWD zum Opfer fielen.

Heute mutet die Gegend friedlich an. Krynica Morska gilt als der Ort mit einem der breitesten Strände der Ostsee. Verglichen mit der Gegend von Danzig ist das Wasser noch sauber und lädt zum Baden ein.

61

Die Oberländische Seenplatte

Haff 1945 und die Kämpfe im ›Heiligenbeiler Kessel‹ verwandelten schließlich die Stadt in einen großen Trümmerhaufen. Von der Katharinenkirche blieben allein die Wände und die dicken achteckigen Pfeiler unzerstört, die freistehend im Laufe der Zeit allmählich von der Lotrechten abwichen. Die Rekonstruktion der Kirche ließ einen kargen Raum wiederentstehen, in dem man die Qualität der Architektur – ohne Ablenkung durch das häufige barockschnörkelhafte Beiwerk – besser wahrnehmen kann. Es beeindrucken die Proportionen der dreischiffigen Halle und die kunstvollen Muster im Gewölbe: in jedem Joch bilden die Rippen ganze vier vierzackige Sterne.

Mehr als die Türme der Stadtmauer, die Reste der Bischofsburg oder einer Kirche (kościół Trójcy Świętej), an deren Entwurf Karl Friedrich Schinkel beteiligt war, lohnt ein Besuch in der Hl.-Kreuz-Kirche (kościół Św. Krzyża), am Rande der Stadt in Richtung Haff gelegen. Ein von den Schweden 1701 angeschossenes Bild fing, so will es die Legende, zu bluten an, was zur Folge hatte, daß es für wundertätig erklärt wurde. Die Kirche ist ein reizvoller Zentralbau mit einer auffallend niedrigen Kuppel.

Information in Frombork: ul. Elbląska 2, ✆ 055/243 75 00, Fax 243 73 54.

Unterkunft in Frombork: Kopernik ($$), Kościelna 2, ✆ 243 72 85, Fax 243 73 00, das Hotel ist besser als die PTTK-Herberge, ul. Krasickiego 3, ✆ 243 72 52.

Ganzjährig geöffnete **Jugendherberge**, ul. Elbląska 11, ✆ 243 74 53.

... in Braniewo: Warmia ($), ul. Gdańska 44–46, ✆/Fax 243 39 07.

Campingplatz in Frombork: an der Straße nach Braniewo, ul. Braniewska 14, ✆ 243 73 68.

Essen und Trinken in Frombork: Zwei Restaurants am Domhügel (Akcent, ul. Rybacka 4, ✆ 243 72 75, Spezialität Zander in Sahne; Kopernik, ul. Kościelna 2, ✆ 243 72 85) sowie ein Restaurant des PTTK-Heims. Letzteres, neben der Kathedrale gelegen, ist noch ein Relikt des Sozialismus, mit Plastikblumen auf den Tischen, dafür aber schmackhaften Suppen, die z. B. 0,97 zł kosten.

... in Braniewo: Jakubowa, ul. Gdańska 44–46, ✆ 055/243 39 07, hervorragende hausgemachte Piroggen.

... in Krynica Morska: Restaurant Morska, ul. Bosmańska 1, ✆ 055/47 60 17, frischer Fisch.

Feste, Festivals: Im Sommer gibt es im Dom zu Frombork häufig Orgelkonzerte.

Aktivitäten: Ausflugsdampfer vom Hafen aus nach Krynica Morska, gelegentlich auch Tragflächenboote (Abfahrtszeiten in der Information zu erfragen).

Öffnungszeiten in Frombork: Dom: Mo-Sa 9.30–17 Uhr; Glockenturm: Mo-So 9.30–18 Uhr; Museum für alte Medizin (Muzeum Starej Medycyny, ul. Stara): April–Sept. Di–So 9–17 Uhr.

 Verkehrsanbindung: Etwa alle 3 Std. Züge zwischen

Frombork und Elbląg, von wo aus man weiter nach Danzig reisen kann. In Richtung Olsztyn oder Lidzbark Warmiński gibt es nur zwei Busse am Tag.

Von Pasłęk nach Ostróda

Der deutsche Name des Städtchens **Pasłęk** – Preussisch Holland – erinnert an die niederländischen Siedler des 14. Jh. Vor allem seit dem 16. Jh. machten sie das Land urbar und brachten das technische Know-how mit – Windmühlen, Deiche, Schleusen –, das die Trockenlegung der überschwemmten oder unter dem Meeresspiegel liegenden Gebiete erlaubte. Gemessen daran, daß Preussisch Holland bis 1945 zu den schönsten Städten Ostpreußens zählte, ist sein heutiger Anblick eher trostlos. Nur vereinzelt ragen Überreste der alten Bebauung aus der Eintönigkeit der Betonblöcke heraus: das Rathaus mit Gerichtslaube, d. h. einer offenen Arkade an der Vorderfront, die stark umgebaute Deutschordensburg, Teile der Stadtmauer sowie die gotische Pfarrkirche.

Der Krieg hinterließ seine Spuren auch im nahen **Słobity**. Das 1696–1723 von Joachim Ludwig Schultheis von Unfrieds erbaute Schloß Schlobitten ist 1945 abgebrannt und heute nur noch eine imposante Ruine, von der die Natur langsam Besitz ergreift. Weitere zerfallene Schlösser gibt es weiter östlich in **Karwiny** (Karwinden) und **Gładysze** (Schlodien; 1702–04 von Jean de Bodt errichtet). Etwas Hoffnung, daß manche von ihnen noch gerettet werden können, schöpft man im Ort **Dawidy** (Davids; 8 km westlich von Słobity), dessen um 1730 erbautes Gutshaus, ein ehemaliges Vorwerk Schlobittens, als privates Hotel wiedererrichtet wurde.

Das nächste Ziel ist **Morąg,** eine kleine Stadt mit dem üblichen ›Repertoire‹: ein gotisches Rathaus, eine bis zur Unkenntlichkeit umgebaute Ordensburg, eine sehenswerte Pfarrkirche in Backsteingotik und Reste einer Stadtmauer. Dies erklärt keineswegs, warum Richard von Weizsäcker 1990 bei seinem Staatsbesuch darauf beharrte, das Städtchen mit dem deutschen Namen Mohrungen aufs Programm zu setzen. Eine kleine Büste neben der Kirche liefert die Antwort. Hier stand das Haus, in dem Johann Gottfried Herder (1744–1803) als Sohn des örtlichen Lehrers, Küsters und Kantors das Licht der Welt erblickte (ul. Herdera).

Der Philosoph war fasziniert vom Volkstum der slawischen und baltischen Völker, deren Lieder er sammelte. Seine Auffassung, daß auf die Entstehung einer Sprache und Kultur die geographischen Bedingungen (Landschaft, Klima) einwirken, übernahm die erst wesentlich später als Wissenschaft entwickelte Ethnologie. Aufgrund seiner ›Slawophilie‹ eignet sich Herder hervorragend, Identifikationsfigur für die deutsch-polnische Aussöhnung zu werden.

Die Oberländische Seenplatte

Dem Wirken des Philosophen ist eine ständige Ausstellung im Dohna-Schlößchen, heute eine Filiale des Olsztyner Museums, gewidmet. Beachtenswert in diesem schlichten barocken Bau, der nach den Kriegsschäden erst Anfang der 1980er Jahre wiederhergestellt wurde, ist eine Sammlung holländischer Porträtmalerei (u. a. Werke der Brüder Honthorst, von Pieter Nason und Caspar Netscher), die aus dem benachbarten, 1945 zerstörten Schloß Reichertswalde (Markowo) stammt. Auch Möbelstücke und Kunsthandwerk aus Barock, Biedermeier und Jugendstil sind hier, nach Epochen geordnet, ausgestellt.

Der wichtige Ferienort **Ostróda** (Osterode) liegt am Jezioro Drwęckie (Drewenz-See) und zieht allsommerlich Scharen von Liebhabern aller möglichen Wassersportarten an. Segel- und Kanufahrten, Spaziergänge entlang des Sees, Ausflüge in die Wälder zum Pilzesammeln, Baden in den unzähligen menschenleeren Seen stehen hier auf dem Programm.

Die Geschichte holt uns bei der Ordensburg wieder ein. Hier wurde 1341 die letzte Komturei des Deutschen Ordens gegründet und danach eine große quadratische Burg erbaut (eine Komturei ist ein Verwaltungsbezirk des Deutschordensstaates, in dem der Komtur die ganze politische, religiöse und wirtschaftliche Macht innehatte). Der schier ewig dauernde Wiederaufbau der 1945 völlig abgebrannten Anlage nähert sich anscheinend nun doch dem Ende, wobei sein Schneckentempo immer wieder die Restaurierung des bereits Restaurierten nötig machte. Wann endgültig die vorgesehenen Institutionen – darunter ein Museum für Stadtgeschichte – einziehen werden, steht in den Sternen. Einstweilen probt hier unüberhörbar das Blasorchester der freiwilligen Feuerwehr.

Ein weiteres Kunstobjekt Ostródas ist wesentlich kleiner: Eine Pietà in der neugotischen katholischen Kirche (kościół Niepokalanego Poczęcia NMP, ul. Sienkiewicza) aus dem 14. Jh. Mit ihrem vom Schmerz gezeichneten Gesicht zählt diese Marienfigur zu den eindrucksvollsten Beispielen der Schnitzkunst im alten Deutschordensland.

Unterkunft in Pasłek: Warminanka, ul. Westerplatte 8, ✆ 055/248 31 19.
... in Dawidy: Gutshaus ($$), ✆ 055/248 41 96.
... in Morąg: OSR, ul. Żeromskiego 36, ✆ 089/757 42 12, Fax 757 26 28, gepflegtes Hotel mitten im Wald.
... in Ostróda: Park ($$$), ul. 3 Maja 21, ✆ 089/646 22 27, Fax 646 38 49, beste Adresse vor Ort mit Blick auf den See; Dom Wycieczkowy Drwęcki ($), ul. Mickiewicza 7, ✆ 646 30 35, besitzt ein kleines Restaurant und liegt direkt an der Anlegestelle; weitere simple Hotels in Ostróda (Falcon, ul. 3 Maja 9a, ✆ 646 49 41; Garnizonowy, ul. Dywizji 7, ✆ 646 32 41.
Die **Jugendherberge,** ul. Kościuszki 14 (1 km von der Anlegestelle entfernt) ist nur im Juli und Aug. geöffnet.
... in Karnity: Ca. 20 km nordwestl. von Ostróda, bei Boreczno, ✆ 089/647

Ostróda (Osterode)

Kanuten auf dem Drewenz-See

34 65, Fax 647 34 64, schön gelegenes Hotel in einem Gutshaus aus dem 19. Jh.
... in Stare Jabłonki: Schön an einem See liegt das Hotel Anders (5 km östl.), ✆ 089/647 14 89, 647 14 25.

Campingplatz in Kretowiny: bei Żabi Róg am jezioro Narie, nahe bei Morąg (✆ 089/685 16 18).
... in Ostróda: ul. 3 Maja 21, ✆ 089/646 22 27, hinter dem Hotel Park; viel schöner zeltet man aber in **Piławki** (7 km nordwestl.), ✆ 089/646 46 51.

Essen und Trinken in Ostróda: Neben dem Restaurant im Park-Hotel empfiehlt sich das ländliche Essen im Morlinianka, ul. Jaracza 26a, ✆ 089/646 64 38, sowie ein eleganteres Menü (gefüllter Hecht, auch koreanisches Essen) im Ostróda, ul. Mickiewicza 3, ✆ 646 42 75.

Öffnungszeiten in Morąg: Dohna-Schlößchen (pałacyk Dohnów, ul. Dąbrowskiego 54): Di–So 9–17 Uhr, 15. Sept.–15. Juni Di–So 10–16 Uhr.

Iława

Ein weiterer Anziehungspunkt für die Fans des Wassersports ist **Iława** (Deutsch Eylau), malerisch am südlichen Ende des Jezioraks (Geserich-See), eines etwa 25 km langen, tiefen Rinnensees, gelegen. Das Städtchen selbst bietet bis auf eine gotische Pfarrkirche wenig. Etwas verloren stehen neben der Hauptkreuzung vier barocke Skulpturen, die aus dem verwahrlosten Schloß in Kamieniec (Finckenstein) gerettet wurden.

Das Leben findet vor allem auf dem Wasser statt, in eigenen oder gemieteten Kanus und Segelbooten. Etliche ehemalige Betriebsferienheime, heute für alle geöffnet, bieten Übernachtungsmöglichkeiten. Viele der Reisenden suchen allerdings Quartier in den benachbarten, schön gelegenen Orten weit weg vom Autolärm, so beispielsweise in Siemiany (Schwalgendorf) am Jeziorak.

Ein kleines Schild ›restoration of the Szymbark castle‹ an der Straße von Iława nach Susz (Rosenberg) weist den Weg zu der interessantesten Burg der Gegend in **Szymbark**, auch wenn der Inhalt des Wegweisers etwas realitätsfern ist. Die Restaurierungsarbeiten kamen nämlich inzwischen aufgrund der finanziellen Schwierigkeiten des Besitzers zum Erliegen. Im 14. Jh. errichtet, war Schönberg mit einem von Mauern umgebenen riesigen Hof und einer Randbebauung eine Seltenheit unter den ansonsten kastellförmigen Burgen des Deutschen Ordens.

Die Burg kam später in den Besitz der Familie Finck von Finckenstein, die sie zu einem wohnlichen Schloß umgestaltete. In dieser Form blieb sie bis zum großen Brand des Jahres 1945 intakt. Volker Schlöndorff drehte hier 1996 ›Der Unhold‹ mit John Malkovich und Armin Müller-Stahl nach dem Roman ›Der Erlkönig‹ von Michel Tournier.

Kamieniec

›Enfin un chateau‹ – ›Endlich ein Schloß‹ – man möchte dem berühmten Bonmot Napoleons zwar beipflichten, doch ist sein Ausdruck des Entzückens heute angesichts dessen, was wir hier sehen, kaum noch nachzuvollziehen. Keine Begrüßung erwartet uns auf dem Ehrenhof von Schloß Finckenstein, der heute hoch mit Gras bewachsen ist, kein Dach hindert die Regentropfen, dorthin zu fallen, wo einst der Imperator mit seinem Gefangenen General Blücher diskutierte, bevor er ihn – zum eigenen Unglück – freiließ.

Das Schloß für den späteren preußischen Generalfeldmarschall Albrecht Konrad Finck von Finckenstein wurde 1716–20 von Jean de Bodt erbaut. Dieser dreiflügelige rotgetünchte Putzbau im Stil des ruhigen nordeuropäischen Barock war wohl der schönste Palastbau in den ehemaligen Provinzen Ost- und Westpreußen. Die Vergangenheitsform hat der große Brand vom Januar 1945 bewirkt; seitdem fristet der Bau nur noch ein trauriges Dasein als Ruine. Millionen würde heute ihr Wiederaufbau kosten, zumal die Wände – seit über 50 Jahren freistehend – marode und nicht mehr tragfähig sind. So wird der Storch, der hoch auf dem wappengeschmückten Giebel sein Nest hat, wohl der letzte Bewohner dieses Schlosses sein.

Wie der Bau einst aussah, vermittelt der am Originalschauplatz gedrehte Film ›Marie Waleska‹ mit Greta Garbo in der Titelrolle, ein typischer Hollywood-Schinken aus dem Jahr 1940, der doch eine echte Liebesgeschichte erzählt: 1807 wählte Napoleon Bonaparte Finckenstein als sein Winterquartier, das er mit der schönen Maria Walewska (1789–1817) teilte. Ob die dem Kaiser auf einem Ball in Warschau vorgestellte Polin ihn zur Wiederherstellung der polnischen Staatlichkeit geneigter machen sollte, ist unsicher und letztlich unwichtig. Maria folgte ihrem Geliebten nach Paris und später sogar nach Elba. Der gemeinsame Sohn wurde später als Graf Alexandre Colonna-Waleski unter

Schloß Finckenstein (Kamieniec)

Die Ruine von Schloß Finckenstein

Napoleon III. zum Außenminister Frankreichs.

Information: ul. Niepodległości 13, ✆ 089/648 58 00, Fax 648 82 48.

Unterkunft: Direkt am Wasser liegt Kormoran ($$), ul. Chodkiewicza 3, ✆ 648 26 77, Tel./Fax 648 59 63. Hotel Italie neben dem Campingplatz, ul. Sienkiewicza 9, ✆ 648 77 30. **Jugendherberge,** ul. Mierosławskiego 6, ✆ 648 64 64 (Juli–Aug.).

Campingplatz: ul. Sienkiewicza 9, ✆ 618 77 30, mit Bungalows und dem etwas sozialistisch anmutenden Hotel Leśny auf dem Gelände.

Essen und Trinken: Gutes Standardmenü im Wielka Żuława (ul. Jagieloriczyka 3, ✆ 648 50 01) oder zur Abwechslung etwas Italienisches im Italiana, ul. Sienkiewicza 9 (✆ 648 77 30).

Aktivitäten: Es gibt mehrere Verleihstellen für Wassersportgerät (u. a. Pod Omega, ul. Sienkiewicza 24, ✆ 648 40 93) – zu erfragen in der Touristeninformation. Dort auch die Auskünfte zu den Ausflugsschiffen, die bis Ostróda verkehren.

Olsztyn und das Ermland

Kopernikanische Notizen – die Burg in Olsztyn

Wo man Häuser sammelt – Olsztynek

Die größte Schlacht des Mittelalters – Tannenberg

Das berühmteste Storchennest Polens – Dobre Miasto

Die Residenz der Bischöfe des Ermlands – Lidzbark Warmiński (Heilsberg)

In der Nachfolge von Trakehnen – Liski

Das Freilichtmuseum von Olsztynek

Olsztyn (Allenstein) und das Ermland

Basis für Ausflüge ins Ermland könnte die größte Stadt der Region sein: Olsztyn (Allenstein) mit seinem reizvollen Stadtkern, inklusive einer Burg, in der eigenhändige Berechnungen des Astronomen Nikolaus Kopernikus an der Wand geschrieben stehen. Nicht versäumen sollte man Lidzbark Warmiński (Heilsberg), das das besterhaltene Kastell im Deutschordensland Preußen zu bieten hat. Echte Trakehner werden in Liski (Liesken) gezüchtet.

Das Ermland

Der Name Ermland leitet sich von einem der prußischen Stämme, den Warmiern, ab (daher das polnische Warmia). Aus der Luft gesehen hat es die Form eines Dreiecks mit den Spitze am Frischen Haff bei Braniewo (Braunsberg; s. S. 61 f.) und Frombork (Frauenburg; s. S. 55 ff.). Es verbreitert sich nach Südosten und schließt Städte wie Lidzbark Warmiński (Heilsberg im Ermland), Reszel (Rössel), Biskupiec (Bischofsburg) und nicht zuletzt Olsztyn (Allenstein) ein.

Als eines der vier Bistümer des Ordenslandes Preußen genoß das Ermland bereits unter der Deutschordensherrschaft eine Sonderstellung, die es auch in der polnischen Zeit (1454–1772) beibehielt. Der Bischof und das Domkapitel waren nicht allein geistliche, sondern auch weltliche Landesherren. Anfänglich gehörten die Bischöfe dem preußischen Adel und Bürgertum an, ab dem Ende des 16. Jh. wurden sie von den polnischen Königen aus dem polnischen Hochadel rekrutiert. Mit der Ersten Polnischen Teilung (1772) war es mit dem politischen Sonderweg vorbei, aber nicht mit den kulturellen Unterschieden: Es trennte bis 1945 eine strikte konfessionelle Grenze das katholische Ermland von den mehrheitlich evangelischen Landschaften Ostpreußens. Auch ethnisch zeichnete sich das Ermland aus: Die Dorfbevölkerung im Süden war als Folge der frühneuzeitlichen Kolonisation bis zur Reichsgründung mehrheitlich polnischsprachig.

Die Einführung der allgemeinen Schulpflicht – natürlich in Schulen mit Deutsch als Unterrichtssprache – führte nach 1871 zur schnellen Assimilierung dieser Landbevölkerung. Im ermländischen Abstimmungsgebiet votierten 1920 nur

Olsztyn (Allenstein)

noch 7 % für Polen – ohnehin war hier der Gebrauch der polnischen Muttersprache nicht gleichbedeutend mit dem Bekenntnis zu Polen. Die Nachkommen der polnischsprachigen Ermländer wurden 1945 nicht vertrieben. Die Behörden nannten sie ›Autochthonen‹, also Einheimische, die angeblich nur oberflächlich ›germanisiert‹ gewesen wären. Der Versuch ihrer ›Repolonisierung‹ schlug aber fehl, sie verließen mehrheitlich nach 1956 das Land in Richtung Bundesrepublik Deutschland; die übriggebliebenen ca. 10 000 Ermländer verstehen sich heute als deutsche Minderheit.

Olsztyn

War vor dem Zweiten Weltkrieg Allenstein mit seinen 50 000 Einwohnern nur eine Stadt unter vielen, deren einzige Besonderheit eine große Kaserne darstellte, so ist das heutige dreimal so große Olsztyn das kulturelle, wissenschaftliche und wirt-

---

Olsztyn (Allenstein):
1 Hohes Tor 2 Herz-Jesu-Kirche 3 Neues Rathaus 4 Theater 5 Gotische Laube 6 Geburtshaus von Erich Mendelsohn 7 Jüdischer Friedhof 8 Jakobikirche 9 Evangelische Kirche 10 Museum für das Ermland und Masuren 11 Planetarium

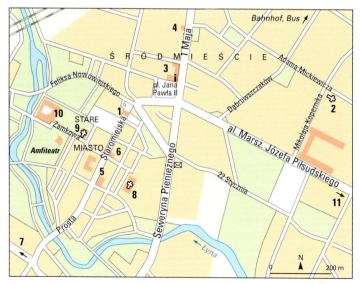

Olsztyn und das Ermland

schaftliche Zentrum für den Nordosten Polens. Für die Wirtschaft steht die große, von Michelin gekaufte Reifenfabrik sowie die Tourismusbranche, Kultur und Wissenschaft werden durch die Pädagogische Hochschule repräsentiert, auf deren Basis man hier eine Universität gründen will. Etliche kulturelle Veranstaltungen werden unter Federführung des Museums in der Burg oder durch die ›Borussia‹-Vereinigung organisiert. Dort wird, v. a. über die Literatur, versucht, eine Brücke zwischen den alten und den neuen Einwohnern dieses Landes zu schlagen.

Stadtrundgang

Den Spaziergang durch Olsztyn beginnt man vorzugsweise beim **Hohen Tor** (1; Wysoka Brama), dem einzigen erhaltenen Teil der mittelalterlichen Befestigungsanlage der Stadt. Dieser Bau, der heute als Herberge mit etwas spartanischen Bedingungen dient, besitzt im Mauerwerk ein charakteristisches rautenförmiges Muster aus schwarz gebrannten Backsteinen. Vom Hohen Tor aus blickt man in Richtung Norden auf einen neueren Stadtteil, der hauptsächlich vom Anfang des 20. Jh. stammt. Das Blickfeld gen Osten wird dominiert von der riesigen neugotischen **Herz-Jesu-Kirche** (2; kościół Serca Jezusowego, ul. Mickiewicza) und dem 1912–15 erbauten **Neuen Rathaus** (3; pl. Jana Pawła II.) im Neurenaissancestil.

Das nahe **Theater** (4; Teatr im. Jaracza) wurde 1924 errichtet und bekam den Namen ›Treudank‹, da 1920 98 % der Stadt (nicht des Landkreises, wo der Prozentsatz bei 86 % lag) gegen den Anschluß an Polen votierten.

Das Hohe Tor markiert den Beginn der Altstadt, die sich südlich anschließt. Schon ihre geringe Fläche weist darauf hin, daß die Stadt im Mittelalter kaum eine nennenswerte Rolle gespielt haben kann. Was wir heute in der Altstadt sehen, ist ohnehin das Ergebnis der Nachkriegszeit. Kurz nach dem Einmarsch der Roten Armee wurde Allenstein in einer Art Siegesorgie zerstört; die übriggebliebenen Einwohner wurden zum Opfer von Gewalttakten. Zeuge dieser Vorgänge war ein junger russischer Offizier namens Lew Kopelew, dem die Kritik an diesen Übergriffen zehn Jahre Haft einbrachte.

Die Polen bauten die Altstadt in den Jahren 1950–55 historisierend wieder auf. Die Auswahl bestimmter Motive aus Renaissance und Barock ist hier typisch für die stalinistische Architektur (s. S. 48 f.) und hat wenig mit der Stadt selbst zu tun. So zeigen sich die Häuser am Markt in barocker Verkleidung. Lediglich die schlesisch anmutenden Lauben sind nach Vorlagen rekonstruiert. Die älteste davon, eine **gotische Laube** am Haus Nr. 11 (5), ist sogar im Original erhalten geblieben. Eine 1997 eingemauerte Tafel bezeichnet das **Geburtshaus von Erich Mendelsohn** (6; ul. Staromiejska 10). Diesen neben Gropius wohl

Olsztyn (Allenstein)

Das Hohe Tor in Olsztyn (Allenstein)

größten deutschen Architekten des 20. Jh. (1887–1953) assoziiert man spontan mit dem expressionistischen Einstein-Turm in Potsdam, den späteren Warenhäusern in Chemnitz und Stuttgart sowie mit seinen in der Emigration entstandenen Bauten in England, Palästina und in den USA. In Olsztyn stehen nur zwei bescheidene Häuser, die **Totenkapelle und das Wohnhaus des Wärters des jüdischen Friedhofs** (7; ul. Zyndrama z Maszkowic), in das in den nächsten Jahren eine ständige Ausstellung über Mendelsohn einziehen soll.

Ein paar Schritte vom Markt entfernt liegt die **Jakobikirche** (8; kościół św. Jakuba), die große Pfarrkirche der Stadt, die ca. 1370–1445 erbaut wurde. Ihr Äußeres bestimmt der wuchtige quadratische Turm, der der Kirche einen wehrhaften Eindruck verleiht. Der Grundriß zeichnet sich durch den für das Ermland typischen gerade abgeschlossenen Chor aus; im Inneren stechen durch ihre mannigfaltigen Formen das Netzgewölbe im Hauptschiff und das Zellengewölbe in den Sei-

Olsztyn und das Ermland

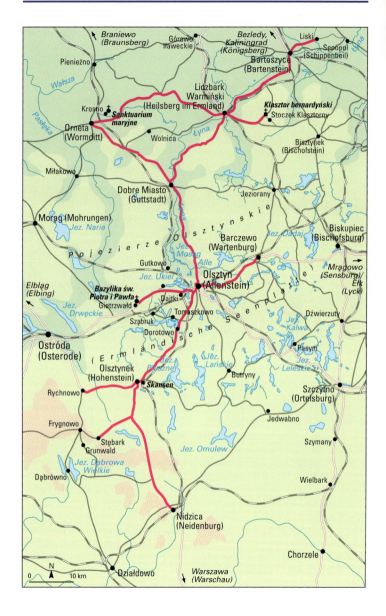

tenschiffen ins Auge. Die originale Innenausstattung verfeuerten 1807 in der Kirche gefangengehaltene frierende russische Soldaten. Übrig blieben danach nur Teile der gotischen Altäre, die in die neugotische Einheitsausstattung (um 1870) eingebaut wurden.

Vom Markt aus in die andere Richtung, vorbei an der kleinen **evangelischen Kirche** (9; kościół ewangelicki), gelangt man bald zur Burg, in der sich heute das **Museum für das Ermland und Masuren** (10; Muzeum Warmii i Mazur) befindet. Dieser Backsteinbau aus der Mitte des 14. Jh. war der Sitz des ermländischen Domkapitels. Anders als eine typische Deutschordensburg besaß die Allensteiner Feste nur zwei ausgebaute Flügel, die durch eine Umfassungsmauer zu einem Viereck vervollständigt wurden. Ihre Silhouette bereichert ein hoher Turm, dessen am Fuß quadratische Form im oberen Teil in einen runden Grundriß übergeht. Im 18. Jh. um den Eingangsflügel ergänzt, überdauerte sie den Zweiten Weltkrieg ohne größere Schäden. Imposant präsentiert sich der Bau von der ul. Zamkowa aus: eine glatte rote Wand mit einer Musterung aus schwarz gebrannten Backsteinköpfen, darüber das für Verteidigungszwecke bestimmte Dachgeschoß, vorkragend und mit Pechnasen versehen, damit Angreifer mit heißem

Pech oder Grütze begrüßt werden konnten. Der bekannteste Bewohner der Burg, der Astronom Nikolaus Kopernikus (s. S. 58 f.), ließ als Verwalter der ermländischen Güter 1519 die Wehrhaftigkeit der Anlage überprüfen und forderte in Briefen an den polnischen König das für die Reparaturen benötigte Geld, da sich ein Krieg zwischen dem Deutschordensstaat und Polen samt dem ermländischen Fürstbistum abzeichnete. Daß er selbst die Burg in dem folgenden ›Reiterkrieg‹ (1519–20) verteidigt haben soll, gehört in das weite Feld historischer Mythen. Als sicher gilt immerhin, daß die an einer Wand in der Burg erhaltenen etwas geheimnisvoll anmutenden ›Kritzeleien‹ tatsächlich von der Hand Kopernikus' stammen. Diese Astronomietafel diente zur Feststellung der Tagundnachtgleichen, um die landwirtschaftlichen Arbeiten zeitig durchführen zu können.

Das Museum selbst hat viel zu bieten: frühneuzeitliche Kunstwerke aus untergegangenen preußischen Adelsschlössern, eine umfangreiche volkskundliche Sammlung sowie Exponate, die Flora und Fauna der Region erläutern. Einige der Räume stellen schon an sich eine Rarität dar: das Zellen- bzw. Kristallgewölbe des Nordflügels kommt ansonsten im Ordensland extrem selten vor.

Eine ständige Ausstellung ist dem untergegangenen Stamm der Prußen gewidmet. Dieses indogermanische Volk – Prußen, Pruzzen oder Preußen genannt – sprach eine dem Litauischen verwandte baltische Spra-

---

Olsztyn (Allenstein) und das Ermland

che, verehrte Naturgewalten als Götter und teilte sich in mehrere miteinander in ständiger Fehde stehende Stämme. Die Deutschordensritter dezimierten sie, und sie verschwanden später als eigenständiges Volk gänzlich. Sie hinterließen kaum mehr als den Namen des Landes. Eines der ganz wenigen Zeugnisse der prußischen Kultur stellen die *baby* (slawisch für ›Weiber‹) dar: steinerne Figuren, die möglicherweise im Zusammenhang mit Trankopfern zu sehen sind. Drei davon wurden auf dem Hof der Burg aufgestellt.

Wie ein häßlicher Gürtel umgeben den kleinen ansehnlichen Stadtkern endlose Betonwohnsilos, Schlafstätten für die Einwohner. Hier, im modernen Teil der Stadt, wurde zum 500jährigen Geburtstag von Kopernikus ein großes **Planetarium** (11; ul. Piłsudskiego 38) gebaut. Dieses Jubiläum gab Anlaß für ein großangelegtes Veranstaltungsprogramm im ganzen Land, nicht zuletzt um jegliche Zweifel an der polnischen Abstammung Kopernikus' zu beseitigen. Wenn es einmal nicht aufhören will zu regnen, ist es eine gute Idee, sich den bestirnten Himmel vorführen zu lassen.

Während die Peripherie von Olsztyn keine gute Note verdient, ist von der weiteren Umgebung der Stadt nur das Beste zu berichten. Wälder, Seen und Moränenhügel prägen die Landschaft. An sich reicht es, eine gute Karte (fragen Sie am Kiosk nach der Karte ›Okolice Olsztyna‹) zu besitzen und nach

Lust und Laune loszufahren. Zu empfehlen ist der schwarz markierte Wanderweg. Er führt vom Vorort Dajtki den Ukiel-(Okul-)See mit seinen schönen Badestellen entlang über die Dörfer Łupstych und Gutkowo und kehrt nach 18 km zur Stadt zurück. Vermutlich die schönsten Wälder liegen südlich von Olsztyn, über eine kleine Straße nach Butryny erreichbar. Der Wald zwischen Jezioro Łańskie (Lansker-See) und Jezioro Pluszne (Großer Plautziger-See) war bis zur Wende gesperrtes Gebiet, in dem die großen Parteifische abgeschirmt ihren luxuriösen Urlaub verbrachten.

Information: ul. Staromiejska 1, ☎/Fax 089/535 35 66, 535 35 65; PTTK-Büro, Staromiejska 1, ☎ 527 51 56; Orbis, ul. Dąbrowszczaków 1, ☎ 527 92 09, Fax 527 02 48.

Unterkunft: Olsztyn als Zentrum des Seengebietes verfügt über eine Anzahl von Hotels der gehobenen Kategorie. Erste Wahl ist das Park-Hotel ($$$), ul. Warszawska 119, ☎ 523 66 04, Fax 527 60 77, allerdings weit vom Zentrum an der Hauptstraße nach Warschau gelegen. Ebenfalls außerhalb der Stadtmitte liegt Nowotel ($$$), ul. Sielska 4a, ☎ 527 40 81, Fax 527 54 03, etwas schlichter in der Zimmerausführung, an der Straße nach Ostróda. Dafür verfügt es aber über einen ›hoteleigenen‹ See (Bademöglichkeit) in unmittelbarer Nähe. Das 1993 eröffnete Deutsch-Polnische Jugendzentrum ($$$, Hotel Centrum, ul. Okopowa 25, ☎ 534 07 80, Fax 527 69 33) entpuppte sich zur Entrüstung vieler als ein Luxushotel, überdies in hervorragender Lage unter der Burg. Warmiński in der Stadtmitte ($$, ul. Głowackiego 8, ☎ 533 53 53, Fax 533 67 63) hat sich nach der Renovierung sehr schön herausgemacht. Das Kormoran ($$, pl. Konstytucji 3 Maja 4, ☎ 534 58 64, Fax 534 61 95) ist innen weit besser, als das äußere Bild es verspricht. Nah am Bahnhof. Weit in der Natur liegt dagegen ośrodek Wypoczynkowy Łańsk Kormoran/Cyranka ($$$), Stawiguda Nr. 14, ☎ 089/527 40 12, 527 44 33. Das einstige Exklusivhotel für Parteimitglieder bietet Luxusbedingungen inmitten traumhafter Natur, etwa 20 km von der Stadt entfernt; Zufahrt von der Hauptstraße Olsztyn-Warszawa hinter Dorotowo nach links und 11 km eine schmale Straße durch den Wald entlang. Mit weniger Komfort, dafür aber preisgünstiger: Hotel Relaks ($), ul. Żołnierska 13a, ☎ 527 75 34; Nad Łyną ($), al. Wojska Polskiego 14, ☎ 526 71 66; Garnizonowy ($), ul. Artyleryjska 15, ☎ 526 92 11. Die PTTK-Herberge ist im Hohen Tor untergebracht (ul. Staromiejska 1, ☎ 527 36 75), die **Jugendherberge** liegt ebenfalls nicht weit von der Altstadt entfernt (ul. Kopernika 45, ☎ 527 66 50). **Privatzimmer** vermittelt das Informationsbüro.

Campingplatz: Der nächste Campingplatz liegt etwa 20 km entfernt in südöstlicher Richtung: Pasym, ul. Turystyczna, ☎ 621 21 52.

Essen und Trinken: Unter den Restaurants in den besseren Hotels genießen jene im Centrum und im Warmiński den besten Ruf. Francuska (ul. Dąbrowszczaków 39, ☎ 527 53 01) führt nur dem Namen nach französische Haut cuisine, das Essen ist aber trotzdem gut. Eridu in der Altstadt (Prosta 3–4, ☎ 534 94 67) ist zwar nur eine polonisierte Version der syrischen Küche, aber leckere Tajine oder Kebabs bekommt man hier immer. Schmackhafte europäische Ge-

richte im Villa Palas, ul. Żołnierska 4, ☎ 535 01 15, Fax 535 99 15. Ein nettes Café ist das SARP, ul. Kołątaja 15, das sich in einem alten Speicher befindet.

Aktivitäten: Erkundigen Sie sich, ob die Stowarzyszenie Wspólnota Kulturowa ›Borussia‹, Olsztyn, ul. Partyzantów 87/212, ☎/Fax 523 72 93, gerade interessante Kulturveranstaltungen anbietet. Rundflüge über Masuren – nicht gerade billig, aber unvergeßlich – organisiert der Aeroklub Warmińsko-Mazurski, ul. Sielska 34, ☎ 527 38 27, 527 52 40. Für Reiten und Kutschfahrten wenden Sie sich an Klub Jeździecki Marengo, ul. Hozjusza 14a, ☎ 523 84 61, Fax 523 84 43, in Kortowo bei Olsztyn oder an die Firma Janusz Kojrys, ☎ 523 88 02.

Museum (Muzeum Warmii i Mazur, ul. Zamkowa 2): Di–So 9–17 Uhr, 15. Sept.–15. Juni 10–16 Uhr. Planetarium, ul. Piłsudskiego 38, ☎ 533 49 51.

Verkehrsanbindung: Bus- und Fernbahnhof liegen ca. 1 km nordöstl. der Innenstadt dicht nebeneinander. Von dort aus gibt es Verbindungen zu vielen polnischen Städten, in der Saison auch nach Berlin. Erkundigen Sie sich in der Information nach der Möglichkeit, von Deutschland aus direkt nach Olsztyn zu fliegen.

Gietrzwałd

Nur ein paar Kilometer westlich von Olsztyn liegt der Wallfahrtsort **Gietrzwałd** (Dietrichswalde), den schon von weitem der Anblick einer

Dem Verfall nahe

Schlösser in West- und Ostpreußen

In den alten Provinzen West- und Ostpreußen existierte eine bedeutende Anzahl von Schlössern und Gutshäusern, die nur zu einem kleinen Teil überdauert haben. Es gab Paläste mit einem Ehrenhof und großen Parks wie Finckenstein (Kamieniec), Schlobitten (Słobity) oder Dönhoffstädt (Drogosze). Weniger imposant waren Schlösser, die nach ›preußischer Art‹ mit ihrer Hauptfassade zum Vorwerk hin standen, von diesem lediglich durch die Zufahrt und eine Rasenfläche getrennt, beispielsweise in Prassen (Prosna), Reichertswalde (Markowo), Woplauken (Wopławki) und Billstein (Biała Olecka). Man betonte hier die Bedeutung des Wirtschaftsteils und die ›Fürsorge‹ des Besitzers, der immer direkt ein Auge auf das Geschehen dort werfen konnte. Bei Sorquitten (Sorkwity), Klötzen (Klecewo bei Sztum) und Karnitten (Karnity bei Ostróda) bildeten die Seen eine starke landschaftliche Komponente der Schloßanlagen.

Außer wenigen Ausnahmen, die von namhaften Architekten (Karl Friedrich Schinkel, Jean de Bodt, John von Collas) entworfen wurden, waren die meisten Schlösser das Werk anonymer Architekten, erbaut in allen möglichen architektonischen Stilen. Barock zeigte sich Finckenstein und Eichmedien (Nakomiady), neuklassizistisch Dönhoffstädt; spätere Schlösser vertraten Neugotik (Klötzen, Karnitten) und Neubarock (Loßainen/Łężany). Sie waren die Residenzen der wichtigsten, seit dem 16. Jh. hier beheimateten Familien Preußens – Dönhoff, Lehndorff, Mirbach, Groeben und Dohna, die im Staatsdienst Preußens, Kurlands und Polens häufig hohe Ämter innehatten. Trotz ihrer erwartungsgemäß meist konservativen Gesinnung waren viele der preußischen Adligen gegen die Nationalsozialisten, was Heinrich Graf von Lehndorff und Heinrich Graf von Dohna-Schlobitten nach dem mißlungenen Attentat auf Hitler vom 20. Juli 1944 das Leben kostete.

Das Jahr 1945 bedeutete eine starke Zäsur – der Adel war geflüchtet und die Schlösser brannten ab. Mutwillige Zerstörungen, Siegesorgien,

großen neugotischen Basilika angekündigt. 1877 erschien den Dorfbewohnern in einem Baum die Muttergottes und gemahnte sie in polnischer Sprache, fleißiger zu arbeiten und inbrünstiger zu beten. Schon bald wurde Gietrzwałd zum größten ermländischen Wallfahrts-

Gietrzwałd (Dietrichswalde)

Betrunkene, die in den Schlössern Lagerfeuer entfachten, führten dazu, daß von solchen Perlen der Architektur wie Finckenstein oder Schlobitten nur die Mauern übrigblieben.

In der Nachkriegszeit war das Schicksal der Bauten im polnischen ›Ermland und Masuren‹, wenngleich besser als im Kaliningrader Gebiet, nicht beneidenswert. Während die Kirchen, nach dem Wechsel vom Protestantismus zum Katholizismus, ihre Funktion beibehielten, und die Ordensburgen, einer merkwürdigen polnischen Haßliebe zum Deutschen Orden zufolge, bald Rettung erfuhren und zu Touristenattraktionen wurden, nahm sich der Landschlösser niemand an. Offiziell bis zum 15. August 1945, praktisch bis in das Jahr 1946 hinein, wurde in den Schlössern vorgefundenes Mobiliar nach Rußland abtransportiert.

Nur mit größter Mühe gelang es den ersten Mitarbeitern des 1945 gegründeten Olsztyner Schloßmuseums, wenigstens einen Teil der ursprünglichen Innenausstattung der Schlösser – so die Bibliothek aus Finckenstein oder die Bilder aus Reichertswalde – zu retten.

Später entstanden in den Gutshäusern Büroräume und Wohnungen für die Angestellten der staatlichen Landwirtschaftlichen Produktionsgenossenschaften (PGR). Die Not der Nachkriegszeit, das Gefühl, daß man nur vorläufig in diesen ehemals deutschen Gebieten ist, schließlich die Einstellung, daß es sich hier um ungeliebten deutschen Nachlaß handelt, führten dazu, daß kein Bewußtsein für den Charakter dieser Bauten als Kunstwerke entstanden ist. Etliche Schlösser, für die man keine Verwendung fand, verfielen. So präsentiert sich das barocke Schloß Arklitten (Arklity) heute als ein von üppiger Vegetation überwucherter Trümmer- und Schutthaufen; vom Schinkelschen Schloß in Skandau (Skandawa) ist kaum noch die Lage festzustellen.

Die Wende brachte zunächst keine Verbesserung. Die Publikmachung dieses Problems ist Verdienst der Kulturgemeinschaft ›Borussia‹, die 1990 als Vereinigung junger Intellektueller entstanden ist. Sie verstehen sich als Vermittler der jahrhundertealten Kultur und Traditionen dieses Landstrichs. Durch die Herausgabe von Zeitschriften, mit Veranstaltungen und Ausstellungen stärken sie die regionale Identität. Viel mehr, als an die ehemaligen und gegenwärtigen Bewohner dieses Landes zu appellieren, dieses Kulturgut zu retten, kann ›Borussia‹ freilich nicht leisten.

ort, und eine Pilgerkirche entstand. Ihren Altar ziert ein Marienbild hinter einem Metallvorhang, der sich auf und ab bewegen läßt, so daß das Bild nur zu bestimmten religiösen Anlässen zu sehen ist.

Gietrzwałd war vor 1945 als Ort polnisch-nationaler Propaganda –

Olsztyn und das Ermland

hier wurden polnische Zeitungen herausgegeben – bei den preußischen Behörden verpönt, in der kommunistischen Zeit war die Volksfrömmigkeit, unter deren Zeichen man hierher pilgerte, den Machthabern ein Dorn im Auge.

Ein einprägsames Beispiel ermländischer Volksreligiosität ist die nahe Dorfkirche in **Sząbruk** (Schönbrück; Schlüssel in der Pfarrei). Dort befindet sich eine flache Holztonne, die im 18. Jh. auf bäuerliche Art mit der Jungfrau Maria, der göttlichen Dreieinigkeit und dem hl. Nikolaus von Bari bemalt wurde. Bei der Renovierung der Kirche 1984 entdeckte man spätgotische Wandmalereien, die Passionsszenen und das Jüngste Gericht darstellen.

Sollte das immer noch nicht Grund genug sein, diesen Ausflug zu unternehmen, machen Sie halt am malerischen See Wulpinskie (Wulping) mit seinem verwinkelten Ufer und drei Inseln.

In Tomaszkowo und Dorotowo bauen sich die Olsztyner ihre Sommerdatschas. Anscheinend gibt es hier aber immer noch genügend freie Natur, denn in der nahen Pasłęka (Passarge) leben ungestört ganze Biberkolonien.

Olsztynek
und Umgebung

Bei **Olsztynek** (Hohenstein) schlug 1914 der spätere Marschall und Reichspräsident Paul von Hindenburg die russische Armee vernichtend. 92 000 russische Soldaten, darunter 13 Generäle, gerieten in Gefangenschaft, der Oberbefehlshaber General Samsonow wählte den Freitod. Durch diese lehrbuchmäßige Einkreisungsschlacht wurde Ostpreußen von der russischen Besatzung befreit, denn auch im weiteren Verlauf des Krieges konnten die Russen niemals weiter nach Westen vordringen. Der Name ›Tannenberg‹ wurde für diese Schlacht vom späteren Generalstabschef Erich Ludendorff bewußt gewählt, sie sollte die Schmach der mittelalterlichen Niederlage des Deutschen Ordens tilgen, ungeachtet dessen, daß der Ort Tannenberg (Stębark) in Wirklichkeit etwa 20 km südwestlich von Olsztynek liegt (s. S. 22 f., 82).

Das Denkmal für die Schlacht des Ersten Weltkriegs, eine Art ›germanisches Stonehenge‹, entstand in den Jahren 1925–27 in Form eines wuchtigen Mauerachtecks mit acht massigen quadratischen Türmen an den Eckpunkten der Mauer. In diesem überdimensionierten Bau, einer Mischung aus Amphitheater und Castel des Monte Friedrichs II., wurde 1935 Marschall Hindenburg beigesetzt. Allerdings nur für neun Jahre, denn kurz vor der Einnahme Ostpreußens durch die Rote Armee wurde Hindenburgs Leichnam in die Marburger Elisabethkirche überführt; das Tannenberg-Denkmal wurde anschließend von deutschen Pionieren gesprengt. Jahrzehntelang dienten die Trümmer als willkom-

Olsztynek (Hohenstein)

menes Baumaterial für die umliegenden Häuser. Von hier stammt der Löwe, der seit 1991 den Marktplatz in Olsztynek ziert.

An Ort und Stelle blieb lediglich ein Granitbogen, der den Eingang in den monumentalen Komplex markierte (bei Zajazd Mazurski, einem 1 km außerhalb gelegenen Hotel, nahe der Kreuzung der Straßen nach Warschau/Warszawa und Danzig/Gdańsk). Der Platz, an dem sich das eigentliche Denkmal befand, ist aber kaum auffindbar. Zu entdecken ist nicht mehr als eine Senke im Erdboden, die in etwa einem kleinen Meteoritenkrater gleicht.

Ein weniger martialischer Grund, nach Olsztynek zu fahren, ist das große **Freilichtmuseum**, das 1909 in Königsberg angelegt und 1940 nach Olsztynek verlagert wurde. Damals kopierte man ostpreußische Bauten, so beispielsweise ein litauisches Gehöft aus der Gegend von Stallupönen oder die Holzkirche von Rychnowo (s. u.). Erst nach 1962 wurde das Konzept geändert: Ausgewählte Objekte der Volksarchitektur wurden abgebaut und hier neu aufgestellt. Dieses Museum ›sammelt‹ heute Gebäude aus dem Ermland, Masuren und ›Powiśle‹, d. h. dem Oberland und den einst westpreußischen Gebieten östlich der Weichsel. Der Name Skansen, wie alle Freilichtmuseen Polens heißen, bezieht sich auf eine Insel bei Stockholm, wo diese Idee um 1900 zum erstenmal realisiert wurde. Bemerkenswert sind vor allem die Windmühlen, darunter ein großer ›Hol-

Rychnowo stand Modell: Holzkirche

länder‹, eine Töpferei und ein Vorlaubenhaus.

Besser als die Kopie ist bekannterweise das Original. Das Vorbild für das Modell einer Holzkirche im Freilichtmuseum steht nur 13 km westlich in **Rychnowo** (Reichenau). 1714–18 wurde der rechteckige Blockbau sowie ein freistehender, ebenfalls hölzerner Glockenturm erbaut. Entzückend sind die naiven Wandmalereien in einer seltsamen, kunterbunten Mischung der Motive: der Sündenfall inmitten der Decke, Luther an der Altarwand und Orpheus an der Empore.

Hat man sich gerade von den martialischen Erinnerungen an die

Olsztyn und das Ermland

Am Ort der Tannenbergschlacht

Tannenbergschlacht vom August 1914 erholt, so meint man schon bald, südlich von Rychnowo erneut Waffengeklirr zu vernehmen. Hier an den Feldern zwischen **Grunwald** (Grünfelde) und Stębark (Tannenberg) fand die vermutlich größte mittelalterliche Schlacht in Mitteleuropa statt (s. S. 22 f.).

Das Schlachtfeld selbst ist zu einer Art Pilgerstätte geworden, über die im Sommer unzählige Schulgruppen stolpern. Es gibt hier ein riesiges Denkmal aus dem Jahr 1960 zu bewundern, das aus einem Granitmonument mit dem Gesicht zweier Wächter und einem 30 m hohen Bündel aus stählernen Lanzen mit den symbolischen Darstellungen der Banner der damaligen polnisch-litauischen Truppen besteht. Steine unterschiedlicher Färbung markieren die Positionen der beiden feindlichen Lager vor der Schlacht; ein kleines Museum sammelt die bescheidenen ausgegrabenen Funde.

Schließlich gibt es noch die vor einigen Jahren freigelegten Fundamente der Kapelle zu sehen, die an der Stelle, an der der Hochmeister des Deutschen Ordens niedergestreckt wurde, kurz nach der Schlacht errichtet wurde.

Nidzica

Weiter im Süden liegt Nidzica (Neidenburg). Diese Gegend südlich von Olsztyn mit Działdowo (Soldau) und Szczytno (Ortelsburg) zählte historisch nicht zum Ermland, sondern zu jenem Teil des Oberlandes, der im 19. Jh. häufig Polnisch-Oberland genannt wurde, da die Mehrzahl der Einwohner aus dem angrenzenden Masowien als Siedler hierhergekommen war. Die südlich der Stadt verlaufende Grenze war übrigens seit dem 14. Jh. eine der dauerhaftesten Europas, da sie mit Ausnahme der Jahre 1795–1807 bis zum Zweiten Weltkrieg unverändert blieb. Erst die Ausweitung Ostpreußens nach Süden infolge des Septemberfeldzugs von 1939 und schließlich die Auflösung Ostpreußens als politischer Organismus 1945 führte dazu, daß diese Grenze heute nur noch im Wechsel zwischen Häusern aus Backstein und solchen aus Holz bzw. Beton sowie in der Veränderung des Landschaftsbildes – die Moränenhügel verschwinden, die Gegend wird tischeben – wahrnehmbar ist. Nidzica selbst lag kurz vor dieser Grenze, woraus sich seine Hauptattraktion erklärt – eine große Grenzburg, hoch über der Stadt gelegen.

Die Stadt selbst zeigt sich eher uninteressant, da diese zuvor gut erhaltene mittelalterliche ›Kolonialstadt‹ (Modell in der Heilsberger Burg) 1914 von den Russen zerstört wurde. Zu erwähnen ist, daß Ferdinand Gregorovius (1821–91), der Verfasser der achtbändigen ›Geschichte der Stadt Rom‹, hier geboren wurde.

Unbedingt sehenswert ist die Deutschordensburg: Sie verfügt über einen einmaligen langgezogenen Grundriß mit zwei niedrigen Flügeln für die Söldner und einem kurzen Hauptflügel im Westen mit Kapelle, Remter (Refektorium) und Kanzlei im Hauptgeschoß (Führungen berücksichtigen u. a. die Reste der Fresken). Imposant präsentiert sich die nach 1945 wiederaufgebaute Eingangsfassade mit untersetzten quadratischen Türmen mit runden Blendnischen – Vorbild für etliche öffentliche Bauten (Kasernen, Speicher) im Deutschen Reich nach 1871. Der Hof mit den modern nachempfundenen Kreuzgängen ist ein passender Platz für eine Tasse Kaffee, bevor man nach Olsztyn zurückfährt.

Anstatt den direkten Weg zu nehmen, empfiehlt sich der Umweg über **Szczytno** (Ortelsburg), wo ein kleines Heimatmuseum und die Ruinen einer Deutschordensburg zu besichtigen sind, und **Pasym** (Passenheim), eine malerische Ortschaft am See mit einer schönen Kirche und Resten der Stadtmauer.

Information: ul. Polska 10, ☎ 089/624 11 42, Orbis-Büro in Szczytno, ul. Żeromskiego 7, ☎ 089/624 25 91.

Unterkunft in Olsztynek: Zajazd Mazurski ($), an der Kreuzung der Hauptstraße Richtung Gdańsk und sofort links ab (Park 1, ☎ 089/519 28 85), liegt

Olsztyn und das Ermland

Bringt Glück und Kinder: der Storch

Essen und Trinken in Olsztynek: Einfache, aber akzeptable Restaurants gibt es in Zajazd Mazurski sowie am Marktplatz (Stylowa, Rynek 2, ✆ 519 15 25).
... in Szczytno: Die beiden erwähnten Hotels verfügen über gute Restaurants; man sollte auch Kania (ul. Linki 2) probieren.

Museen in Olsztynek: Freilichtmuseum (Muzeum Budownictwa Ludowego skansen): 15. April–31. Okt. Di–Fr 9–17, Sa–So 9–18 Uhr.
... in Grunwald: Muzeum Bitwy Grunwaldzkiej w Stębarku: 1. Mai–15. Okt. tgl. 8–18 Uhr.

im Wald nahe des Tannenberg-Denkmals. In der Nähe von Grunwald gibt es als Schlafmöglichkeit lediglich die im Sommer geöffnete Jugendherberge in Stębark.
... in Nidzica: Pension U Janusza ($$), ul. Słowackiego 7, ✆ 089/625 24 48, solange das Hotel in der Ordensburg renoviert wird, ist diese ruhige Pension am Fuße des Burghügels die Alternative.
... in Szczytno: Sowohl das Pensionat Krystyna ($$), Sawica 1, im gleichnamigen Dorf, ✆ 624 27 84, 624 21 69, Fax 624 16 44, als auch Leśna in einem Fachwerkhaus ($$), ul. Ostrołęcka 6, ✆ 624 32 46, 624 67 67, bieten ein wenig Komfort, das erste am See gelegen.
Jugendherberge: Szczytno, ul. Pasymska 7, ✆ 62 39 92.

Campingplatz: Der schönste in der Gegend liegt in Pasym am jezioro Kalwa, ul. Turystyczna, ✆ 621 21 52.

Barczewo

Bekannt, besser gesagt berüchtigt, ist Barczewo (Wartenburg) wegen eines Gefängnisses, das in den Gemäuern eines Franziskanerklosters bereits im 19. Jh. eingerichtet wurde und ungeachtet aller territorialen Neuordnungen in diesem Teil Europas weiterhin genutzt wird. Hier waren viele Vertreter der heutigen politischen Elite des Landes während des Kriegsrechts (1981–83) inhaftiert, und hier saß auch bis zu seinem Tode 1986 Erich Koch, der letzte ›Gauleiter‹ Ostpreußens. Sein im schweren Winter 1944/45 viel zu spät erteilter Evakuierungsbefehl kostete hunderttausende Zivilisten das Leben. Er nahm das bis heute nicht gelüftete Geheimnis nach dem Verbleib des Bernsteinzimmers mit ins Grab. Dieses um 1760 geschaffene Gesamtkunstwerk, ein mit Bernstein ausgekleideter Raum, befand sich in der Zarenresidenz Zarskoje Selo bei St. Petersburg. Von NS-Deutschland 1941 geraubt, gingen über zwanzig mit dem Kunstwerk beladene Lastwagen 1945 von Königsberg aus auf ihre letzte Reise … und kamen nirgends an.

Erich Koch ist aber sicherlich nicht der Grund für diesen Ausflug, und vermutlich ebensowenig das Geburtshaus des Komponisten Feliks Nowowiejski (1877–1946), das ein kleines Museum beherbergt. Man assoziiert ihn mit der landesweit bekannten ›Rota‹ (etwa ›Wacht‹). Der Hintergrund dieses stark nationalpolnischen Liedes, in dem »die Deutschen uns die Kinder nicht germanisieren sollen«, war der ›Nationalitätenkampf‹ der Bismarck-Zeit in der preußischen Provinz Posen.

Der wichtigste Grund, diesem Städtchen einen Besuch abzustatten, ist das qualitätvollste noch erhaltene Kunstwerk der Renaissancebildhauerei im alten Ostpreußen. In der Franziskanerkirche (kościół franciszkanów), einer der zwei sehenswerten gotischen Backsteinkirchen des Ortes, befindet sich das Doppelgrabmal des Andreas Bathory, des ermländischen Bischofs und Neffen des polnischen Königs Stephan Bathory, sowie seines Bruders Balthasar. Willem van den Blocke, ein in Danzig tätiger Niederländer, schuf es 1598.

Dobre Miasto und Lidzbark Warmiński

In **Dobre Miasto** (Guttstadt) steht auf dem Kegeldach eines Turmes in der Stadtbefestigung das berühmteste Storchennest Polens. Vor allem aber verfügt der Ort über die Domkapitelkirche (kościół kolegiacki), die größte ermländische Backsteinkirche. Schon ihre bloßen Ausmaße beeindrucken – die siebenjochige Halle mißt 60 m in der Länge und 27 m in der Breite. Der im 19. Jh. aufgestockte Turm ragt 49 m über die hügelige Landschaft auf. An die von weit her sichtbare Kirche schließt sich der ehemalige Sitz der ermländischen Domkanoniker an, die in einem dreiflügeligen Backsteinbau mit einem Innenhof ihre Wohnungen hatten.

Den gotischen Raum mit Sterngewölben zieren reich mit Gold geschmückte Altäre. Den größten Wert unter den Skulpturen besitzt der ›Gnadenstuhl‹, eine Figurengruppe aus der Zeit um 1500, die den sitzenden Gottvater mit dem Gekreuzigten auf dem Schoß darstellt.

Die Straße nach Kaliningrad (Königsberg) erreicht nach weiteren 20 km **Lidzbark Warmiński** (Heilsberg im Ermland). Die 1308 im Flußbogen der Łyna (Alle) gegründete Stadt war von schlesischen Kolonisten besiedelt worden, deren Nachkommen sich angeblich bis 1945 ihre schlesische Mundart bewahrten.

Olsztyn und das Ermland

Die Bischofsburg in Lidzbark (Heilsberg)

Die 1945 arg verwüstete Stadt ist heute modern und etwas seelenlos gehalten; nur vereinzelt ragen Bauwerke von Rang aus der Einheitsarchitektur heraus. Zu diesen zählt die große gotische Pfarrkirche sowie das Hohe Tor (Wysoka Brama), genauer gesagt seine Vortorbefestigung, die mit ihrer Doppelturmfassade an das Krantor in Danzig und das Marienburger Brückentor erinnert. Eine Seltenheit bildet die nach einem Entwurf Karl Friedrich Schinkels ausgeführte ehemalige evangelische Kirche, heute eine orthodoxe Kirche (cerkiew, ul. Wysokiej Bramy) für die 1947 vertriebenen Ukrainer aus dem Südosten Polens.

Mit Abstand die größte Attraktion des Ortes ist die imposante **Bischofsburg,** von 1350 bis 1795 die Residenz der Bischöfe des Ermlands. Das massive Mauerviereck aus den Jahren 1348–1401 ist das besterhaltene Beispiel des ›Kastelltypus‹ unter den Deutschordensburgen. Ein quadratischer Grundriß, umgeben von einer Zwingermauer, vier ausgebaute Flügel, Ecktürme, ein großer Bergfried, ein Innenhof mit Kreuzgängen, große Fenster der Kapelle im Hauptgeschoß, ein axial angeordneter Eingang mit einer hohen Fallgatternische – das alles vermittelt das Bild eines ›klassischen‹ Kastells des Deutschen Ordens. Die Heilsberger Burg präsentiert, anders als die in großen Teilen neuerrichte-te Marienburg, durchweg die echte, in den 1920er Jahren vorbildlich restaurierte Bausubstanz.

Am besten nähert man sich dem Ensemble von der Außenseite des Wassergrabens her, wo sich der rote wehrhafte Kubus malerisch im Wasser spiegelt. Der anschließende Gang führt zur Vorburg, die sich bis

Lidzbark Warmiński (Heilsberg im Ermland)

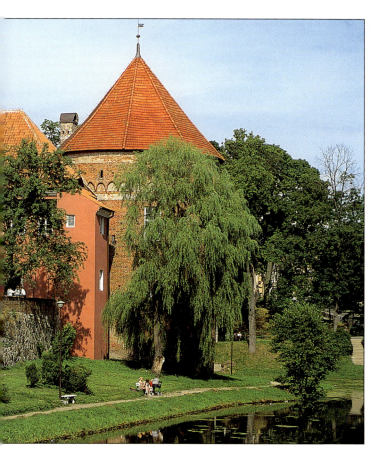

auf den dicken Rundturm aus dem 15. Jh. heute barock zeigt. 1995 brannte das Hauptgebäude mit dem Dreiecksgiebel über dem Eingang vom Blitz getroffen ab, und damit unter anderem auch – zur Freude mancher – die Akten des Standesamtes. Der Wiederaufbau ist inzwischen abgeschlossen.

Eine Brücke über den inneren Graben führt zum quadratischen Innenhof. Dieser ist von einem hervorragend erhaltenen Kreuzgang umgeben. Massiv gehalten im Erdgeschoß, in dem sich lediglich die Wirtschaftsräume befanden, präsentiert sich der Kreuzgang im ersten Stockwerk mit schlanken achtecki-

Olsztyn und das Ermland

gen Säulchen und einem ›Springgewölbe‹ kunstvoll und elegant.

Die Wandmalereien stellen die ermländischen Bischöfe dar, die über eine Leiter leibhaftig in den Himmel steigen, sowie die Legende von den Drei Toten und den Drei Lebenden. Nicht mehr mittelalterlich sind die Wappen der Bischöfe, von denen einer, Enea Silvio Piccolomini (1405–64), 1458 zum Papst Pius II. gewählt wurde, weshalb auch die päpstliche Tiara an der Wand zu sehen ist.

Das **Burgmuseum** sollte wegen der Architektur der Innenräume, in denen seine reichhaltigen Sammlungen sakraler und profaner Kunst einen würdigen Platz fanden, unbedingt eingeplant werden. Kulturhistorisch von Interesse sind jene Ausstellungsstücke, die sich auf den letzten hier residierenden Bischof Ignacy Krasicki (1735–1801) beziehen. Dieser Brieffreund Friedrichs II., welcher übrigens der politischen Herrschaft des Fürstbischofs 1772 ein Ende setzte, war der wichtigste polnische Aufklärer und trotz eigener Priesterweihe einer der eifrigsten Kritiker der Mißstände, die damals in der katholischen Kirche herrschten. Sein Epos ›Der Mönchskrieg‹ greift die Mönche scharf an und wirft ihnen vor, gefräßig, trunksüchtig und obendrein auch noch faul zu sein.

Kurios mutet die Burgkapelle an: Die Rokoko-Dekoration wurde der gotischen Raumstruktur vorgeblendet, mit dem Ergebnis, daß die Engelköpfchen aus den Schnittlinien der Gewölberippen erstaunt herunterschauen. Homogen ist dafür der **Große Remter,** neben den vergleichbaren Räumen der Marienburg der schönste profane Raum des Ordenslandes. Man bewundert hier das Sterngewölbe mit der Scheitelrippe, die Fabelwesen darstellende Konsolen und die mit Schachbrettmuster und figürlichen Darstellungen – z. B. der Krönung Mariae – verzierten Wände. Dies sowie der rekonstruierte Kachelboden mit den Öffnungen für die Heißluftheizung bildet eine perfekte Kulisse für die hier ausgestellten gotischen Skulpturen. Die in Bronze gegossene Grabplatte des Bischofs Legendorf (1497) nach dem Entwurf des Danziger Bildhauers Hans Brandt stellt eine besondere Kostbarkeit dar.

Das Dachgeschoß bietet einen abrupten Szenenwechsel. Unter den oftmals eher zweitrangigen Beispielen der modernen polnischen Malerei erkennt man doch die Werke von Władysław Hasior (Jg. 1928) und Jan Lenica (Jg. 1928). Während der erste ein großer Meister der Collage ist, ist Lenica bekannt für seine Zeichentrickfilme und Bilder.

Der Nebenraum wiederum versetzt – auch mit Hilfe des passenden musikalischen Hintergrunds – in die Welt der Orthodoxie. Die wertvollsten Ikonen aus dem Nonnenkloster der Altgläubigen in Wojnowo (Eckertsdorf; s. S. 140 f.) werden, da sie hier besser vor Diebstahl geschützt sind, im Museum ausgestellt. Der Rundgang endet mit einem Raum, der der Denkmalpflege gewidmet ist. Modelle und Fotos der wichtigsten Bauten im ehemaligen Ordensland Preußen sind entweder eine schöne Erinnerung an das bereits Gesehene oder machen Appetit auf noch zu erkundende Bauten.

Eines der abgebildeten Gebäude findet sich nur 12 km östlich der Stadt. In **Stoczek Klasztorny** (Springborn) steht eine ehemalige Bernhardiner-Klosteranlage, die heute von den Marianern betreut wird. Die runde barocke Kirche wurde 1635 gestiftet als Dank des Bischofs Szyszkowski für den 20jährigen Waffenstillstand zwischen Polen und Schweden, der eine Atempause für das stark in Mitleidenschaft gezogene Bistum Ermland bedeutete.

Die neueste Geschichte des Ortes steht unter dem Zeichen des staatlich verordneten Kampfes gegen die Institution der katholischen Kirche. 1938 wurden nach dem ›Anschluß‹ Österreichs an das Deutsche Reich österreichische Bischöfe von den Nationalsozialisten in Springborn interniert. 1953–54 war hier – nachdem das Kloster beschlagnahmt worden war – der Primas von Polen, Kardinal Stefan Wyszyński (1901–81) inhaftiert (s. S. 30 f.).

Bartoszyce und Liski

Bartoszyce (Bartenstein) liegt bereits außerhalb des Ermlands in der Landschaft Barten, deren Name auf einen untergegangenen Prußenstamm zurückgeht. Im Mittelalter eine wohl-

habende Handelsstadt, schleiften die Bürger 1454 die hiesige kleine Ordensburg, um ungestört ihren Geschäften nachgehen zu können. Nach Königsberg war die Stadt im 16. und 17. Jh. die zweitwichtigste des Herzogtums Preußen. Der Handel ist auch heute der bedeutendste Wirtschaftszweig: Knappe 20 km trennen die Stadt von Bagrationovsk (Preussisch Eylau), das bereits in der Russischen Föderation liegt. Der immer noch umständliche Grenzübertritt ist erst seit der Wende 1989 hier möglich; viele der Einheimischen betreiben seitdem einen mehr oder weniger legalen Grenzhandel. Als Tourist wirft man am besten einen Blick auf die Pfarrkirche (kościół św. Jana Ewangelisty) mit eigenwilligen Terrakotta-Figuren am Nordportal, schaut sich das Heilsberger Stadttor (Brama Lidzbarska) an und fährt weiter nach **Liski** (Liesken), zum berühmten Trakehnergestüt.

1732 gründete der Soldatenkönig Friedrich Wilhelm I. im Ort Trakehnen eine Pferdezucht für Militärzwecke. Durch das Einkreuzen von arabischen und englischen Vollblütern entwickelte man bald eine Pferderasse, die widerstandsfähig und gleichzeitig elegant war.

1945 kamen viele Trakehner mit den Flüchtlingen nach Westen. Neue Trakehner-Gestüte entstanden in Schleswig-Holstein sowie im russischen Kirov bei Charkov. Im ehemaligen Ostpreußen verblieben nur wenige Trakehner, die seit 1950 im vormaligen Remontamt Liski sowie auf dem Gut derer von Kuen-

Olsztyn und das Ermland

Das Heilsberger Stadttor in Bartoszyce (Bartenstein)

heim in Judyty (Juditten) gehalten werden. Nur gebrannt werden die Pferde heutzutage selbstredend anders: Anstatt der ostpreußischen doppelten Elchschaufel bekommen sie eine – in der Form recht ähnliche – Adlerschwinge, dies ist das Brandzeichen der großpolnischen, den Trakehnern sehr ähnlichen Rasse.

Das Gestüt war in kommunistischer Zeit sehr erfolgreich, über 500 Pferde wurden an meist ausländische Gestüte verkauft. Nach Abbau der Subventionen kämpft der Betrieb mit 260 Pferden heute um sein

Liski (Liesken)

Überleben. Den aufblühenden Tourismus nutzend, organisiert man Kutschfahrten und bietet Reitmöglichkeiten.

Unterkunft in Lidzbark Warmiński: Zajazd pod Kłobukiem ($$), ul. Olsztyńska 4, ☏/Fax 767 32 92, 2 km südl. an der Straße nach Olsztyn. In der untersten Preisklasse liegt die PTTK-Herberge, attraktiv im Hohen Tor untergebracht (ul. Wysokiej Bramy 2, ☏ 767 25 21).
Jugendherberge: Poniatowskiego 3, ☏ 767 31 47 (im Sommer).
… in Bartoszyce: Motel Bjazet ($), ul. Kętrzyńska 45a, ☏ 089/762 52 61, Fax 762 28 37, hat wegen der nahen Grenze ein internationales Publikum; auch eine Nachtbar.

Essen und Trinken: In Lidzbark gibt es das Happy End (ul. Konstytucji 3 Maja 6, ☏ 767 58 21), man übersteht dort das Essen nicht nur gut, sondern es schmeckt auch noch. Etwas eleganter ist das Zajazd pod Kłobukiem außerhalb der Stadt.

Gestüt in Liski: Eine deutsche Führung bei Herrn Pastuła ist nicht nur für Pferdeliebhaber spannend (Anmeldung; ☏ 089/761 43 22, 761 43 23.

Museum in Barczewo: Geburtshaus des Komponisten Nowowiejski, ul. Mickiewicza 13: Di–So 10–16 Uhr.
… in Lidzbark Warmiński: Schloßmuseum (Muzeum Zamkowe): Di–So 9–17 Uhr (15. Sept.–15. Juni 10–16 Uhr).

Verkehrsanbindung: Fast stdl. Busse von Olsztyn nach Dobre Miasto, aber nur 2× tgl. von dort nach Braniewo und Frombork.

Orneta

Der nordwestliche Teil des Ermlands besitzt drei bedeutende Städte: Orneta (Wormditt), Braniewo (Braunsberg; s. S. 61 f.) und Frombork (Frauenburg; s. S. 55 ff.). Orneta – im Hochmittelalter für kurze Zeit (1340–50) Bischofssitz – ist ein seltenes Beispiel für ein homogen bebautes Städtchen, in dem der Zustand von vor 1945 weitgehend erhalten blieb.

Mitten auf dem von bunten Bürgerhäusern umsäumten Marktplatz thront ein kleines gotisches Rathaus (Café im Keller). Einmalig stellt sich die Pfarrkirche der Stadt dar mit ihrem quergestellten Giebel und den hohen Fialen an den Seitenwänden. Ein breiter keramischer Fries mit abwechselnd männlichen und weiblichen Konterfeis lockert das Außenbild auf. Im Inneren der Kirche wecken erhaltene Teile der originalen Innenausstattung sowie die Reste von Fresken das Interesse, auf denen wir u. a. die Klugen und die Törichten Jungfrauen, aber auch einen Bischof, dem eine Mutter ihre Tochter zuführt, dargestellt sehen.

Nur 3 km von der Stadt entfernt liegt **Krosno** (Crossen), mit einer unbekannten kleinen ›Schwester‹ der Kirche in Święta Lipka (Heiligelinde; s. S. 103 ff.). Sie liegt inmitten eines rechteckigen Umgangs, der den Pilgern zum Schlafen diente. Hinter der in Gold gehaltenen barocken Fassade verbirgt sich eine Ausstattung aus dem 18. Jh. mit vollständiger Decken- und Wandbemalung.

Giżycko und die nördlichen Masurischen Seen

Spuren der Unkultur –
die Wolfsschanze

Wo die Jungfrau Maria mit
dem Kopf nickt – Święta Lipka
(Heiligelinde)

Das größte Schloß
des alten Ostpreußen
– Dönhoffstädt (Drogosze)

Seen, Wälder und wenige
Menschen – rund um den
Mamry-See

Der Yachthafen von Giżycko

Giżycko (Lötzen) und die nördlichen Masurischen Seen

Giżycko (Lötzen) ist der ideale Ausgangsort für Ausflüge: In Richtung Westen liegen Architekturdenkmäler unterschiedlichster Bauherren, von den Deutschordensrittern bis zu Adolf Hitler. Gen Norden und Osten führen die Wege in die Natur pur. Eine Brücke bei Sztynort (Steinort) oder der Urwald von Borki (Borken) bilden eine traumhafte Bühne, auf der gelegentlich die Herrscher der Luft und des Waldes auftreten – der Seeadler und der Wisent.

Die Masurischen Seen

Dort, wo die Seen am größten sind und die Moränenhügel am höchsten und wo am blauen Himmel zahlreiche Störche kreisen, dort liegt Masuren. Diese etwas nebulöse, auf jeden Fall aber zutreffende Definition zu präzisieren, stellt sich als nicht ganz einfach heraus. Im engeren Sinne gehört zu Masuren nur die östlich an das Ermland anschließende Landschaft in dem unregelmäßigen Viereck mit den Eckpunkten Szczytno (Ortelsburg), Węgorzewo (Angerburg), Gołdap (Goldap) und Ełk (Lyck).

Masuren – abgeleitet vom Namen des polnischen Stammes der Masowier – funktionierte aber auch als ethnischer Begriff. Hier lebten tatsächlich noch bis zu Anfang des 20. Jh. in der Mehrheit polnischsprachige Masuren. Ab 1945 wurde der Name Masuren großzügiger verwendet: Als ›Warmia i Mazury‹ (Ermland und Masuren) wurde es zur gängigen Bezeichnung für die Polen zugefallenen ostpreußischen Gebiete. Um Probleme wie z. B. die Frage, ob Szczytno (Ortelsburg) oder Kętrzyn (Rastenburg) noch als Masuren angesprochen werden dürfen oder nicht, elegant zu umschiffen, bietet es sich an, auf die rein geographische Begrifflichkeit zurückzugreifen. In beiden Sprachen funktioniert nämlich der Name Große Masurische Seenplatte (Wielkie Jeziora Mazurskie).

Unter den zahllosen masurischen Seen fallen auf der Karte zwei große Wasserflächen sofort ins Auge. Dabei ist der Śniardwy-(Spirding-)See tatsächlich ein großer zusammenhängender See, während der Mamry-(Mauer-)See – der Mittelpunkt des

Giżycko (Lötzen)

Jezioro Mamry, der Mauer-See

hier beschriebenen Gebietes – aus etlichen kleineren Gewässern mit eigenen Namen besteht, die erst zusammengezählt mit 104 km² als zweitgrößter See Polens gelten.

Sanft gehügelte Felder umgeben kleine Dörfer aus Backsteinhäusern. Panje-Wagen, schnatternde frei laufende Gänse, kläffende Hunde, ein (neu-)masurischer Bauer mit einer Sense auf dem Weg ins Feld – solche Szenen lassen die Faszination eines Siegfried Lenz oder Arno Surminski durch dieses Land nachvollziehbar werden. Freilich galt ihre Literatur einem anderen Masuren, aber – was erstaunlich ist und gewissermaßen von der Existenz eines ›genius loci‹ überzeugt – anscheinend haben alle geschichtlichen Katastrophen dem Bild eines masurischen Dorfes wenig anhaben können. Und auch wenn die größeren Orte mit ihren unzähligen Motor- und Segelbooten ihre Unschuld bereits verloren haben, wirkt doch die Anziehungskraft dieser Landschaft unvermindert fort.

Giżycko

Teils zeigt sich hier das Gesicht einer preußischen Provinzstadt, teils überzieht das realsozialistische Einheitsgrau – immer noch – die Stadt. Dessen ungeachtet entwickelte sich Giżycko (Lötzen), auf der Landzunge zwischen jezioro Niegocin (Löwentin-See) und Mamry, genauer jezioro Kisajno (Kisain-See) gelegen, in der Nachkriegszeit zu einem tou-

Giżycko und die nördlichen Masurischen Seen

ristischen Mekka. Zahllose Reisegruppen bevölkern die Hotels und Pensionen der Stadt und deren Nachbarorte, z. B. Wilkasy.

An der Anlegestelle treffen sich die Segler, denen die sich über 60 km hinziehende ununterbrochene Wasserfläche zwischen Węgorzewo im Norden und Jezioro Nidzkie (Nieder-See) im Süden, die über etliche Seen und Kanäle verbunden sind, ausgezeichnete Möglichkeiten bietet. Außerdem gibt es am Jezioro Kisajno Wassersportanlagen, an denen im Sommer oft internationale Jachtregatten stattfinden und im Winter Eissegeln trainiert wird.

Neben Fischerei und Holzindustrie ist Fremdenverkehr die wichtigste Einkommensquelle der Stadtbewohner, und auch der Einzelhandel hat sich ganz auf die Touristen eingestellt: Bernstein in allen erdenkli-

Giżycko (Lötzen) und die nördlichen Masurischen Seen

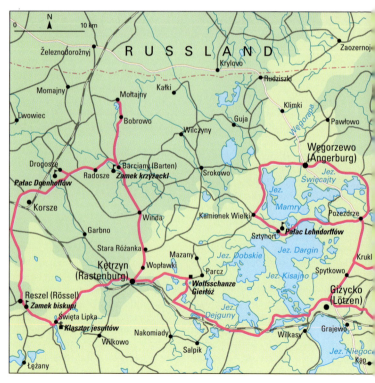

Giżycko (Lötzen)

chen Varianten oder mehr oder weniger echte Volkskunst in Form von Holzfiguren wird häufig angeboten.

In den 1970er und 80er Jahren machten die ›Heimattouristen‹, auch etwas despektierlich ›Heimwehtouristen‹ genannt, also ehemalige Einwohner Masurens, einen großen Teil der Reisenden aus. Doch der Strom der kraus- und weißhaarigen Damen versickert langsam, die Hotels stellen sich auf die einheimische Mittelklasse ein, die allerdings erst im Werden ist.

Neben allerei Wassersportmöglichkeiten gibt es in der seit mindestens 1341 existierenden Siedlung auch Sehenswürdigkeiten zu besichtigen. Nahe am Kanal zwischen den beiden Seen, passenderweise auf dem Gelände des Motels ›Zamek‹ (poln. Burg) und des Campingplatzes gelegen, erinnert eine kleine Deutschordensburg – ein einflügeliges Gebäude mit einem später hinzugefügten Renaissance-Giebel – an die einstigen Herren des Landes.

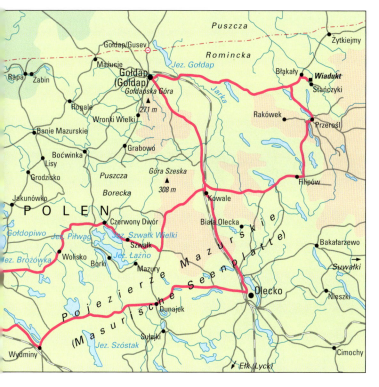

Nur einige hundert Meter weiter südwestlich steht schon ein anderes Beispiel für Militärarchitektur. Die in den Jahren 1847–53 erbaute **Boyen-Festung** wurde nach dem damaligen preußischen Kriegsminister Hermann von Boyen benannt. Sie spielte eine Schlüsselrolle im Ersten Weltkrieg, da sie erfolgreich verteidigt wurde und dadurch einen gewichtigen Anteil am deutschen Sieg in der Schlacht an den Masurischen Seen hatte. Der berühmte Brief des Kommandanten Busse an seinen russischen Gegner vom August 1914, in dem er sich für die versehentliche Verwundung dreier Parlamentarier entschuldigt, aber die Aufforderung zu kapitulieren als »für mich und meine tapfere Besatzung als im höchsten Grade beleidigend« zurückwies, legt Zeugnis von dieser Zeit ab, ebenso die Kriegsfriedhöfe, auf denen im Tode vereint Deutsche und Russen ihre ewige Ruhestätte fanden. Die Friedhöfe werden in den letzten Jahren oftmals von den Teilnehmern deutsch-polnischer Jugendcamps restauriert, so z. B. in Kruklanki (Kruklanken) oder bei Pozezdrze (Possessern; an der Straße nach Giżycko).

Die Boyen-Festung diente nach dem Krieg so friedlichen Zwecken wie Käsereifung, Champignonzucht und Geflügelhaltung. Heute hat hier u. a. der ›Klub der Freunde der Festung‹ seinen Sitz, der einen Besichtigungspfad angelegt sowie Informationstafeln aufgestellt hat.

Im Zentrum der Stadt steht die **Schinkel-Kirche** (1826–27; 1881 wurde der Chor angebaut). In Wirklichkeit geht sie nur insofern auf Schinkel zurück, als die Berliner Oberbaudeputation, in der er tätig war, den ›Einheitsentwurf‹ für kleinstädtische Kirchen im Osten des Reiches anfertigte, den man anschließend an vielen Orten realisierte (Dobre Miasto/Guttstadt, Lidzbark Warmiński/Heilsberg, Braniewo/Braunsberg). Aber auch wenn die Kirche nur halbwegs eine Schinkelsche ist, so läßt sich in ihr doch wunderbar den im Sommer häufigen Orgelkonzerten lauschen.

Weniger geschichtsträchtige Zerstreuung bieten die Schiffe der Weißen Flotte (Biała Flota), die in der Saison Fahrten nach Mikołajki und Węgorzewo machen. Der schönste Ausflug führt zur ›Kormoraninsel‹

Unter Naturschutz: Kormorane

Giżycko (Lötzen)

(wyspa Kormoranów) auf dem Jezioro Dobskie (Doben-See), einem Teil des Mauer-Sees. Dort gibt es eine 1400 Exemplare zählende Kolonie dieser Vögel, die unter Naturschutz steht. Inzwischen werden Stimmen laut, daß sich die Kormorane zu sehr vermehrt haben, zumal sie für die Fischer eine wahre Plage sind.

Information: Centrum Informacji Turystycznej, ul. Warszawska 7, ✆ 087/428 52 65, ✆/Fax 428 57 60, www.gizycko.ceti.com.pl.

Unterkunft in Giżycko: Wodnik ($$), ul. 3 Maja 2, ✆ 428 38 71 bis 76, ist trotz des uninteressanten Äußeren und der Lage inmitten der Stadt das beste Hotel und von vielen deutschen Reisegruppen aufgesucht; u. a. Fahrradverleih. Man zieht vielleicht Mazury ($$), ul. Wojska Polskiego 56, ✆ 428 59 56, in besserer Lage mit eigener Anlegestelle und Verleih von Wassersportgeräten vor. Motel Zamek ($), ul. Moniuszki 1, ✆ 428 24 19, Europa ($), ul. Wojska Polskiego 37, ✆ 429 30 01, Fax 429 25 54.

... in Wilkasy: 4 km nördl. von Giżycko, schön am See gelegen, Hotel Niegocin ($$), ul. Niegocińska 7, ✆ 428 55 54, Fax 428 56 24; PTTK-Herberge (ul. Niegocińska 1, ✆ 428 00 78).

Jugendherberge: ul. Turystyczna 1, ✆ 428 29 59, Mai–Okt., liegt attraktiv in der Boyen-Festung.

Campingplatz: Zamek, ul. Moniuszki 1, ✆ 428 34 10 (Mai–Okt.). ul Olsztyńska 23, ✆ 428 02 15.

Essen und Trinken: Restaurants: Pod Złotą Rybką (ul. Olsztyńska 15, ✆ 428 55 10) hat, wie der Name sagt, leckeren Fisch im Angebot. Im Pod Kominkiem (ul. Olsztyńska 11, ✆

428 40 81) probieren Sie die Zwiebelsuppe und den Salat mit Austernpilzen. Auch das Mazurska (ul. Warszawska 2) und das Wodnik im gleichnamigen Hotel empfehlen sich. Eine Abwechslung von der polnischen Küche bietet Pizzeria Nicola, ul. Warszawska 14, ✆ 428 26 85.

Aktivitäten: Von der Anlegestelle (PŻM, ul. Jeziorna 14, ✆ 428 25 78) fahren die Ausflugsschiffe nach Mikołajki (9, 15 Uhr), Węgorzewo (11, 14.30 Uhr); 1× tgl. zur Kormoraninsel (10.30, manchmal 18 Uhr) und alle zwei Tage auch nach Sztynort (12 Uhr).

Für sportlich Aktive: Tauchen (Klub Działalności Podwodnej, ✆ 428 29 05), Reiten (u. a. in Pozedrze, ✆ 427 90 17 oder Przykop, ✆ 421 10 86; auch in der Touristeninformation nachfragen), Wassersport (Verleih von Booten etc. auf dem Campingplatz Zamek, in Marina Bełbot Yacht Charter, Wilkasy, Hafen auf dem jez. Tałty, ✆ 428 03 85, 428 71 34, oder im Wassersportzentrum/Centralny Ośrodek Sportu, ul. Moniuszki 22, ✆ 428 23 35 am jez. Kisajno; in Wilkasy auch in der PTTK-Station), Segeln (Orbis Mazury Incoming Bureau, ul. Dąbrowskiego 3, ✆ 428 31 12) und Ballon-Fliegen (Auskunft in der Touristeninformation).

Festivals: In der ersten Julihälfte ›Festival der Shanties‹ (Festiwal Szanty) in der Boyen-Festung.

Verkehrsanbindung: Vom Busbahnhof verkehren häufig Busse in die Nachbarstädte, auch nach Suwałki, Lidzbark Warmiński und Warschau. Mit dem Zug kommen Sie nach Ełk, Kętrzyn, Olsztyn und Białystok sowie Danzig und Warschau (nur im Sommer an Wochenenden), wobei es sich bei den letzten zwei Zielen um endlose Weltreisen handelt (fast die ganze Nacht bis Danzig).

Blick auf Kętrzyn (Rastenburg)

Kętrzyn und die Wolfsschanze

Rastenburg wurde nach 1945 zu **Kętrzyn,** zum Andenken an den aus dieser Gegend stammenden preußischen Adligen Adalbert von Winkler (1838–1918), dem erst als Erwachsenem seine polnische Herkunft bewußt wurde und der als Wojciech Kętrzyński zu einem wichtigen Historiker wurde. Wie es so oft bei Neubekehrten der Fall ist, entwickelte er sich zu einem glühenden Patrioten bzw. Nationalisten und prägte in seinen Abhandlungen u. a. das negative Bild der Deutschordensritter. Ausgerechnet in einer kleinen **Deutschordensburg** (von ca. 1370) gibt es im Rahmen eines Heimatmuseums eine ständige Ausstellung, die an ihn erinnert. Hier wird auch die Geschichte der Stadt geschildert.

Die **Georgskirche** (kościół św. Jerzego) befindet sich an dem der Burg gegenüberliegenden Ende der Altstadt, bzw. dessen, was vor 1945 die Altstadt ausmachte und heute eine mit Wohnblocks bebaute Fläche ist. Diese markante Backsteinkirche (1359–70, 1470–80 ausgebaut) war seit der Reformation evangelisch mit deutschen Gottesdiensten, eine daneben liegende

Kętrzyn (Rastenburg)

kleine **Johanneskirche** (kościół ewangelicko-augsburski) bot bis 1880 die Predigten auf polnisch (bzw. masurisch); sie ist bis heute – anders als die jetzt katholische Georgskirche, in deren Schatten sie auch im wörtlichen Sinne steht – evangelisch geblieben. Die Georgskirche ist an die Stadtmauern angeschlossen, so daß der hohe Glockenturm gleichzeitig Wehrfunktion ausübte.

Das wichtigste Merkmal der Kirche bildet das Zellengewölbe, von Meister Matz 1515 geschaffen. Seine umgangssprachliche Bezeichnung Kristallgewölbe beruht auf seinem Aussehen: Es gibt keine Rippen, und die Wölbung erinnert an die Oberfläche eines geschliffenen Kristallglases (Schlüssel in der Pfarrei gegenüber).

Aber nicht das Kristallgewölbe machte die Stadt landesweit und auch international bekannt. In nur 8 km Entfernung, bei dem kleinen Ort Gierłóż (Görlitz), lag das Hauptquartier Adolf Hitlers, die berüchtigte **Wolfsschanze**. Der Bau der Bunkeranlage wurde von der Organisation Todt 1940 begonnen und war bis zur Sprengung im Januar 1945 nicht abgeschlossen. Adolf Hitler verlegte kurz nach Beginn des ›Unternehmens Barbarossa‹ – des Angriffs auf die Sowjetunion – im Juni 1941 sein Quartier hierher und verbrachte bis zum Spätherbst 1944 die meiste Zeit in diesen Bunkern. Anscheinend war er der einzige un-

Giżycko und die nördlichen Masurischen Seen

ter den Nazigrößen, der wirklich gerne hier lebte. Als die Zentrale eines Terrorregimes weckt dieser Ort Beklemmung. Von hier aus ergingen verbrecherische Befehle, etwa jener vom 1. August 1944, im aufständischen Warschau keine Gefangenen zu nehmen, Frauen und Kinder zu erschießen und die Stadt dem Erdboden gleichzumachen.

Die gedämpfte Stimmung, die eine sensible Person hier empfindet, resultiert nicht nur aus der allzu bekannten Geschichte. Auch der dunkle Wald voller Betontrümmer trägt dazu bei. Die sichtbaren Spuren von Tarnnetzen an den Bäumen lassen den Schluß zu, daß Hitlers Hauptquartier sich ständig im Halbdunkel befunden haben muß.

Heute ist die Gegend fest in der Hand der Mücken, die sich an den unzähligen Touristengruppen vergehen. Wie zu erwarten war, ist die Wolfsschanze zu einem touristischen ›Highlight‹ geworden. Die Stimmung erinnert eher an ein Picknick, den Parkplatz beherrschen Andenkenläden mit Gartenzwergen und russischer Schmuggelware, sogar ein Hotel gibt es.

Bei der Besichtigung mit einem Fremdenführer – fragen Sie bei der Einfahrt in die Wolfsschanze nach »pan Szynkowski« – erfährt man viel über den Bau der Bunkeranlage und über das, was sich in ihren Mauern abgespielt hat. Wenn dies

Hitlers Hauptquartier: die Wolfsschanze

zu ausführlich erscheint, reicht auch ein Lageplan aus, um – am Gästebunker und an Martin Bormanns Bunker vorbei – zu Adolf Hitlers Bunker mit der Nummer 13 zu gelangen. »Dieser Bunker, von außen einer altägyptischen Grabstelle ähnlich, war er eigentlich nur ein großer Betonklotz ohne Fenster, ohne direkte Luftzufuhr, im Querschnitt ein Bau, dessen Betonmassen den nutzbaren Raum um ein vielfaches überstiegen […]. Es schien, als trennten ihn die fünf Meter dicken Betonwände, die ihn umgaben, auch im übertragenen Sinne von der Außenwelt und sperrten ihn in seinem Wahn ein« – so Albrecht Speer, zunächst Hitlers Baumeister, später als Rüstungsminister zweitmächtigster Mann im Unrechtsstaat.

Unterwegs begegnet man einem in seiner Schlichtheit ergreifenden Denkmal in Form eines aufgeschlagenen Buches an der Stelle des leichten Bunkers, in dem man an einem heißen Julitag 1944 die Lagebesprechung abhielt. Dieses Denkmal konnte aufgrund von politisch motivierten Meinungsverschiedenheiten zum Thema des deutschen Widerstandes erst 1992 enthüllt werden. Seine zweisprachige Inschrift ist wie ein Lichtstreif an diesem traurigen Ort: »Hier stand die Baracke, in der am 20. Juli 1944 Claus Graf Schenk von Stauffenberg ein Attentat auf Adolf Hitler unternahm. Er und viele andere, die sich gegen die nationalsozialistische Diktatur erhoben hatten, bezahlten mit ihrem Leben.«

Święta Lipka und Reszel

Deutlich fröhlicher geht es in **Święta Lipka** (Heiligelinde) zu. Zuerst staunt man angesichts einer südländisch anmutenden, gelb gehaltenen Doppelturmfassade, deren barocke Züge gewöhnlich keineswegs mit den von Backstein geprägten Ostpreußen assoziiert werden. Man vergißt aber allzu leicht, daß nur ein paar hundert Meter weiter das katholische, zu Polen-Litauen gehörende Ermland begann und daß der Architekt, der aus Tirol stammende Georg Ertly, sein Leben lang im erzkatholischen Wilna (Vilnius) tätig war.

Die Geschichte von Heiligelinde reicht aber viel weiter zurück und verliert sich im Dunkel der Legende: Ein armer Sünder wurde zum Tode verurteilt. In der Nacht, bevor ihm sein Recht geschehen sollte, erschien ihm im Rastenburger Gefängnis die Muttergottes, gab ihm ein Stück Holz und ein Messer und befahl ihm, das zu schnitzen, was ihm gefiele. Die verdutzten Richter erblickten am folgenden Morgen eine wunderschöne Marienfigur, und der Gefangene wurde freigesprochen. Auf dem Rückweg nach Rössel hängte er, wie es ihm die Muttergottes empfohlen hatte, die Figur an die erste Linde an seinem Weg. Viele Wunder, die sich fortan dort ereigneten, ließen um die Linde einen Wallfahrtsort entstehen, eben Heiligelinde.

In Wirklichkeit galt dieser Ort bereits in prußischen Zeiten als heilig.

Giżycko und die nördlichen Masurischen Seen

Im 15. Jh. entstand dort die erste Kirche, die Albrecht von Brandenburg-Ansbach, der letzte Hochmeister des Deutschen Ordens in Preußen, bei seinem Übertritt zum Protestantismus 1525 vernichten ließ. Anfang des 17. Jh. baute man auf Betreiben der polnischen Könige der Wasa-Dynastie, die als Lehnsherren des Herzogtums Preußens die Rekatholisierung Ostpreußens durchsetzen wollten, die zweite Kirche. Die heutige, dritte an dieser Stelle stehende Kirche errichtete Georg Ertly in den Jahren 1687–93. Die Basilika ist – ähnlich wie in Krosno (s. S. 91) – umgeben von einem Mauerviereck mit Laubengängen. Das kunstvolle grünbemalte eiserne Eingangstor (1734) ist das Werk eines Schmiedes namens Schwarz aus Reszel.

Der *Innenraum* der Kirche ist ein Meisterwerk des barocken Illusio-

Święta Lipka (Heiligelinde)

Barock in Święta Lipka (Heiligelinde)

nismus: eine bemalte Scheinkuppel im Gewölbe, Pilaster aus nur vorgespieltem Marmor mit nicht existenten Kanneluren (Rillen) und naiv anmutende, unter dem Gewölbe aufgehängte Holzplatten mit Engelsgestalten, die Dreidimensionalität vorspiegeln sollen.

Und vor allem die *Orgel:* die Sterne drehen sich, die Engel blasen Posaune, spielen Mandoline, läuten mit Glocken, der Erzengel Gabriel verneigt sich tief vor Maria, die in einer Geste der Zustimmung mit dem Kopf nickt. Der komplizierte und fragile Mechanismus der von Johann Josua Mosengel 1721 erbauten Orgel wird in seiner ganzen Großartigkeit nur für zwei Minuten am Ende jeder Vorführung in Gang gesetzt, bei der Polonaise des Grafen Eugeniusz Ogiński (1765–1833), einer schwermütigen Melodie, die den Abschied von der Heimat nach dem niedergeschlagenen Kościuszko-Aufstand 1794 verewigt.

Bei den anderen Musikstücken schweift der Blick über die Deckenfresken, deren Mittelszene die Verherrlichung Mariae zum Thema hat. Ihr Schöpfer, Matthias Meyer aus Lidzbark, hat sich in himmelblauer Weste und mit dem Pinsel in der Hand neben der Orgel dargestellt. Die Wände der Seitenschiffe sind mit naiven Darstellungen der Wunder, die sich hier ereigneten, bedeckt. Man erkennt, daß die meisten Pilger aus Polen und Litauen kamen, da es im 18. Jh. keine nennenswerte katholische Minderheit im östlich der Weichsel gelegenen Teil des preußischen Staates gab.

Zu sehen gibt es noch eine in Metall nachgebildete Linde mit einer Muttergottesskulptur (1728), ähnlich einem weiteren skulptierten Baum an der Fassade, sowie den riesigen barocken Hauptaltar von Christopher Peucker (1712–14) mit einem

Gnadenbild (1640) in einem Silbermantel, das 1968 feierlich bekrönt wurde. Hinter dem Altar erschreckt die Darstellung des Fegefeuers, die die Spendenfreudigkeit der noch im Jammertal verweilenden Verwandten der armen Seelen steigern sollte.

Eine Attraktion eigener Art ist der große Souvenirmarkt vor dem Kirchenkomplex: Korbwaren, bestickte Decken und hölzerne Störche erfreuen sich großer Beliebtheit.

Den 6 km langen Weg zwischen Heiligelinde und Reszel säumen in seiner gesamten Länge auf beiden Seiten Wallfahrtskapellen. Man ist bereits wieder im Ermland, und die Kapellen, Marterln und Wegekreuze gehören hier wie selbstverständlich in die Landschaft.

Der Stadtkern von **Reszel** (Rössel) ist im Vorkriegszustand intakt geblieben. Viele Häuser stammen noch aus dem Wiederaufbau der Stadt nach dem großen Brand von 1807. Dieser soll durch Zauberwirkung ausgebrochen sein, was zur Folge hatte, daß eine Magd erhängt und anschließend verbrannt wurde – die letzte staatlich hingerichtete Hexe Europas.

Neben einer Pfarrkirche mit einem ähnlichen Sterngewölbe wie in der Katharinenkirche in Braniewo (Braunsberg) ist es vor allem die Bischofsburg, die die Touristen anzieht. 1355–71 errichtet, ist sie bis auf den abgerissenen Ostflügel, an dessen Stelle 1820–22 eine evangelische Kirche errichtet wurde, im ursprünglichen Zustand erhalten. Bemerkenswert ist ein ausgeklügeltes System von Fallgatternischen und Pechnasen am Eingangstor, das allerdings heute niemanden mehr daran hindert, den Innenhof zu erreichen, wo Kaffee serviert wird und ein Basset thront, der scheinbar im gleichen Alter ist wie die Burg selbst.

Die Besteigung des Turmes lohnt wegen der Vogelschau auf das aus dem Mittelalter erhaltene Straßenraster Reszels. Die Zimmer der Burg werden heute hauptsächlich an Künstler vermietet, die Ruhe zum Arbeiten finden und später ihre Werke in der Burggalerie ausstellen; aber auch normale Sterbliche können hier übernachten.

Drogosze und Barciany

Die einstige Pracht der ostpreußischen Adelswelt wird in **Drogosze** (Dönhoffstädt) einprägsam vorgeführt. Diesere größte Palastbau Ostpreußens mit dem monumentalen, für seine Zeit sehr fortschrittlichen, klassizistischen Portikus wurde 1710–14 (von Jean de Bodt und John van Collas) erbaut und 1766 um Seitenflügel ergänzt. Dönhoffstädt ging allerdings bereits 1816 an die Familie Stolberg-Wernigerode über, so daß die heutige ›ZEIT‹-Herausgeberin Marion Gräfin Dönhoff ihre Kindheit nicht hier, sondern in einem zweiten Schloß von ähnlichen Dimensionen, in Friedrichstein, verbrachte. Ihre Erinnerungen ›Kindheit

Drogosze (Dönhoffstädt)

Dönhoffstädt, größtes Schloß Ostpreußens

in Ostpreußen‹ sowie ›Namen, die keiner mehr nennt‹ sind die ideale Reiselektüre, um sich mit dem Aufstieg und Fall dieser Adelswelt vertraut zu machen.

Der Fall ist hier auch im baulichen Sinne gemeint: Vom heute russischen Friedrichstein sind mit Mühe die Fundamente auszumachen, das Schicksal des leerstehenden Dönhoffstädt – immerhin gab es hier eine landwirtschaftliche Schule, was das Schloß vor dem Zerfall rettete – ist ungewiß und nicht unbedingt rosig. Häufig überschätzen die neuen Besitzer derartiger Bauten ihre finanziellen Möglichkeiten und geben nach kurzer Zeit die ruinösen Schlösser wieder auf. Neben der sehenswerten monumentalen Hauptfassade blieb im Schloß die interessante neugotische Grabkapelle der Besitzerfamilie erhalten (in den benachbarten Wohnhäusern nach dem Schlüssel fragen).

Vorbei an Dörfern, in denen es scheinbar mehr Störche als Menschen gibt – Radosze (Freudenberg), Bobrowo (Bieberstein), Momajny (Momehnen), Lwowiec (Löwenstein) – kommt bald eine Ordensburg in Sicht, deren Name – Barten – auf die ganze Landschaft übertragen wurde.

Die Burg, ein roter Mauerkubus, in dem Landarbeiter einer PGR (Landwirtschaftliche Produktionsgenossenschaft) an die Stelle der mittelalterlichen Ordensbrüder getreten sind, liegt etwas außerhalb der erst im 17. Jh. gegründeten Stadt **Barciany** (Barten). Als der Deutsche Orden in der zweiten Hälfte des 14. Jh. den

Ein allgegenwärtiger Begleiter
Der Weißstorch

Nest-, nicht partnertreu: Storchenpaare

Nirgendwo in Europa sieht der Reisende so viele Weißstörche wie im Nordosten Polens. Es gibt Dörfer, in denen buchstäblich jedes Haus mit einem Nest geschmückt ist. Die Wiesen sind voll von stolzierenden Tieren, die oft als Gruppen von vagabundierenden Jungvögeln auftreten.

In Zahlen ausgedrückt, leben von den etwa 100 000 europäischen Störchen 30 000 in Polen, davon 6600 im ehemaligen Ostpreußen (wobei für das russische Gebiet, dort will man es genau wissen, noch

Osten seines Staates, die ›Große Wildnis‹, zu erschließen begann, wurde die zentrale Rolle dabei der neugegründeten Komturei Barten übertragen. Aber nur der monumentale Ostflügel der Komturburg wurde fertiggestellt. Um 1390 wurde noch der niedrigere Nordflügel angefügt, in dem ein untergeordneter Ordensbeamter, der Pfleger, residierte, sowie ein dicker Pulverturm errichtet, der einen Teil der großangelegten Modernisierungsmaßnahmen des Ordens angesichts des Auf-

1255 Exemplare hinzuzuzählen sind). Die ›storchenreichsten‹ Dörfer Europas entlang der russischen Grenze heißen Żywkowo (Schewecken, 42 Nester), Szczurkowo (Schönbruch) und Lejdy (Legden, 33 Nester) sowie Lwowiec (Löwenstein), in dem von 28 Storchenfamilien ganze acht ihr trautes Heim auf einer gotischen Pfarrkirche gründeten.

Nebenbei bemerkt ist Masuren auch ein idealer Ort, um dem scheuen kleineren Verwandten des Weißstorchs zu begegnen, dem Schwarzstorch. Diese Waldbewohner sind gelegentlich von der Straße Olsztyn–Mrągowo aus oder in der Johannisburger Heide (Puszcza Piska) zu beobachten.

Synanthropie heißt der Prozeß der Anlehnung von Tieren an Menschen. Die Weißstörche verließen einst die Wälder und zogen zu den Menschen, die sich ihrerseits über die erwiesene Zuneigung freuen. Der Storch ist nützlich: Er frißt Insekten, Mäuse, Raupen und Heuschrecken, die ansonsten pro Jahr Getreide im Wert von 40 Mio. US-$ vernichten würden. So nimmt niemand Anstoß an den weiß bekleckerten roten Dächern, und man schätzt sich glücklich, wenn ein Storch das eigene Haus als Domizil wählt – heute nicht zuletzt deshalb, weil die Störche Anreiz für die Touristen sind.

Und hier noch ein Kurzkursus für angehende Pelargologen, d. h. Storchenspezialisten. In einem Storchennest schlüpfen 3 bis 5 Küken, die nach ca. 60 Tagen ihre ersten Flugstunden absolvieren. Ende August steuern die polnischen Störche auf der Ostroute über Istanbul, den Nahen Osten, Ägypten bis in den Südsudan oder gar Transvaal in Südafrika. 10 000 km sind zu meistern: Die Tiere fliegen mit 50 km/h vom Vormittag bis zum Sonnenuntergang, neuerdings bei kriegsbedingten Bränden von Ölfeldern auch nachts.

Erst mit 3 Jahren kehren die jungen Tiere zurück, mit 4–6 brüten sie und werden schließlich 26–30 Jahre alt. Ihre fast sprichwörtliche Treue ist nur eine Legende: Störche sind nicht partner- sondern nesttreu – welches Weibchen auch immer das Männchen in seinem Nest vorfindet, dieses wird er als Partnerin akzeptieren.

kommens von Pulverwaffen sowie aufgrund der Bedrohung des Staates durch Polen-Litauen bildete.

Die Straße nach Norden endet nach 15 km vor einem Schlagbaum. Geplant ist hier die Einrichtung eines vierten Grenzübergangs in die Russische Föderation – neben Gronowo bei Braniewo, Bezledy bei Bartoszyce und Gołdap –, der in das einen Steinwurf von der Grenze entfernte Železnodorožnyj, das alte Gerdauen, führen soll. Hinter der wie mit einem Lineal gezogenen

Giżycko und die nördlichen Masurischen Seen

Grenze erstreckt sich ein dünn besiedeltes Gebiet mit einem gewaltigen Aufkommen an Militär. An den armseligen Waren, die die reisenden russischen Händler auf den Märkten vieler Städtchen im Grenzbereich ausbreiten, erkennt man, daß das Land jenseits erheblich ärmer ist. Von der Verheißung in Form der Sonderwirtschaftszone Jantar (›Bernstein‹) ist bis auf eine zusätzliche Gebühr an der Grenze kaum etwas zu spüren.

Unweit der Grenze liegt der Ort **Mołtajny** (Molteinen) mit einer der schönsten gotischen Dorfkirchen mit aufwendigem Giebel und einer bemalten Empore im Inneren (Schlüssel in der benachbarten Pfarrei). Den hohen Hügel in **Stara Różanka** (Alt-Rosenthal) kurz vor Kętrzyn, an dem man auf dem Rückweg vorbeikommt, besetzt eine massive gemauerte Windmühle aus dem 19. Jh. Es ist ein sogenannter Holländer, d. h. nur die obere Kappe wird je nach Windrichtung gedreht. Nicht nur des erhaltenen Mechanismus im Inneren wegen ist der Besuch lohnend: Wie wäre es in dem zum Restaurant umfunktionierten Innenraum der Windmühle beispielsweise mit einer Kuttelsuppe *(flaki)* oder schmackhaften Pfannkuchen mit Fleischfüllung *(naleśniki z mięsem)*?

Information in Kętrzyn: ul. Obrońców Westerplatte 1, ✆/Fax 089/751 20 40, orbisket@mailbox.olsztyn.pl.

Unterkunft in Kętrzyn: Agros ($), ul. Kasztanowa 1, ✆ 751 52 40 bis 41, bietet einen Abglanz des Spätsozialismus. Das kleine Hotel Zajazd u Szwagrów ($$), ul. Struga 3, ✆ 752 31 17, liegt neben der Burg. Pensjonat U Krystyny, ul. Świerkowa 118, ✆/Fax 751 45 64. Agros, ✆ 751 52 41, Fax 751 52 40.

... in Gierłoż: Hotel Wilczy Szaniec ($$), ✆ 089/762 44 29, ist für die Liebhaber der Wolfsschanze ideal – da in ihrer Mitte gelegen.

... in Reszel: Zamek, Dom Pracy Twórczej ($), ul. Podzamcze 3, ✆ 089/755 02 16, eine romantische Unterkunft in der Burg.

Jugendherberge, ul. Krasickiego 7, ✆ 755 00 12 (Juli–Aug.).

 Campingplatz: In der Wolfsschanze.

 Essen und Trinken in Kętrzyn: Agros, ul. Kasztanowa 1, ✆ 751 52 40-41 ist ein großes, akzeptables Restaurant auf dem Weg nach Bartoszyce.

Weder die Restaurants in der Wolfsschanze (Leśna) noch in Heiligelinde (Zalesie) sind etwas Besonderes. Dagegen ist Belje in Stara Różanka (5 km nördl. von Kętrzyn, ✆ 089/751 13 70) ein guter Tip, da Sie in einer echten Windmühle speisen.

Museen in Kętrzyn: in der Burg (Muzeum im. W. Kętrzyńskiego, pl. Zamkowy 1): Di–So 10–17 Uhr.

Wolfsschanze (główna kwatera Hitlera, Gierłoż, Führungen: ✆ 752 44 29): tgl. von Tagesanbruch bis zur Dämmerung. Anscheinend wurden die Pläne, hier *son-et-lumière*-Vorstellungen zu bieten und ein Wachsfigurenkabinett einzurichten (!), vorerst auf Eis gelegt.

Święta Lipka: tgl. 8–18 Uhr (bis auf die So um 7, 8.45, 11, 14 und 17 Uhr stattfindenden Messen). Vorführungen der Orgel in Święta Lipka: Mo–Sa ab 9.30

Sztynort (Steinort)

Selbst hier ein seltener Anblick: Adler

Uhr stdl. bis 17.30 außer 12.30 Uhr; So 10.30, 12.30, 13.30, 15.30 und 16.30 Uhr. Im Juli und Aug. finden Fr, 20 Uhr, Orgelkonzerte statt.
... in Reszel: Galeria ›Zamek‹ und Turmbesteigung: Di–So 10–16 Uhr.

Sztynort und Węgorzewo

1938 erhielt das Dorf Possessern den Namen Großgarten. In einer hunderte masurische, ermländische und oberschlesische Ortschaften ergreifenden ›Taufkrankheit‹ sollten neue Namen – so Siegfried Lenz im ›Heimatmuseum‹ (s. S. 112 f.) – »eine ungewisse oder unliebsame Herkunft verdecken, vertraute Zungenbrecher, an die man seit alter Zeit gewöhnt war, wurden aus dem amtlichen Verkehr gezogen und durch wohllautende deutsche Eigennamen ersetzt«. Heute heißt das Dorf **Pozezdrze** und bietet nicht viel mehr als einen großen Bunker mitten im nahen Wald. ›Hochwald‹ war der Sitz Himmlers, der sich vorsichtshalber sein Quartier in einer gewissen Entfernung von der Wolfsschanze bauen ließ.

Ist man von Giżycko gekommen, so biegt man in Pozezdrze links ab und macht nach 8 km an einer Brücke bei Sztynort halt, die in der Nachkriegszeit an der engsten Stelle des Mauer-Sees, genau gesagt zwischen dem Teilbecken Dargin-(Dargeinen-)See und dem kleinen Kirsajty, der in den eigentlichen Mauer-See über-

Das Problem der Namensgebung

Ein Beispiel aus Lenz' ›Heimatmuseum‹

Die Namen in Ostmitteleuropa variieren. Um so mehr, wenn ein Staat wie Polen auf Stalins Wunsch hin nach Westen verschoben wird. Schlesien, Hinterpommern und die ehemalige Provinz Ostpreußen hatten natürlich seit Jahrhunderten eingebürgerte deutsche Namen, die es 1945 zu verändern galt. Die wenigsten blieben: Pelplin südlich von Danzig, Stargard in Hinterpommern ergänzte man nur um ein Adjektiv (Stargard Szczeciński), und Goldap bekam lediglich einen diagonalen Strich (Gołdap). Meist geschah dies mit Namen, deren slawische Herkunft leicht erkennbar war. Für größere Städte existierten bereits historisch verankerte polnische Namen, auch dort, wo starke polnische, oberschlesische, masurische oder kaschubische Minderheiten lebten. Es hat seit dem Mittelalter Gdańsk und Wrocław gegeben, ebenso wie Katowice, Gliwice oder Olsztyn und Słupsk. Des weiteren wurden deutsche Namen an die polnische Phonetik angepaßt: aus Elbing wurde Elbląg, aus Sorau Żary und aus Mohrungen Morąg. Gelegentlich wurden die Namen schlicht übersetzt, wie das schlesische Grünberg oder das ermländische Guttstadt (Zielona Góra, Dobre Miasto).

Die letzte Kategorie bilden schließlich gänzlich neue Namen, mitunter abgeleitet von den Namen historischer Persönlichkeiten, die das Polentum in Masuren förderten. Die Pastoren Krzysztof Mrongowiusz (1764–1855) und Herman M. G. Gizewiusz (1810–48) ebenso wie der Historiker Wojciech Kętrzyński (1838–1918) gaben dem ehemaligen Sensburg, Lötzen und Rastenburg ihre polnischen Namen. Vor allem bei kleinen Dörfern hatten die neuen Ortsnamen einen zufälligen und willkürlichen Charakter.

Die Nachkriegszeit war bestimmt durch einen stillen Kampf um die Verwendung der deutschen oder polnischen Form, womit der jeweilige politische Anspruch zum Ausdruck gebracht wurde. In den letzten 20 Jahren sind etliche Zwischenlösungen aufgetaucht, wobei Durcheinander, Ratlosigkeit und einige Schwierigkeiten bei Behördengängen hier und dort weiterhin existierten: Schreibt man beide Namen, wenn ja, dann in welcher Reihenfolge, vielleicht mit Klammern oder mit einem Strich …?

In jüngster Zeit ist auf diesem Gebiet eine Entspannung zu verzeichnen. Seit der Wiedervereinigung und der offiziellen Anerkennung der Nachkriegsgrenzen scheuen sich die Polen in etlichen Reiseführern

Ein Beispiel aus Lenz' ›Heimatmuseum‹

nicht, deutsche historische Namen zu verwenden. Man gönnt es den Besuchern aus dem Westen, die für sie heimisch klingenden Namen zu verwenden. Schließlich haben die Polen ja auch ihre eigenen Namen für Köln, Aachen, Mainz oder Königsberg (Kolonia, Akwizgran, Moguncja, Królewiec). Zudem ist für die gewaltige Mehrheit der Polen die Verwendung der polnischen Namen der früher in Polen gelegenen Städte (Lwów für Lemberg/Lviv, Wilno für Wilna/Vilnius) mit Sentimentalität, aber keinesfalls mit politischem Hintersinn verbunden. Verpönt sind selbstverständlich die NS-Namen wie Litzmannstadt für Łódź/Lodsch oder Gotenhafen für Gdynia/Gdingen.

In einer großangelegten Aktion wurden in den 30er Jahren Hunderte von masurischen und oberschlesischen Ortsnamen umgeändert. Siegfried Lenz beschreibt dies im ›Heimatmuseum‹ in einem schönen Text: Es folgt die Episode des reisenden Ofensetzers Eugen Lawrenz, der nach dem Passieren etlicher umbenannter Dörfer seinen eigenen Namen vergessen hat …

»Als er sich der Ortschaft Panistrugga näherte, flogen wie immer Scharen von Kibitzen auf, die sich in schlenkerndem Flug sammelten und ihn dann angriffen von beiden Seiten des Wegs, so lange, bis er Thurows Wirtschaft erreichte. Hier stand das Ortsschild; es war übergemalt; es sagte ihm, daß er sich in Herrenbach befand. Eugen Lawrenz will sich da derart genarrt gefühlt haben, daß er nichts nötiger zu haben glaubte als ein Gläschen Nikolaschka; so betrat er die Wirtschaft, in der an einem Ecktisch starräugig Iwaschkowski saß, der Gendarm. Sie tranken sich zu, und danach fragte der Ofensetzer, ob im Bezirk womöglich eine neue Krankheit ausgebrochen sei, die Taufkrankheit, worauf der Gendarm dem Fragesteller empfahl, ihn künftig nicht mehr mit Iwaschkowski anzureden, sondern mit Hausbruch, Waldemar Hausbruch.

Bedripst brach er nach Krzysewen auf, passierte Krolowolla, das sich jetzt Königswald nannte, und fand mit geschlossenen Augen durch Kallenzynnen, das nun Lenzendorf hieß, schleppte sich durch das windstille Skrzypken, das sich in Geigenau verwandelt hatte; wir glaubten ihm, daß, als er schließlich dazu angehalten wurde, die Krzysewer nur noch mit Kreuzborner anzusprechen, seine Verbiesterung nicht folgenlos bleiben konnte. In der Kreuzborner Herberge nach seinem Familiennamen gefragt, bot er mehrere zur Auswahl an, unter anderem Lanonowski; zur Ordnung gerufen, mußte er gestehen, daß ihm sein Name entfallen war. Da Leute ohne Namen in keiner masurischen Herberge übernachten durften, mußte Eugen Lawrenz die ersten Nächte im Freien verbringen – einmal unter grasenden Pferden, die ihm die Schuhsohlen wegknabberten.«

Giżycko und die nördlichen Masurischen Seen

Bei Sztynort: die schönste Allee Masurens

geht, erbaut wurde. Hier bietet sich ein traumhaft weiter Blick. Die Segler teilen sich diesen Platz mit Kormoranen, Rothalstauchern und Schwänen; hoch fliegen Milane, Schreiadler und – zugegebenermaßen selten – Seeadler.

Auch der nächste Abschnitt, eine Fahrt durch den wohl ältesten Wald Masurens mit hundertjährigen Eichen, begeistert. Der Ort **Sztynort** ist als Steinort den geschichtskundigen Reisenden gut bekannt. Seit dem 16. Jh. war er im Besitz der Familie Lehndorff; ihr entstammte einer der Fürstbischöfe des Ermlands. Marie Eleonore von Lehndorff, eine geborene Gräfin Dönhoff, ließ im 17. Jh. ein Schloß errichten, das später um Seitenflügel ergänzt und durch einen neugotischen Portikus etwas verunstaltet wurde. Die letzten hundert Jahre seiner Geschichte stellen sich recht wechselhaft dar. Auf den ewigen Junggesellen Carol, dessen (Miß-)Geschicke in etlichen Anekdoten weiterleben, folgte Heinrich Graf von Lehndorff, der aus seiner Abneigung gegenüber den Nationalsozialisten kein Hehl machte und schließlich für seine Beteiligung am Attentat vom 20. Juli 1944 in Berlin-Plötzensee hingerichtet wurde.

Zuvor führte in Steinort der Außenminister des ›Dritten Reiches‹, Joachim von Ribbentrop, ein »primitives Leben« in einer »niederdrükkenden Atmosphäre«, inmitten der »Wehmut des sumpfigen Waldes« – wie ihm dies 1941 Graf Ciano, Italiens Außenminister, bescheinigte.

Sztynort (Steinort) und Węgorzewo (Angerburg)

Der Neffe Heinrichs, Hans Graf von Lehndorff, verfaßte in den 60er Jahren das ›Ostpreußische Tagebuch‹, in dem er – ohne unnötiges Pathos oder Gehässigkeit – seine traumatischen Erfahrungen bei der Belagerung und Einnahme Königsbergs durch die Rote Armee sowie die ersten Monate unter der sowjetischen Besatzung schildert. Er schlug sich über die Demarkationslinie zu seinem Sitz Januschau bei Deutsch Eylau (Januszewo; das Schloß steht noch) durch und wurde 1946 aus Polen vertrieben. Ein Buch, das unbedingt zur Reiselektüre gehört.

Schloß Steinort ist heute verwahrlost. Seine neuen Besitzer, zu denen bereits der letzte kommunistische Premierminister Mieczysław Rakowski und der österreichische Chef einer Baufirma gehörten, erschreckten die Ausmaße der zu restaurierenden Anlage, so daß sie unverrichteter Dinge wieder abzogen.

Unverändert blieb dafür eine uralte, von den Lehndorffs angelegte Eichenallee, die entlang der Straße nach Westen führt. Sie gilt als die schönste Allee Masurens, ein Prädikat, das angesichts des hiesigen Reichtums an Alleen etwas heißen will. Die masurischen Alleen wurden von alters her angelegt, um die Straßen im Sommer schattig und im Winter schneefrei zu halten – nicht zuletzt für die marschierenden Soldaten. Ihr landschaftlicher Reiz steht heute im Widerspruch zu den Modernisierungsansprüchen: Die Bäume sind hinderlich bei den Verbreiterungen der Straßen und lebensgefährlich für die polnischen, gelegentlich ohnehin scheinbar lebensmüden Autofahrer. Man sägt sie allzu oft ab, und es ist ein schwacher Trost, daß häufig in breiterem Abstand neue Bäume gesetzt werden. Apropos sommerlicher Schatten: Reicht dieser nicht aus, liegt einige hundert Meter links von der Allee (ein Feldweg) ein Badeplatz.

Unweit des nördlichen Endes des Mamry-Sees liegt **Węgorzewo** (Angerburg) an der Węgorapa (Angerapp). In der Kirche mit den Wappen der Familien Dohna und Kreytzen über dem Eingang war der durch seine Systematik der Pflanzen bekannte Georg Andreas Helwing (1666–1748) als Pastor angestellt. Die Kirche und eine unregelmäßige, etliche Male umgebaute Deutschordensburg, die nach dem vernichtenden Brand von 1945 erst in den 70er Jahren wiederaufgebaut wurde, stellen die bescheidenen Sehenswürdigkeiten der Stadt dar.

Węgorzewo ist ohnehin jünger als die meisten vom Deutschen Orden gegründeten Städte in Preußen. 1571 bekam sie die Handfesten (Stadtprivilegien), nachdem einige Jahre zuvor die hier ihren Lauf zur Pregel beginnende Angerapp für die Wassermühlen angestaut worden war. Die Wasserverbindung zur Ostsee war wichtig für den Holztransport aus der Gegend von Pisz (Johannisburg), der der Stadt am Ausgang des 19. Jh. bescheidenen Wohlstand bescherte.

Heute wird die Atmosphäre der Stadt von der Stimmung an der Anlegestelle sowie den vielen Seglern bestimmt, die hier an Land gehen, um ihren Proviant zu ergänzen, ein, zwei Bier zu trinken und vielleicht eine Nacht auf festem Boden zu verbringen.

Wenn Sie kein Segler sind, ist es weniger die Stadt selbst als die Umgebung, die ihre Reize offenbart. Zum Beispiel lohnt sich ein Spaziergang zum alten Soldatenfriedhof aus dem Ersten Weltkrieg auf der ›Jägerhöhe‹ (rechts von der Straße nach Giżycko, am Ortsrand, blauer Wanderweg), von wo aus sich ein schöner Blick auf den Mauer-See, genauer gesagt auf seine drei Teilbecken: Święcajny-(Schwenzait-)See, Mauer-See oder Mamry im eigentlichen Sinne und auf den Dargin-(Dargeinen-)See bietet.

Rund um Gołdap

Östlich von Giżycko hat der Massentourismus ein Ende. Ursprünglicher, wenn auch ärmlicher wirken die Dörfer, die sich in eine Landschaft von seltenem Reiz einfügen. Sie sieht aus wie kleinkariert: eine Abfolge von hohen Moränenhügeln und Senken, in denen oft Seen glitzern. Hier versteht man am besten die gängige Bezeichnung der Landschaft als ›das bucklige Masuren‹. In den ausgedehnten Niederungsgebieten gibt es zwei große Waldgebiete mit der reichsten Fauna der Region. Schlechtere Straßen und unterentwickelte touristische Infrastruktur fordern mehr Eigeninitiative, man wird aber reichlich belohnt.

Über Kruklanki (Kruklanken) am Gołdopiwo (Goldapgar See; schöner Seestrand am Südufer und am benachbarten Jezioro Brożówka) führt der Weg nach Wolisko, einer kleinen Försterei an einem Waldsee, die von einem ausgedehnten Mischwald, der **Puszcza Borecka** (der Name besitzt keine genaue deutsche Entsprechung: der heutige Urwald umfaßte den alten Borkener, den Heydtwalder und den Rothebuder Forst), umgeben ist, der zum Teil Urwaldcharakter aufweist.

Hier wurden 1956 Wisente aus dem Białowieski-Nationalpark bei Białystok, wo diese Rinderart in freier Wildbahn überlebte, ausgesetzt. Inzwischen hat sich die Herde auf etwa 70 Tiere vermehrt. Da etwas scheu, zeigen sie sich nur bei Tagesanbruch oder im Winter, wenn sie sich zur Nahrungssuche auf die Felder begeben.

Das urige, furchterregende Tier in der Wildnis des Waldes zu erblicken, ist ein großes Erlebnis. Es lohnt hier aber auch, Ausschau nach weiteren seltenen Tieren zu halten, etwa nach Elchen, Luchsen und Wölfen.

Das Gebiet ist von jeglicher touristischer Vermarktung zum Glück noch weit entfernt. Nur über einen geteerten Weg ist das sumpfige Gelände zu erreichen. Durch die vier Naturreservate des Urwaldes führen keine markierten Wanderwege. Es ist auch wenig ratsam, auf eigene

Rund um Gołdap

Faust zu gehen, da sich schon mancher hoffnungslos verlaufen hat. Wenn man mit dem Auto den Wald durchquert, gelangt man 6 km von Wolisko entfernt (zweimal rechts halten) an eine Kreuzung mit einem kleinen Denkmal für die sowjetischen Kundschafter von 1944. Dort geht es nach links in Richtung Gołdap.

Fährt man geradeaus, so kommt man auf einer schlechten Straße durch die Dörfer Czerwony Dwór (Rothebude), Szwałk (Schwalg), Mazury (Masuren) und Borki (Borken), um nach einer Schleife wieder an die besagte Kreuzung zurückzukommen (an den Gabelungen immer rechts halten). Dabei entdeckt man ein Masuren wie aus dem Bilderbuch. Ohne Touristenlärm präsentieren sich drei kristallklare Seen (Szwałk Wielki, Szwałk Mały/Kleiner und Großer Schwalg-See, Łaźno-/Haschner-See, Piłwąg-/Pillwung-See) und ein uraltes, zwischen den Seen gelegenes Waldstück (ein Naturreservat mit vielen Schwarzstörchen). Die Seen sind Ausgangspunkt für eine Kanufahrt den Fluß Ełk (Lyck) hinunter bis zur Narew.

Die Stadt **Gołdap** (Goldap) liegt in einer ›Bergregion‹. Die Gołdapska Góra (Goldaper Berg, 271 m mit schönem Fernblick) dient im Winter sogar als Skigebiet; mit Skilift und einer Schneekanone, etwas weiter südlich liegt die Góra Szeska (die Seesker Höhen, 308 m), die zweit-

---

Wisente im Białowieski-Nationalpark

Landschaft bei Gołdap

höchste Erhebung im heutigen Nordosten Polens.

Die Stadt selbst ist das wenig anziehende Ergebnis geschichtlicher Katastrophen. 1656 wüteten hier die Krimtataren, die bei ihrem ersten und letzten Einsatz als Verbündete Polens in der Frühneuzeit das sich aus der polnischen Oberhoheit lösende Herzogtum verheerten. Die Plünderungszüge der 7000 Tataren entvölkerten Preußen, ähnlich wie in noch stärkerem Maße die große Pestepidemie 1709–12. Danach waren neue Ansiedlungsaktionen (von Masowiern, Nassauern, Salzburgern) notwendig. Nicht weniger schlimm waren die Zerstörungen der letzten Weltkriege, als die Stadt mit Gegenangriffen zusammengerechnet ganze viermal (1914, 1915, 1944, 1945) von den Russen bzw. der Roten Armee erobert wurde.

Der wichtigste Grund, nach Gołdap zu kommen, ist seine östliche Umgebung, die berühmte **Rominter Heide** (Puszcza Romincka). Dieses 260 km² zählende Waldgebiet war das Jagdgebiet der preußischen Herzöge und der deutschen Kaiser und wurde so vor der Abholzung bewahrt. Ähnlich artenreich wie in der Puszcza Borecka sind hier Fauna (Elche, Hirsche, Wölfe, Luchse) und Flora (Sonnentau, mehrere Orchideenarten).

Die Tiere kümmert es wenig, daß durch den Wald heute die Staatsgrenze verläuft und sich nur ein Drittel von ihm auf polnischer Seite befindet. Drüben lag das inzwischen zerstörte Jagdschloß Wilhelms II. Durch die Rominter Heide

Rund um Gołdap

führt der grün markierte Wanderweg (Gołdap–Stańczyki), schlägt man andere Wege ein, empfiehlt es sich, Karte und Kompaß mitzunehmen; man sollte auch darauf achten, die Waldschneise nicht zu überqueren, die die Grenze markiert.

Am östlichen Ende der Heide bei **Stańczyki** (Staatshausen; von der Straße Gołdap–Żytkiejmy biegt man

Giżycko und die nördlichen Masurischen Seen

kurz vor Błąkały rechts ab, dann ca. 1,5 km) gibt es zwei große Eisenbahnviadukte einer stillgelegten Linie. 1926 erbaut, weisen sie eine eigentümliche Konstruktion auf: Statt Eisen versenkte man große Holzstämme im Beton. 150 m lang und über 30 m hoch, wirken die Brükken wie Relikte aus einer anderen Epoche und etwas unheimlich.

Zwei Wege führen von Gołdap nach Giżycko. Auf dem Weg über Węgorzewo gibt es eine kleine Kuriosität zu sehen. In Banie Mazurskie (Benkheim), dem Zentrum der Ukrainer in Masuren, rechts abbiegend (Richtung Żabin), kommt man unmittelbar südlich von **Rapa** (Kleinangerapp) an eine Pyramide heran. Sie ist 10 m hoch und heute in einem schlechten Zustand.

Dieser einst romantische Bau entsprang der Leidenschaft des Besitzers von Beynuhnen Friedrich Heinrich Graf von Farenheid für das klassische Altertum. Er besaß im Gutshaus eine ansehnliche Sammlung von Kunstwerken, die seit 1945 verschollen ist. Nach dem Tode der geliebten, drei Jahre alten Tochter errichtete er 1811 das sonderbare Grabmal in Form einer Pyramide, der mumifizierende Wirkung nachgesagt wird. Das nahe Gutshaus ist nicht zu besichtigen: Die Staatsgrenze durchtrennt heute die ehemaligen Ländereien des Grafen, außerdem, so erzählen es jedenfalls die Störche, ist das Schloß schlicht abgetragen.

Auf dem anderen Weg nach Giżycko kommt man in die Stadt

Olecko (Treuburg). Schon immer im Masurischen so genannt, hieß die Stadt früher offiziell Marggrabowa. Zur Ehre eines freundschaftlichen, mit Jagen und Gelagen verbrachten Treffens zwischen Albrecht von Brandenburg-Ansbach vom Herzogtum Preußen und dem polnisch-litauischen Jagiellonenkönig Sigismund August (der ein Vetter Albrechts war) im Jahr 1560 gründeten die beiden Herrscher je eine Stadt in ihrem Machtbereich: Augustów in Polen und Marggrabowa – vom Markgrafen abgeleitet – in Preußen. Nicht genug der ungewöhnlichen Anlässe für die Namensgebung. Die Stadt zeigte sich in der Abstimmung 1920 rein deutsch (keine Stimme für Polen in der Stadt, ganze zwei Stimmen im Kreis), so daß sie 1928 zu Treuburg umgetauft wurde.

Die Geschichte der Stadt ist spannender als sie selbst. 6 ha mißt der weit und breit größte Marktplatz der Region, auf dem berühmte Pferdemärkte stattfanden. Dabei konnte man auch ein »Kilochen Nägel« käuflich erwerben, was eine ansehnliche masurische Gesellschaft, nämlich ein ganzes Dorf, zum Anlaß nahm, eine strapaziöse Reise zu unternehmen. Dieser gilt die bekannte Kurzgeschichte von Siegfried Lenz ›Eine Reise nach Oletzko‹ aus ›So zärtlich war Suleyken‹, einem Dorf, das freilich Produkt der dichterischen Phantasie ist und mit dem nicht – wie manche Lokalführer es weismachen wollen – das benachbarte Dörfchen Suleiken oder Sulej-

Rund um Gołdap

ki gemeint war. »Dem weiteren Vernehmen nach kehrte die Gesellschaft nach angemessener Zeit zurück und zerstreute sich mit der Versicherung, daß es angenehm sei, wenn man in der Fremde nicht allein sein muß.« Nicht allein heißt auch, daß im Gepäck die ›Geschichtchen‹ von Lenz nicht fehlen.

Information in Węgorzewo: ul. Bema 14, ✆/Fax 087/427 40 09, infotur@wegorzowo.pl. In der Saison auch: ul. Portowa 1, ✆ 427 50 80.
... in Olecko: PTTK-Büro, ul. 11-Listopada 3, ✆ 520 27 85.
... in Gołdap: pl. Zwycięstwa 16, ✆ 615 01 77.

Unterkunft in Węgorzewo: Pension Nautic ($$), ul. Słowackiego 14, ✆/Fax 427 20 80, befindet sich nahe an der Anlegestelle; Fahrradverleih; Pension Teresa ($), Kal 12a, ✆ 427 32 69, liegt malerisch auf der Halbinsel Kal, 3,5 km von der Stadt entfernt.
... in Kruklanki: Polam-Farel, ul. Wczasowa 52, ✆ 421 73 83.
... in Gołdap: Hotel Janczes ($$), pl. Zwycięstwa 22, ✆ 615 13 77, inmitten (!) des Marktplatzes gelegen. Über eine schönere Lage am See verfügen Erholungsheime, die gelegentlich auch Individualtouristen aufnehmen (z. B. Wital, ul. Wczasowa 7, ✆ 615 16 17, Fax 615 19 62).
... in Stańczyki: Pensjonat Biały Dwór ($$), ✆ 615 81 72 mit eigenem Restaurant, am See und neben einem Skilift.
... in Olecko: Pensjonat Wigry ($), ul. Sembrzyckiego 33, ✆ 520 22 47, 520 12 48; Mazury ($$), ul. Gołdapska 10a, ✆/Fax 520 40 50; Centrum ($$), pl. Wolności 8c, ✆ 520 12 00; und das ehemalige Erholungsheim des Innenministe-

riums, idyllisch in einem Fichtenwald am See gelegen, Dworek Mazurski, ✆ 520 22 92, Fax 520 48 70, Zufahrt von der Straße nach Suwałki.
Es gibt mehrere im Sommer geöffnete **Jugendherbergen** in der Gegend (**Węgorzewo,** ul. Portowa 6, ✆ 427 32 82; **Gołdap,** ul. Wojska Polskiego 16, ✆ 615 02 66; **Olecko,** ul. Kolejowa 33, ✆ 520 22 74).

Campingplatz in Węgorzewo: Campingplatz Rusałka am jezioro Święcajny, ✆ 427 21 91, 427 20 49, auch Bungalows und Restaurant auf dem Gelände, Wassersportgeräteverleih.
... in Gołdap: ul. Stadionowa 8, ✆ 615 06 41 (Mai–Okt.).
... in Sedranki bei Olecko: Campingplatz, ✆ 520 22 48, die hygienischen Anlagen lassen etwas zu wünschen übrig.
... in Stańczyki: Zeltplatz Unikat am Fuße der Brücken.

Essen und Trinken in Węgorzewo: Nautic (ul. Słowackiego 14, ✆ 427 20 80) wirbt für polnische Küche mit italienischen und französischen Entlehnungen; den Fisch sollte man jedenfalls nicht verschmähen; einen Versuch wert ist auch Szkwał, pl. Wolności 13.
... in Olecko: Astra (ul. Partyzantów 7, ✆ 520 25 68) empfiehlt *kartacze,* eine regionale Spezialität mit Fleisch; Katamaram (ul. Czerwonego Krzyża 8, ✆ 520 21 93) spezialisiert sich auf *flaki,* die Kuttelsuppe.

Aktivitäten in Węgorzewo: Volkskundemuseum (Muzeum Kultury Ludowej), ul. Portowa 1, ✆ 427 32 42, tgl. 8–18 Uhr. Schiffsausflüge auf dem jezioro Mamry (tgl. 15 Uhr). Verleih von Wassersportgeräten (auch Segelboote): Camping Rusałka (✆ 427 21 91) und Klub Morski LOK (ul. Braci Ejsmontów 2, ✆ 427 48 55).

121

Der Süden Masurens – rund um Mikołajki

**Die Füße Christi an der Decke
– Bauernbarock in Sorkwity**

**Ein Ausflug auf dem
›masurischen Meer‹ – Śniardwy**

**Staken im glasklaren Wasser
– die Krutynia**

**Grüne Wildnis und viele Elche
– Biebrzański-Nationalpark**

Der Śniardwy-See, das ›masurische Meer‹

Der Süden Masurens – rund um Mikołajki (Nikolaiken)

Die Aufteilung der Masurischen Seenplatte in ein nörd-
liches und südliches Gebiet ergibt sich aus der Wahl des
Standortes: Für den Süden sind es Mrągowo (Sensburg)
oder Mikołajki (Nikolaiken). Es locken Śniardwy-(Spir-
ding-)See, ein Abschnitt des Flußlaufs der Krutynia sowie
die Johannisburger Heide. Erst die reiche Seenlandschaft
und die lichten Kiefern- und Fichtenwälder des Südens
vermitteln ein vollständiges Bild von Masuren.

Die südlichen Masurischen Seen

Auch wenn sich nur schwer eine
scharfe Trennlinie zwischen dem
Norden und dem Süden der Großen
Masurischen Seenplatte ziehen läßt,
so hat diese Aufteilung doch ihre
Berechtigung. Je weiter man nach
Süden fährt, desto trockener und fla-
cher wird die Landschaft, man sucht
hier vergeblich nach den dichten
Mischwäldern des Nordens, deren
Stelle – bedingt durch den sandigen
Boden – lichte Kiefern- und Fichtenwälder einnehmen. Traditionell
wurde das Aussehen der Dörfer
nach Süden zu immer ärmlicher.
Anders als im Norden gab es hier
keine großen Ländereien des ostpreußischen Adels und auch keine
kunstgeschichtlichen Denkmäler
von überregionalem Rang. Von der
Nordhälfte Masurens, die schon immer ethnisch gemischt und im
19. Jh. in manchen Regionen bereits
vorwiegend deutschsprachig war,
unterschied sich der Süden dadurch, daß er bis zur Wende zum
20. Jh. in der überwiegenden
Mehrheit von polnischsprachigen,
protestantischen Bauern bewohnt
war. Nur in den Städten sprach man
zum Teil Deutsch. Natürlich sieht
die Situation heute anders aus. Die
bis auf Splittergruppen anderer Na-
tionalitäten homogen polnische Bevölkerung ist wohlhabender dort,
wo der Fremdenverkehr Einzug gehalten hat, mäusearm dort, wo nur
die Landwirtschaft eine Einkommensquelle bietet. Anders als vor
dem Krieg sieht jetzt der Süden
adretter aus, da er als Hinterland
Warschaus gilt und viele Großstäd-
ter sich dort ihre Wochenend- und
Sommerhäuser bauen.

Mrągowo

Mrągowo (Sensburg) mit seinen 22 000 Einwohnern gewinnt beim näheren Kennenlernen. Es eignet sich hervorragend als Ausgangspunkt für die Ausflüge, da man in einer knappen Stunde sowohl Kętrzyn und Święta Lipka als auch Giżycko und Mikołajki erreicht.

Mrągowo besitzt in seinem Stadtgebiet ganze fünf Seen, von denen zwei für Wasserfreunde eine Rolle spielen: jezioro Juno und jezioro Czos (Schoß-See), der sich östlich direkt an den Stadtkern anschließt.

Die Stadtgründung im Jahr 1397 geht auf den Deutschen Orden zurück. Trotz des Namens hat hier weder eine Burg gestanden, noch war die Stadt jemals von Wehrmauern umgeben. Die nächsten Befestigungen gab es 6 km nördlich in Szestno (Sehesten; Trümmerreste) sowie in Ryn (Rhein), wo noch heute eine im 19. Jh. zum Gefängnis umgebaute Burg das Stadtbild beherrscht.

In Sensburg selbst hielt sich 1527 Albrecht von Hohenzollern auf, der hierher vor der in Königsberg grassierenden Pest flüchtete. Er verlieh der Stadt damals das Marktrecht, was ihr über Jahrhunderte ein erträgliches Einkommen sicherte. Von den beiden Weltkriegen wenig berührt, bietet Mrągowo das Bild einer ostpreußischen Provinzstadt mit vielen Häusern aus der Zeit um 1900, die heute als architektonisches Ensemble unter Denkmalschutz stehen.

Es empfiehlt sich ein Bummel durch das Stadtzentrum mit seinem Rathaus (ein kleines Heimatmuseum) sowie einer evangelischen und einer katholischen Kirche. Am Czos-See, gleich in der Nähe des Mrongovia-Hotels, wurde in den 70er Jahren ein großes Freilichttheater gebaut, in dem verschiedene Festivals abgehalten werden. Bei dem berühmtesten treten allsommerlich am letzten Juliwochenende große und kleine Stars der Country-Musik

Auf dem Country-Festival in Mrągowo

Der Süden Masurens – rund um Mikołajki (Nikolaiken) ▷

Der Süden Masurens – rund um Mikołajki (Nikolaiken)

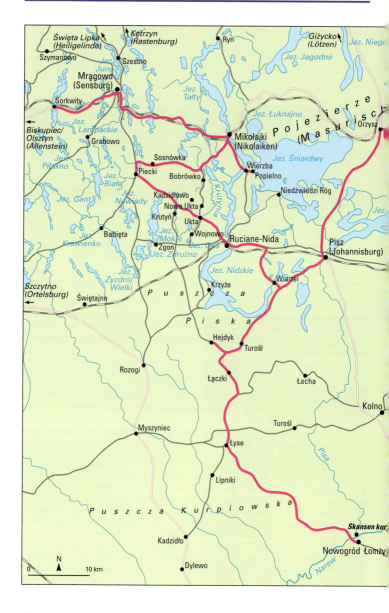

126

Der Süden Masurens – rund um Mikołajki (Nikolaiken)

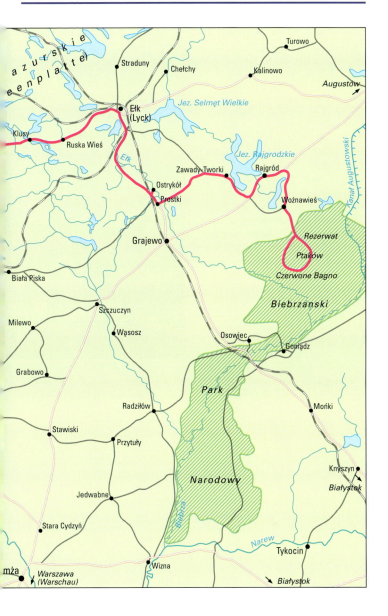

127

Der Süden Masurens – rund um Mikołajki (Nikolaiken)

Schloß in Sorkwity im Tudor-Stil

auf. Das Publikum, das die Stadt dann drei Abende lang beherrscht, präsentiert sich mit ›Stars-&-stripes‹-Bannern auf Jeeps und Harleys.

Eine andere Stimmung vermittelt das ebenfalls im Juli abgehaltene Musikfest der ›Kresy‹ – der Begriff umfaßt in etwa die 1945 verlorenen Ostgebiete Polens –, das einen nostalgisch-nationalen Ton anschlägt. Zu seinen prominentesten Gästen zählte schon der Präsident Aleksander Kwaśniewski, der, in Białogard (Belgard) in Hinterpommern geboren, selbst aus einer Familie von Heimatvertriebenen stammt.

Sorkwity

Eine hier nicht erwartete Augenweide, ein Juwel des Bauernbarock, verbirgt sich hinter den unscheinbaren Mauern einer Dorfkirche in Sorkwity (Sorquitten), gerade 12 km von Mrągowo entfernt.

Wenn der Schlüssel im benachbarten Pfarrhaus ausgeliehen und der Lichtschalter hinter dem Altar betätigt wurde, steht man plötzlich entzückt und zugleich leicht schmunzelnd in der Kirche. An den meisten Elementen der Ausstattung aus den Jahren 1615–23 und 1700–15 hat zwar ein Zugereister (Izaak Riga aus Königsberg) mitgewirkt, aber die Bezüge weisen stark auf die Gegend hin, so daß hier sicherlich einheimische Handwerker – auch als Ideenlieferanten – mit am Werk waren. In der Kreuzigungsszene des Altars tragen die Figuren masurische Trachten; hinter Golgatha wurde gar das Sorquitter Schloß nachgebildet.

Am meisten amüsiert die Himmelfahrtsszene im oberen Teil des Altars. Die verdutzten Apostel blicken herab, dorthin, wo aus der Decke von einer runden Holzplatte, die wohl eine Wolke symbolisieren soll, nichts als geschnitzte Beine herunterhängen: Der Großteil Christi ist be-

Sorkwity (Sorquitten)

reits in den Wolken entschwunden. Der hölzerne Engel vor dem Altar kann zu den Taufzeremonien an einem Seil herunter- oder heraufgezogen werden; Wappen der jeweiligen Besitzer des Ortes schmücken die Patronatsloge. Beeindruckend ist der Kruzifixus, dem man 1945 die Arme weggebrochen hat – ein Sinnbild des erbarmungslosen Krieges.

Wenn dies auch auf den ersten Blick verwundert, so gehört der barocke Beichtstuhl doch durchaus in diese protestantische Kirche. Es gibt auch im Protestantismus die Möglichkeit eines Beichtgesprächs mit dem Pastor, was aber nicht mit dem Beichtsakrament im katholischen Sinne gleichzusetzen ist. Am besten fragt man den jungen energischen Pastor Krzysztof Mutschmann danach. Er hält Gottesdienste für die wenigen im Lande gebliebenen Deutschen bzw. Masuren ab. Und er organisiert Sommerlager, in denen Jugendliche aus Polen und Deutschland, aus den Niederlanden und Litauen, allen konfessionellen und anderen etwaigen Unterschieden zum Trotz, fröhlich zusammenleben.

Wie vieles nach der Wende 1989, mußte auch die Kunde von

Der Süden Masurens – rund um Mikołajki (Nikolaiken)

den polnischen Protestanten erst zu den durchschnittlichen Menschen hierzulande durchdringen, meist glaubten sie an das Gleichnis ›Pole = Katholik‹. Der durchschnittliche pan Kowalski glaubte spätestens daran, als er erfuhr, daß Jerzy Buzek, der Premierminister der Jahre 1997–2001, ein Protestant aus der Cieszyner (Teschener) Gegend ist, wo etwa 50 000 Protestanten leben. Daß Buzek zudem noch eine Mitte-Rechts-Koalition katholischer Prägung anführt, ist eines der vielen Paradoxa dieses Landes.

Sorquitten sah schon viele Besitzer, zuletzt seit 1804 die Familie von Mirbach, der viele bekannte Diplomaten entstammten. Sie baute hier 1850–56 ein Schloß im Tudor-Stil, das nach starken Beschädigungen 1914 exakt wiedererrichtet wurde. Nachdem das Schloß jahrzehntelang als Betriebsheim der Traktorenfabrik Ursus bei Warschau fungierte, wurde es im Jahr 2000 privatisiert und zum allgemein zugänglichen Hotel umgebaut, in dem der Standard von schön sanierten Appartements bis hin zu Zimmern realsozialistischen Flairs reicht. Aber auch ein bescheidenes Kämmerchen würde hier zum Verweilen einladen: So wunderschön ist die Lage des Schlosses am Ufer des Lampackie-(Lampasch-)Sees. Das Schloß, in dem auch Touristen Zimmer mieten können, spiegelt sich märchenhaft im Wasser, der kleine Steg mit einem verträumten Angler sieht idyllisch aus; das Bild runden die vorbeifliegenden Störche und die majestätisch langsam vorbeigleitenden Höckerschwäne ab.

Hier beginnt die berühmte Krutynia-(Kruttinna-)Fahrt. Ganze zehn Tage braucht ein mittelmäßiger Kanufahrer, um bis zur Mündung dieses malerischen, sauberen Flüßchens in den Bełdany-(Beldahn-)See unweit Mikołajki zu gelangen. Unterwegs gibt es in Abständen, die einer Tagestour entsprechen, Zeltplätze und einfache Übernachtungsmöglichkeiten des polnischen Fremdenverkehrsverbands PTTK.

ℹ️ Information: Informacja Turystyczna MAT, ul. Ratuszowa 5, ☎ 089/741 09 94, Fax 741 81 51. Die Rezeption des Mrongovia-Hotels ist ebenfalls eine gute Informationsquelle.

🛏️ Unterkunft in Mrągowo: Mrongovia (auch Mrągowia; $$$), ul. Giżycka 6, ☎ 089/741 32 21, Fax 741 32 20, ist das beste Hotel weit und breit und bietet trotz seiner Größe (215 Zimmer im Hauptgebäude, ein separater Pavillon mit weiteren Zimmern sowie acht luxuriöse Bungalows mit eigenen Saunen) eine gewisse Intimität. Man kann hier sowohl im Swimmingpool des Hotels als auch im See – direkt vor dem Hotel – schwimmen, ferner gibt es einen angeschlossenen kleinen Reitstall, auch mit Kutschen, samt einer attraktiven Dame namens Eulalia als Reitlehrerin, nicht zuletzt Läden, ein Restaurant und Nachtbar im Gebäude. Dem schlichten Hotel in der Stadtmitte (Polonia, $, ul. Warszawska 10, ☎ 741 35 72) sind Pensionen vorzuziehen, beispielsweise Eva ($$), ul. Jaszczurcza Góra 14, ☎/Fax 741 31 16; Solar ($$), ul. Jaszczurcza Góra 24, ☎/Fax 741 24 84; Edyta ($), ul. Laskowa 10, ☎ 741 43 66, oder Panoramic ($), ul.

Sorkwity (Sorquitten)

Jaszczurcza Góra 16, ✆ 741 39 70. Etliche Familien bieten Privatunterkünfte (Adressen über die Information).
Jugendherberge: ul. Wojska Polskiego 2, ✆ 741 27 12.
... in Sorkwity: Im am See gelegenen Schloß Hotel Pałac ($$), ✆/Fax 089/742 81 89; auch Zeltplatz und Bungalows.

Campingplatz: ul. Jaszczurcza Góra 3, ✆ 741 25 33 (auch Bungalows), in Piecki (12 km südl., ul. Zwycięstwa 60) sowie der schön am jezioro Juno gelegene, von einem Deutschen geleitete Platz ›Masuren-Natur‹ in Polska Wieś, ca. 3 km nördl. der Stadt.

Essen und Trinken: Das hoteleigene Restaurant des Mrongovia (Błękitna, ul. Giżycka 6, ✆ 741 32 21) überrascht trotz der Menschenmenge, die hier gefüttert werden muß, mit seiner Qualität. Mit Buchweizengrütze gefülltes Spanferkel, Fischgerichte oder ein Bœuf Wellington stehen auf der Karte. Zu meiden zwischen 18.30 und 20.30 Uhr, wenn die Reisegruppen es in Besitz nehmen (geöffnet bis 23 Uhr). Eine Alternative bietet die Pizzeria Margarita, ul. 5, ✆ 741 48 88.

Aktivitäten in Mrągowo: Information über Rundflüge vom Flugplatz Mrągowo aus (2 km südl. von der Stadtmitte) im Mrongovia. Wassersportgeräteverleih: am Mrongovia-Hotel am Ufer des Czos-Sees.
... in Sorkwity: PTTK (Stanica Wodna PTTK), ul. Staromiejska 1, neben dem Schloß, ✆ 742 81 24.

Festivals: Country-Picknick-Festival, letztes Juli-Wochenende im Amphitheater am jezioro Czos: international besetzte Konzerte der Country-Musik. Kresy-Festival im Juli, Musik der ehemaligen polnischen Ostgebiete.

... in Mrągowo: Heimatmuseum (Muzeum Ziemi Mrągowskiej, ul. Ratuszowa 5): Di–So 10–15 Uhr, Juni–Aug. 9–16 Uhr.

 Verkehrsanbindung: Der zentral gelegene Busbahnhof verfügt über häufigere Verbindungen mit Olsztyn und Mikołajki als der etwas außerhalb der Stadtmitte liegende Fernbahnhof (auch nach Kętrzyn und Ruciane-Nida). Nur im Sommer fahren 2–3× tgl. sowohl Busse als auch Züge nach Warschau.

Mikołajki und der Śniardwy-See

Es war einmal ein Fischerdorf mit dem hl. Nikolaus als Patron, das nicht nur arm war, sondern auch noch einen mächtigen Widersacher hatte. Ein gewaltiger Fisch zerstörte die Netze der Fischer, ließ ihre Beute wieder entschwimmen und gar die Boote kentern. Erst als die Netze mit Eisen verstärkt und ein heidnisches Opfer auf einer Insel des Śniardwy verrichtet worden war, gelang es den Nikolaikern, den König des Wassers in einer gemeinsamen Aktion zu fangen und an Land zu ziehen. Jener Stint (Król Sielaw) mit einer Krone auf dem Haupt ließ sich mit menschlicher Stimme vernehmen und bot den Fischern reichliche Beute, würden sie ihn nur wieder ins Wasser lassen. Gewitzt gaben diese ihr Wort, nutzten aber die unklug formulierte Bitte aus: Nicht die Freiheit bekam der Stint

Der Süden Masurens – rund um Mikołajki (Nikolaiken)

wieder, sondern er wurde nur wie gewollt ins Wasser gelassen – und an den Kai gekettet, damit er nie wieder Unheil anrichte ...

In dem 4000 Seelen zählenden Städtchen Mikołajki (Nikolaiken) bekommen Touristen und Segler alles, was sie zu ihrem Glück brauchen, auch wenn sich später oft herausstellt, daß es doch nicht so unbedingt nötig war. Von russischen Samowars und Matrjoschkas (ineinanderpassende Holzpüppchen) über Fernrohre und Bernsteinwaren bis hin zu Viktualien – Wodka, Pflaumen in Schokolade, Salzgurken und trockene Krakauer – reicht das breitgefächerte Angebot. Beaufsichtigt wird das emsige Treiben von insgesamt drei Stinten, zwei in Beton (am Kai und inmitten des Marktes), der dritte als eine schwimmende Blechattrappe, die an den Pfeiler der Eisenbahnbrücke angekettet ist.

Wie schon in Giżycko oder Węgorzewo spielt sich das wahre Leben an den Anlegestellen zwischen Hunderten von Segelbooten ab. Hier legen auch Ausflugsschiffe der Weißen Flotte mit den Zielorten Giżycko und Ruciane-Nida an. Bei der letzten, landschaftlich sehr attraktiven Fahrt sollte man fragen, ob auch eine Runde auf dem Śniardwy zu der Route gehört.

Mikołajki bietet ein kleines Museum der Reformation in Polen, von dem passionierten Pfarrer Władysław Pilchowski im Alleingang gesammelt. Die bescheidenen Exponate sind in einem Gymnasium ausgestellt, das – hier ein Zeichen

Begegnung mit dem Stint in Mikołajki

Mikołajki (Nikolaiken)

der neuen Zeit – den Namen ›Marion Gräfin Dönhoff‹ trägt.

Ein zweifelhaftes Aushängeschild bekam das Städtchen in der letzten Zeit durch den Bau des Hotels Gołębiewski, das nach seinem Besitzer, einem reichen Warschauer, benannt wurde. Es ist ein riesiger Betonkasten, an dessen Anblick man sich vermutlich gewöhnen wird, wenn an dem jetzt kahlen Seeabhang, an dem es steht, wieder Bäume nachwachsen. Schließlich bietet das Hotel etliche Attraktionen, etwa den Aquapark Tropicana, wo sich der Wasserliebhaber über eine Wasserrutsche in den Swimmingpool spülen läßt. Er ist aber nur bei niedrigen Wassertemperaturen in den natürlichen Gewässern oder bei Regen als Alternative zu werten. Ansonsten sind die sauberen Seen Masurens vorzuziehen; eine Einschränkung ist nur bei jenen Seen zu machen, die direkt an die größeren Ortschaften anschließen. Erst seit den 90er Jahren werden dort Kläranlagen gebaut.

Etwa 5 km Luftlinie trennen Mikołajki von dem größten der Masurischen Seen, dem **Śniardwy**-(Spirding-)See, der stattliche 114 km² Oberfläche aufweist. Nicht ohne Grund wird dieser See auch das ›masurische Meer‹ genannt. Das an drei Seiten flache, oftmals sumpfige Ufer läßt nur bei Popielno im Westen und bei Niedźwiedzi Róg im Süden einen einigermaßen leichten Zugang zum See zu. Sehr pittoresk ist dafür die steile Ostküste.

Ein reizvolles Ausflugsziel bietet der sich an die Nordseite des Śniardwy anschließende **jezioro Łuknajno** (Lucknainen-See), nur 4 km von Mikołajki entfernt. Einige hundert Meter Fußmarsch entlang des Kanals zwischen den beiden Seen führen zu einem Aussichtsturm.

Der merkwürdige weiße Befall des Wassers auf dem Łuknajno entpuppt sich als eine gigantische Kolonie von Höckerschwänen, mit etwa 1300 Exemplaren während der Brutzeit die größte in Europa. Łuknajno bietet ihnen ideale Lebensbedingungen: durchschnittlich nur 60 cm tief und voller Kleintiere und Wasserpflanzen, die ihre Lieblingsnahrung darstellen. Die nähere Betrachtung der Schwäne ist nicht erlaubt, da der See neben den Wanderdünen in Łeba, dem ›Wisent‹-Nationalpark Białowieża und dem Berg Babia Góra im Süden zu den drei polnischen Biosphären-Reservaten der Unesco zählt.

Popielno (Popiellnen) liegt auf einer Landzunge zwischen dem Śniardwy und dem Bełdan-(Beldahn-)See, über diesen mit einer Fähre in Wierzba (Spirding) erreichbar. Der nette Ort besitzt noch alte masurische Holzhäuser und – der Hauptgrund, diesen Ausflug zu unternehmen – eine zoologische Forschungsstation der Polnischen Akademie der Wissenschaften. In die Station, die zum Teil noch aus der Vorkriegszeit stammt, sind polnische Zoologen eingezogen und widmeten sich hier der Biberzucht, den etwas seltsam anmutenden Versuchen, eine sowohl für Milch als

Tarpane

Eine rückgezüchtete Wildpferdrasse

Den Höhepunkt einer Führung durch die zoologische Forschungsstation in Popielno am Ufer des Śniardwy (Spirding-See) bilden ohne Zweifel die Tarpane. Diese an die mongolischen Przewalski-Pferde erinnernde Wildpferdrasse lebte bis zum 18. Jh. in den europäischen Wäldern, wurde aber nach und nach ausgerottet. Am längsten lebten sie in der Ostukraine, wo 1876 das letzte freilebende Tarpan und 1918 das letzte gefangengehaltene in Poltawa starb. Die letzten litauischen Tarpane brachte man im 18. Jh. in den Privatzoo des Grafen Zamoyski in dessen Stadt Zamość bei Lublin. Als der Zoo während der Napoleonischen Kriege aufgelöst wurde, verteilte man die kleinwüchsigen, widerstandsfähigen Pferdchen an die Bauern der Umgebung. Erst 1925 fiel dem polnischen Zoologen Ventulani auf, daß sie sich kaum mit anderen Rassen kreuzten und daß sich die Art wohl zurückgewinnen ließe.

Bei den ärmsten Bauern wurden sie oft halb wild gehalten und behielten weitgehend das äußere Erscheinungsbild sowie die Robustheit der Wildpferde. Die heutigen Tarpane sind die Produkte einer Rückzüchtung. Da nicht alles genau geglückt ist – die zahnbürstensteife Stehmähne haben die Tiere wohl genetisch verloren –, werden sie korrekterweise nicht als Tarpane, sondern als ›polnische Pferdchen‹ bezeichnet. Ebensowenig kann man die im Münchner Zoo durch die Kreuzung von Island- und Gotlandponys mit Przewalski-Pferden entstandene Urpferdrasse als Tarpane benennen.

Die polnischen Pferdchen sind kleine graue Pferde (Stockmaß 125 cm) mit einem charakteristischen schwarzen Aalstrich auf dem Rücken. Ein großer Teil wird in Stallungen gehalten, andere, die dem ursprünglichen Typus näher zu sein scheinen, wurden in die Wildbahn, u. a. im Białowieża-Nationalpark, ausgesetzt. Auch in dem unter Naturschutz stehenden Wald südlich von Popielno (Popiellnen) leben mittlerweile vier Herden, die nur in harten Wintern etwas Zufütterung erhalten. Ihre Wildheit und Scheu ist allerdings nur ein Mythos, den die örtlichen Reiseleiter für bare Münze verkaufen. Die Tierchen haben sich nämlich das Betteln angewöhnt und kommen häufig an die Anlegestelle südlich von Wierzba, wo die Segler sie mit Leckerbissen verwöhnen.

Popielno (Popiellnen)

Biber in freier Wildbahn

auch für Fleisch besonders ertragreiche Rinderart zu züchten, sowie der Rückzüchtung der Tarpane. In der Station, die seit der Wende etwas vernachlässigt ist, werden bei der Führung die Biberhäuser, aus denen bereits Hunderte von Tieren in Polen, Deutschland und Frankreich in die Wildbahn ausgesetzt wurden, gezeigt.

Ein traurig blickendes ›Monster‹ ist als Ergebnis der abstrusen realsozialistischen Kreuzungsversuche zwischen Kuh, Wisent und Bison das letzte seiner Art. In den Stallungen oder auf der Wiese werden die Tarpane vorgeführt, die größte Attraktion der Forschungsstation. Diese kleinen Pferde sind Nachkommen der einzigen europäischen Wildpferdrasse (s. S. 134).

Information: Informacja Turystyczna, pl. Wolności 3, ✆ 087/ 421 68 50.

Unterkunft: Das Hotel Gołębiewski in Form eines riesigen Kastens mit 850 Betten kann man nicht übersehen: ($$$), ul. Mrągowska 34, ✆ 421 65 17, 421 61 20, Fax 421 60 10. Seine Vorzüge sind das große Schwimmbecken, Kegelbahn, Fitneßstudio, Reitbahn und Tennisplätze. Fahrrad- und Bootsverleih; Organisation von Rundflügen per Hubschrauber und Fesselballon. Zwei neu eröffnete Hotels im Zentrum mit recht hohem Niveau: Mazur im alten Rathaus ($$), pl. Wolności 6, ✆ 421 69 41, und Wałkuski ($$), ul. 3 Maja 13, ✆/Fax 421 66 28. Natur und Komfort bietet das Galindia-Mazurski Eden ($$$), Iznota, Ukta, ✆ 090/50 82 35, 423 16 69, etwa 6 km südl. von Mikołajki, an der Straße nach Ruciane: hinter Bobrówko nach links an der Mündung der Krutynia in den jezioro Bełdan (Tennisplatz, Restaurant, Verleih von Wassersportgeräten). Hier steht alles unter dem Zeichen des Prußenstammes der Galinder, einschließlich der großen stilisierten Holzfiguren, die an ihn erinnern sollten. Mehrere Pensionen gibt es ansonsten zur Wahl: Natalis ($$), ul. Kościuszki 2a, ✆/Fax 421 63 11; As ($), ul. Na Górce 7, ✆/Fax 421 68 89; Na Skarpie ($), ul. Kajki 96, ✆ 421 64 18; Wodnik ($), ul. Kajki 130, ✆ 421 61 41; Król Sielaw ($), ul. Kajki 5, ✆ 421 63 23; Mikołajki ($), ul. Kajki 18, ✆ 421 63 25.

Jugendherberge, ul. Łabędzia 1, ✆ 421 64 34 (Juli–Aug.).

🏕 **Campingplatz:** Wagabunda, ul. Leśna 2, ✆ 421 60 18.

🍴 **Essen und Trinken:** Das beste Restaurant in der Stadt ist Król Sielaw, schnell und schmackhaft, mit etlichen Gerichten der polnischen Küche einschließlich Wild, dessen nicht verarbeitete Körperteile (Köpfe inklusive Geweih) von den Wänden auf das Essen herunterglubschen (ul. Kajtki 5, ✆ 421 63 23). Eine hohe Note verdient auch Cinema Quick Bar (pl. Wolności 19, ✆ 421 61 60) mit hausgemachter Kost. 14 km westl. von Mikołajki in Kosewo gibt es das gute Restaurant Lech (Kosewo 8, ✆ 089/ 742 45 76) mit Hausmannskost.

🏃 **Aktivitäten:** Ausflugsschiffe verkehren nach Ruciane (10, 14.40 Uhr), Giżycko (10.30, 14.40 Uhr) sowie zu einem Rundtrip über den Śniardwy (1,5 Std.) von der Anlegestelle aus (przystań Żeglugi Mazurskiej, ✆ 421 61 02).
Segelboote mietet man in Wioska Żeglarska PZŻ, ul. Kowalska 3, ✆ 421 67 20. Fahrradverleih: Sagit, ul. 3 Maja 13, ✆ 421 64 70. Reiten: Hotel Gołębiewski (✆ 421 65 17) oder im Nachbardorf Zełwągi (✆ 421 30 83).

🕐 **... in Mikołajki:** Museum der Polnischen Reformation (ul. Kolejowa 6): tgl. 10–17 Uhr.

... in Popielno: Zoologische Forschungsstation (Stacja badawcza PAN): Führung – auch auf Deutsch – nach Anmeldung (✆ 087/423 15 19). In der Saison Führungen: 9, 11, 13 Uhr.

🚌 🚢 **Verkehrsanbindung:** Am schnellsten und günstigsten, da der Bahnhof weit außerhalb der Stadtmitte liegt, sind die Busse (Stopp neben der evangelischen Kirche). Tgl. häufige Fahrten nach Mrągowo, Giżycko und Ruciane, seltener nach Augustów und Warschau. Fähre ab Wierzba (Mikołajki–Popielno): Richtung Mikołajki Mo–Sa 6–16 Uhr jeweils zur vollen Stunde und 17.15 Uhr, So, Feiertage 7–13 Uhr jeweils zur vollen Stunde und 14.15 Uhr, zurück jeweils etwa 20 Min. später; kostenlos.

Durch die Puszcza Piska

Der Süden Masurens ist flach. Die schmelzenden Gletscher hinterließen eine nach Süden hin leicht abfallende Ebene, die aus skandinavischem ›Importmaterial‹, Sand und Steinen unterschiedlicher Größe gebildet ist. Auf dem sandigen Boden wächst der mit 1000 km² größte zusammenhängende Wald Masurens, die Johannisburger Heide oder Puszcza Piska, die zu 90 % aus Kiefern- und Fichtenwäldern besteht. Anders als im Westen Deutschlands bezeichnete man hier die großen Waldgebiete als Heiden, daher spricht man von der Rominter, Tucheler und eben Johannisburger Heide.
Die Botaniker freuen sich hier über zehn Arten Orchideen. Auch

Durch die Puszcza Piska (Johannisburger Heide)

In der Puszcza Piska, dem größten zusammenhängenden Wald Masurens

Rehe, Hirsche und Wildschweine sind häufig anzutreffen. Zu den selteneren Bewohnern gehören Seeadler, die 20 Nestplätze besetzen, Schwarzstörche, sogar Luchse und Elche. Der Wald wird im Sommer auch von Gästen frequentiert: Schmackhafte Heidel-, Blau- und Walderdbeeren sowie ein Reichtum an Pilzen bewirken, daß emsig mit Körbchen hantierende menschliche Wesen keine Seltenheit sind. Fast jeder zufällig gewählte Weg lohnt sich, hier konkrete Tips für eine Wanderroute zu geben, ist sehr schwierig. So konzentrieren wir uns im folgenden auf natur- und kulturkundliche Besonderheiten, die in der Reihenfolge von Westen nach Osten geschildert werden.

Ein unscheinbares Backsteinhaus auf einer Nebenstraße zwischen Mikołajki und Piecki (Peitschendorf), dort, wo sich linker Hand die erste größere Lichtung öffnet, lenkt die Aufmerksamkeit auf den wohl wichtigsten Sohn der Johannisburger Heide. Ernst Wiechert (1887–1950) wurde im **Forsthaus Kleinort** bei Peitschendorf (leśniczówka Sosnówka in Piersławek bei Piecki) geboren und verbrachte hier seine Kindheit.

»Ich hatte das Glück, daß zu Beginn meines Lebens nur große Dinge um mich standen und daß sie große Schatten warfen.« Wie er selbst später bekannte, ließ die Waldlandschaft in ihm eine Achtung vor dem einzelnen Menschen entstehen, der im Wald immer allein ist und »zu keiner Gemeinschaft oder gar zu einer Masse« gehört. Sein Widerwillen gegen »Lautsprecher und Geschwätz an einer Straßenecke« brachte ihn später – fast naturgemäß – in Gegnerschaft zum Nationalsozialismus und als Folge in die Haft im KZ-Buchenwald (›Der Totenwald‹). In seinen naturalistischen und mystischen Romanen – ›Jerominkinder‹, ›Wälder und Menschen‹, ›Das einfache Leben‹ – spielen autobiographische Züge seiner masurischen Kindheit inmitten des Waldes, in dem noch »Fußspuren des lieben Gott leuchteten«, eine nicht zu unterschätzende Rolle. Schauplatz der 1941 entstandenen ›Jerominkinder‹ über Jons Ehrenreich, das jüngste der sieben Kinder der Familie Jeromin, ist Sowirog, ein heute verlassenes Dorf am Südufer des Jezioro Nidzkie (Nieder-See).

Die verwahrloste Försterei wurde durch die ›Masurische Gesellschaft der Freunde Ernst Wiecherts‹ 1995 vorbildlich renoviert. Im Erdgeschoß richtete man ein kleines Museum, eine Filiale des Olsztyner Museums, ein. Wie im Falle der Wolfsschanze gab es auch hier ein politisches Gerangel um die Anbringung einer Gedenktafel, da in der kommunistischen Zeit nichts an die deutsche Seite

Staker auf der Krutynia

Krutyń (Kruttinnen) und Kadzidłowo (Einsiedeln)

Masurens erinnern sollte. Erst 1987 wurde hier eine Tafel in polnischer Sprache eingeweiht, die 1995 ihr deutschsprachiges Pendant bekam.

Dem nahegelegenen Dorf **Krutyń** (Kruttinnen) waren und sind solche Sorgen fremd. Seit geraumer Zeit garantieren die Busladungen deutscher Touristen dem Dorf ein profitables Einkommen. Decken und Honig werden feilgeboten, die Restaurants führen einen stillen Konkurrenzkampf untereinander, und »kräftige Bürschchen«, um Lenz zu zitieren, warten im Schatten auf Kundschaft. Hier geht es primär darum, gestakt zu werden: Flache Boote mit vier bis fünf Gästen werden von einem Staker mit einer langen Holzstange dem Strom der Krutynia (Kruttinna) entgegen mühevoll bis hin zum Jezioro Krutyńskie hinaufgestakt und fahren anschließend mit der Strömung wieder zurück (ca. 1,5 Stunden). Ein Nerz wird gezeigt, rote Steinchen vom Flußbett aufgehoben und bewundert, und manche Stakern singen auch – auf ostpreußisch-nostalgische Art. Trotz einer gewissen Vermarktung: Es ist tatsächlich einer der schönsten Flecken dieses Landes. Die Bäume, die den Fluß zu einem grünen Tunnel werden lassen, dessen kristallklares Wasser und die Licht-und-Schatten-Spiele der Sonne bilden eine traumhafte Kulisse, vor der die Boote (hoffentlich) still, beinahe etwas unwirklich dahingleiten.

Dies ist zweifelsohne der schönste Abschnitt der Krutynia, deren Reize sich aber auch an anderen Stellen entfalten. Eine zehntägige Kanufahrt von Sorkwity würde auch die tiefste Sehnsucht nach Natur gewiß stillen, es gibt aber wenige, die sich den Luxus der Abgeschiedenheit so lange gönnen können. Reicht die Zeit nicht aus, kann auch nur eine Teilstrecke befahren werden; welche, läßt sich beim Kanuverleih vereinbaren. Die Wanderer haben schließlich die Alternative, am Fluß entlang bis zum See Krutyńskie zu gehen oder den gelben Markierungen westwärts bis hin zum Mokre-(Mucker-)See zu folgen. Unterwegs passiert man das Naturreservat Zakręt um einen allmählich zuwachsenden See mit einer schwimmenden Insel, sowie ein weiteres namens Królewska Sosna, in dem 200jährige Kiefern und Eichen zu bewundern sind.

In **Kadzidłowo** (Einsiedeln; von der Straße Ukta–Mikołajki kurz nach Nowa Ukta links ab) leitet der Zoologe Andrzej Krzywiński einen privaten Wildpark, in dem man eine Vorstellung davon bekommt, was sich vor Jahrhunderten alles in der Johannisburger Heide tummelte. Freilich wird man hier keine Auerochsen sehen, da diese in Preußen bereits im 16. Jh. ausgerottet waren und das weltletzte Exemplar 1627 bei Warschau erlegt wurde. Eine ›Nachbildung‹ sind die Tarpane (s. S. 134). In ihrer ganzen Schönheit präsentieren sich Hirsche, Wisente, Luchse, Wölfe und Auerhähne.

Über Ukta, in dem der Fernsehjournalist Klaus Bednarz seine Kindheit verbrachte, der seine Liebe zu

Die Altgläubigen in Wojnowo

Konsterniert steht man an einer Brücke über die Krutynia östlich von Krutyń, dem ›Dorf der Staker‹. Was machen die Zwiebeltürme einer russisch-orthodoxen Kirche in Wojnowo (Eckertsdorf)? Wie der freundliche Pope erklärt, wurde sie 1922 mit Petersburger Geldern errichtet, um die Gemeinde der Altgläubigen zu spalten und so zu zerstören. Diese Erklärung läßt aber nur neue Fragen aufkommen: Wer waren denn die Altgläubigen und warum mochte man sie nicht in Rußland?

1650 beschlossen der Zar und der Patriarch Nikon die Reform der russisch-orthodoxen Kirche. Dahinter stand das politische Kalkül, durch die Angleichung der Liturgie an die der Griechen den russischen Machtanspruch auf dem Balkan besser durchsetzen zu können. Der niedere Klerus revoltierte dagegen, die Spaltung *(raskol)* wurde unvermeidlich, und die Anhänger des alten Ritus, die Altgläubigen, wurden grausam verfolgt. Sie flohen gen Westen nach Schweden, Österreich und Polen-Litauen, wurden aber nach und nach von der ›Westerweiterung‹ des russischen Imperiums im 18. Jh. erfaßt.

Eine Gemeinde aus der Gegend von Suwałki stellte den Antrag, sich in Ostpreußen niederlassen zu dürfen und so entstanden – mit der Genehmigung im Jahr 1825 – vier russische Dörfer in Masuren. Das wichtigste Dorf, von den russischen Einwanderern Wojnowo genannt, bekam offiziell den Namen Eckertsdorf, nach dem preußischen Vermessungsbeamten, der die Grundstücksgrenzen in der erst zu rodenden Johannisburger Heide festlegte. Heute gibt es im Dorf nur noch fünf Familien von Altgläubigen, die auch Philipponen genannt werden, der Rest wechselte die Konfession oder wanderte aus.

Nach 1956 ging eine große Gruppe nach Hamburg, von wo aus jetzt gelegentlich Alt-Eckertsdorfer vorbeikommen und die Taufzeremonie – im Erwachsenenalter durch dreifaches Eintauchen des ganzen Körpers – im malerischen Duś-See (Duß-See) abhalten.

Ansonsten erinnert wenig an die Zuwanderer. Es steht noch die Molenna, eine Altgläubigen-Kirche in Form eines nicht sehr ›russisch‹ anmutenden Backsteinhauses von 1921 sowie das wunderschön gelegene Nonnenkloster am Ufer des Duś-Sees.

Im Innenraum des Klosters fallen sofort die Unterscheidungsmerkmale eines Altgläubigen-Gotteshauses im Vergleich zu einer russisch-orthodoxen Kirche auf. Keine Ikonostase mit Goldener Pforte ist zu sehen, da die Gemeinden keine Priester anerkennen und dadurch die

Durch die Puszcza Piska (Johannisburger Heide)

Altgläubigenkloster in Wojnowo

Ikonenwand mit den Türen für die Priester überflüssig ist. Statt dessen liest ein ausgewähltes Gemeindemitglied *(nastawnik)* die Messen und hält die Zeremonien ab. Das Nonnenkloster geht wohl seinem Ende entgegen: Von einst 40 Nonnen gibt es heute nur noch zwei, die von einem älteren Herrn betreut werden, der den Touristen auch den Innenraum des Klosters aufschließt. Die wertvollsten Ikonen werden im Schloß in Lidzbark Warmiński aufbewahrt, da sie dort besser vor Diebstählen geschützt sind. Und wenn die Nonnen eines Tages nicht mehr sein werden, ist ein ganzes Kapitel der europäischen Kulturgeschichte abgeschlossen.

Der Süden Masurens – rund um Mikołajki (Nikolaiken)

dieser Gegend in vielen Sendungen vermittelt, kommt man bald nach **Ruciane-Nida.** Dieses Zentrum des Fremdenverkehrs besteht eigentlich aus zwei Dörfern, Nieden und Rudschanny, die für eine kurze Zeit den Namen Niedersee trugen.

Den Ort prägte eine inzwischen bankrotte Holzplattenfabrik sowie ein unter Denkmalschutz gestellter Betrieb aus dem 19. Jh., in dem man aus Fichten- und Kiefernzapfen die Samen herauslöste, um sie für die Wiederaufforstung zu verwenden. Auf dem kleinen Wielka Guzianka (Guschienen-See) tummeln sich die Segelboote und Ausflugsschiffe, die meist durch eine Schleuse den Weg von Mikołajki über den Bełdany (Beldahn-See) zurücklegen.

Über einen Kanal wagen sie sich auch nach Süden, auf die Perle der masurischen Seen, **Jezioro Nidzkie** alias Nieder-See. 23 km lang, formt er einen nach Norden offenen Halbmond und ist fast gänzlich von der Johannisburger Heide umgeben. Bis auf die Ecke bei Ruciane-Nida sind hier keine Motorboote erlaubt und das Gewässer steht unter Naturschutz. Es ist Mekka für all diejenigen, die Ein- bzw. Zweisamkeit suchen. Nur wenige andere Boote stören beim Segeln, und abends warten menschenleere natürliche Anlegestellen in Form von sandigen Ufern am Waldesrand auf die Wassersportler.

Segler auf dem Jezioro Nidzkie

Jezioro Nidzkie (Nieder-See)

Für Nicht-Segler gibt es eine Anzahl von offiziellen und weniger offiziellen Zeltplätzen, die teilweise nur über Teerstraßen erreichbar sind, sowie etliche Pensionen und Zimmer in den Dörfern Karwica (Kurwien) und Krzyże (Kreuzofen). In dem letztgenannten Dorf in der Försterei Pranie (Seehorst) verbrachte einer der wichtigsten polnischen Dichter der Zwischenkriegszeit, Konstanty Ildefons Gałczyński (1905–53) die letzten drei Jahre seines Lebens in einer Art innerer Emigration. Jeden Sonntag im Sommer (11 Uhr) finden in einem kleinen Museum Konzerte mit klassischer Musik statt.

Reicht die Zeit nicht aus, in dieser traumhaften Gegend Quartier zu nehmen, so sollte man es wenigstens nicht versäumen, einmal um den Jezioro Nidzkie herumzufahren. Unweit des Dorfes Wiartel bietet sich von seinem hohen, kahlen Südufer der vermutlich schönste Blick auf den See mit einer idyllischen Insel, gesäumt von dem scheinbar endlosen Wald der Johannisburger Heide. Diese abgeholzten Stellen am Ufer, *bindugi*, markieren die Plätze, an denen bis in die 1970er Jahre die Holzstämme zu Flößen zusammengebunden wurden, um auf dem Wasserwege weiter zu den Holzfabriken geflößt zu werden.

Ein paar Kilometer südlich des Sees liegt das Dorf **Hejdyk** (Heidig), fast vollständig noch mit Holzhäusern mit reizvollen Lauben bebaut. Diese Einheitlichkeit macht aber zu Recht mißtrauisch. Ein typisches masurisches Bauernhaus besaß keine Laube, nur ein an der Giebelseite etwas vorgezogenes, auf Stützen aufliegendes Dach. Bis auf ganz wenige Beispiele ist diese Bauweise verschwunden. Hier in Hejdyk handelt es sich um Einheitshäuser, die im Zuge der Wiederaufbaumaßnahmen nach den Kriegszerstörungen von 1914 erbaut wurden. Der Feind hatte es nicht weit: Der Waldesrand in Hejdyk markiert die historische Grenze nach Masowien, von wo aus die russische Armee 1914 Ostpreußen angriff.

Pisz

Der Stadt Johannisburg, im Polnischen oder Masurischen **Pisz,** verdankt die Heide ihren Namen. Diese Gegend wurde erst am Ende des 14. Jh. besiedelt. Um diese Zeit entstand auch die kleine, von den Litauern immer wieder zerstörte Deutschordensburg.

Das einschneidendste Ereignis der erst 1645 gegründeten Stadt war ein Treffen zwischen dem sächsischen Kurfürsten und polnischen König August II. dem Starken und dem Großherzog von Preußen und Kurfürst von Brandenburg Friedrich III. (1698). Nachdem eine gehörige Anzahl von Wild, darunter auch Wisente, erlegt worden war, bestätigte König August die Loslösung Preußens aus der polnischen Lehnshoheit und gab seinen Segen für die erste preußische Krönung. 1701 wurde der Kurfürst als Friedrich I. zum ›König *in* Preußen‹ gekrönt.

143

Woher die Masuren kommen

›Kurpie‹ heißt die schon zu Masowien gehörende Region südlich von Masuren. Ertragsarme Sandböden, trockene Wälder und der große Fluß Narew prägen diese Landschaft. Aus Kurpien rekrutierten sich oft die Siedler, die in verschiedenen Kolonisationswellen (nach 1525, nach 1710) das preußische Gebiet besiedelten und zu Masuren wurden. Wenn es auch aufgrund der deutschen Assimilierungsprozesse nach 1870 sowie der Auswanderung in der Nachkriegszeit die Masuren als Ethnie nicht mehr gibt, so lebt doch in ihrem Ursprungsland die Landbevölkerung wie eh und je. Die bunten Trachten werden hier in Orten wie Myszyniec oder Łyse zu den Sonntagsmessen, vor allem zu Fronleichnam, noch häufig getragen. Am Palmsonntag werden in Łyse Wettbewerbe um die schönsten Palmen organisiert, die – bis zu 10 m hoch – später in den Kirchen ausgestellt werden. Sehr eigenwillig sind auch die Volksmusik, die Stickereien und die in ganz Polen berühmte Kunst der Scherenschnitte.

Der beste Ort, um Kurpie kennenzulernen, ist Nowogród Łomżyński an der Narew, über eine Nebenstraße vom südlichen Rand des Jezioro Nidzkie (Nieder-See) über Turośl und Łączki, oder von Pisz nach 52 km problemlos zu erreichen. 1927 wurde hier das zweitälteste Freilichtmuseum in Polen eingerichtet. Es zählt 20 Bauten, allesamt pittoresk am Flußufer gelegen. Eine durch ihre Einfachheit fesselnde Windmühle des Bockmühlentyps ist ebenso zu sehen wie drei Bauernhäuser mit rekonstruierten Innenausstattungen und phantasievoll geschnitzte Bienenstöcke. Einige der Gebäude sind übrigens eine doppelte Rekonstruktion, da sie den deutschen Bombardements von 1939 zum Opfer fielen. Daran erinnert auch die nahe steppenartige Landschaft, die mit ihren unzähligen Bombentrichtern einer Mondlandschaft gleicht. Hier befand sich einer der Hauptangriffspunkte der deutschen Wehrmacht im Septemberfeldzug gegen Polen.

Was dem Freilichtmuseum seinen Reiz verleiht, ist seine Abgeschiedenheit; hier hat man die Chance, für einen halben Tag den lärmenden Seglern, den Busladungen der deutschen Heimatreisenden und den alternativ angehauchten Horden von Rucksacktouristen zu entfliehen. Auf den Sandwegen zwischen den Katen vergißt man für eine Weile, daß es sich eigentlich um ein fiktives Modelldorf handelt, man meint ein echtes – wenn nicht masurisches, dann eben kurpisches – Dorf zu bewundern.

Pisz (Johannisburg)

Erst als in Folge der Ersten Polnischen Teilung 1772 die westpreußischen Gebiete ebenfalls in den Staat Preußen einverleibt wurden, konnte der Titel ›König von Preußen‹ lauten. Kurioserweise waren diejenigen, die sich den Krönungsplänen aufs ärgste widersetzten, die Deutschordensritter, die allerdings damals schon keine politische Bedeutung mehr hatten.

Pisz war weitgehend von Masuren bewohnt, was die Stadtbevölkerung nicht daran hinderte, 1934 zu 85 % die NSDAP zu wählen. Die heutige Situation der Stadt ist nicht rosig. Nach dem Bankrott der wenigen Industriebetriebe schnellte die Arbeitslosenquote in die Höhe. Mindestens jeder zweite Bewohner ist ohne Arbeit.

Um den Marktplatz ist noch eine reizvolle kleinstädtische Bebauung erhalten. Hinter dem Rathaus befindet sich ein kleines Heimatmuseum, in dem ein sonderbares Sammelsurium von Schriftstücken zur Geschichte der Stadt an eine etwas staubige Ausstellung ausgestopfter Fauna angrenzt. Ein kleines Hinterhaus mit einem Mansarddach (neben dem Kino) ist die evangelische Kirche von Pisz; eine große Fachwerkkirche das katholische Gotteshaus. Seltsamerweise blieb die Zahl der jeweiligen Minderheit gleich: Wenn vor 1945 200 Katholiken in einer Stadt mit 6000 Einwohnern lebten, so sind es heute wieder 200 Protestanten in einer etwas größer gewordenen katholischen Stadt (20 000 Einw.).

Information in Ruciane-Nida: ul. Dworcowa 14, ✆ 087/423 19 89, Fax 423 11 40.
... in Pisz: Orbis-Büro, ul. Okopowa 3a, ✆ und Fax 087/423 29 61.

Unterkunft in Krutyń: Pension Harenda ($), ✆ 089/742 12 18, vermietet auch Kajaks.
... in Ruciane-Nida: Die besten Quatiere im Ort bietet das neue Hotel Nidzki (ul. Nadbrzeżna, $$, ✆/Fax 423 64 01). Von den vielen Ferienheimen und Pensionen sind folgende hervorzuheben: ośrodek u Andrzeja (ul. Wrzosowa 1, ✆ 423 10 74) besteht aus einer Anzahl von Bungalows, schöne Lage am See, Bootsverleih; ośrodek Wczasowy NBP (Guzianka 5, ✆ 423 11 38); pensjonat Janus (Guzianka 1, ✆ 423 64 50); PTTK-Herberge (ul. Mazurska 14, ✆ 423 10 06); ośrodek PKP (al. Wczasów 2, ✆ 423 10 75).
... in Pisz: Nad Pisą ($$), ul. Ratuszowa 13, ✆/Fax 423 32 53, liegt zentral; schöner gelegen ist ośrodek Roś am jeziorio Roś (Warschau-See), al. Turystów 3, ✆ 423 49 60). Das Orbis-Büro vermittelt auch Privatquartiere.
Jugendherberge: Gizewiusza 4, ✆ 423 20 27.

 Campingplatz: Zeltplätze am jez. Nidzkie, südl. Ruciane-Nida (z. B. Kowalik, U Faryja, Wysoka). Kamień, zw. Iznota und Kamień am Westufer des jez. Bełdan. Camp-Pisz am Ufer des jez. Roś in Pisz (al. Turystów 1, ✆ 423 44 63). Etwa 4 km südwestl. (Straße nach Wiartel) liegt der Campingplatz Jabłoń am schönen Waldsee (Brzozolasek-/Falken-See).

Essen und Trinken in Krutyń: Krutynianka (✆ 089/742 12 19) mit schöner Terrasse über dem Fluß und guten Gerichten (Brennesselsuppe, Kleine Maräne); auf dt. Reisegruppen spezialisiert, scheint etwas überteuert zu sein.

Der Süden Masurens – rund um Mikołajki (Nikolaiken)

... in Ruciane-Nida: Kolorada, ul. Dworcowa (nahe an der Anlegestelle) preist seine Schleie in Dillsauce *(lin w sosie koperkowym),* das benachbarte, noch sozialistisch angehauchte Kormoran (✆ 423 10 72) wirbt dagegen mit Eisbein in Pflaumensauce *(golonka po mazursku).*

... in Pisz: Das Restaurant des Hotels Nad Pisą erinnert durch das Interieur an sozialistische Zeiten (leckere Schleie in Sahne); Tabasco (pl. Daszyńskiego 4, ✆ 423 38 15) hat nicht nur wegen der Brühe mit Fleischtaschen *(kołduny litewskie w rosole)* einen guten Ruf.

Aktivitäten in Krutyń: Kajak- und Fahrradvermeitung: Verwaltung des Masurischen Landschaftsparks (siedziba zarządu Mazurskiego Parku Krajobrazowego, Krutyń 66, ✆ 742 14 05), die auch Führungen in die Naturschutzgebiete organisiert (ca. 20 zł/1,5 Std.); wer vor dem Krutynianka-Restaurant einen suchenden Eindruck macht, wird gestakt.

... in Wojnowo: Altgläubigenkloster: Leon Ludwikowski, ✆ 087/423 60 30.

... in Ruciane-Nida: Schiffsausflüge nach Mikołajki und Rundtrips am Jezioro Nidzkie (Nieder-See; PŻŻ, ✆ 423 10 43). Wassersportgeräte verleihen das Zentrum Korektywa, Piaski, 3 km nördl. v. Ruciane, ✆ 423 10 22, sowie Ośrodek u Andrzeja, ul. Wczasów 17, ✆ 423 10 12. Reiten in den Nachbardörfern (Guzianka Nr. 26, ✆ 087/423 11 44, oder Gałkowo Nr. 45, ✆ 087/423 61 23).

... in Pisz: Schiffsausflüge von der Anlegestelle (Rundtrips, ✆ 423 45 43). Wassersportgeräteverleih: Camp-Pisz. Fahrradverleih: Fart, ul. Warszawska 17, ✆ 423 05 03.

... in Piersławek: Ernst-Wiechert-Museum (leśniczówka Sosnówka): Mo–Fr 10–16, Sa, So 11–14 Uhr.

... in Kadzidłowo (bei Nowa Ukta): Wildpark tgl. 10 Uhr bis Sonnenuntergang.

... in Pranie: Ildefons-Gałczyński-Museum: Mi–So 9.30–17 Uhr.

... in Pisz: Heimatmuseum (Muzeum Ziemi Piskiej, pl. Daszyńskiego 8): Di–So 8–15 Uhr.

Verkehrsanbindung: Sowohl Ruciane-Nida als auch Pisz liegen an der Bahnstrecke Olsztyn–Ełk. Es gibt eine direkte Verbindung nach Warschau. Es verkehren auch Fernbusse vom Busbahnhof neben der evangelischen Kirche nach Olsztyn, Warschau, Ełk.

Ełk und der Biebrzański-Nationalpark

Die ›Hauptstadt Masurens‹ zählte vor dem Zweiten Weltkrieg knapp 17 000 Einwohner, und ihr hauptstädtischer Charakter war höchstens an der Existenz eines polnischen Konsulats zu erkennen, das die polnischnationalen Masuren – eine Minderheit unter den loyalen deutschen Staatsbürgern – betreuen sollte. Ebensowenig kann man heute von einer Metropole Ełk (Lyck) sprechen. Seine 40 000 Einwohner leben nach den Kriegszerstörungen meist in wenig einladenden Beton-Wohnblocks. Eine Deutschordensburg auf einer Insel, die durch Brücken mit dem Festland verbunden ist, ist die einzige Sehenswürdigkeit der Stadt. Das ist natürlich sehr wenig, zumal sie sich in einem ewigen Renovierungsprozeß befindet und der Einzug des hier geplanten Museums in die ferne Zukunft gerückt ist.

146

Immerhin erinnern die massiven Mauern der Burg an die turbulente Geschichte des Ortes. Zuerst lebten hier die prußischen Galinder; nachdem sie von den Ordensrittern mit Schwert und Feuer vernichtet und z. T. umgesiedelt worden waren, blieb hier nur wüstes, menschenleeres Land, die ›Große Wildnis‹. Die Kolonisation – seit der zweiten Hälfte des 14. Jh. – schritt nur zaghaft voran, ihre Erfolge wechselten mit Rückschlägen ab, verursacht durch Tatareneinfälle und Pestepidemien. Zwar wurden die Reparationszahlungen nach dem deutsch-französischen Krieg von 1870 in die deutschen Ostgebiete gesteckt, zwar machte der Bau der Eisenbahn den Anschluß an die allgemeine Wirtschaftsentwicklung möglich, aber das Ende der Welt war es nach wie vor. »Wo sich die Kultur aufhört, dort fängt sich Masuren an« – bewußt falsches Deutsch sollte die Masuren in dieser Redewendung verspotten. Aber Masuren und der restliche Süden Ostpreußens war doch nicht nur finsterste Provinz. Aus dem kleinen Hansdorf stammte beispielsweise Emil von Behring (1854–1917), der als Begründer der Serumtherapie gegen Diphterie als ›Retter der Kinder‹ in die Geschichte eingegangen ist – wofür er den ersten Nobelpreis für Medizin erhielt. 1926 wurde in Lyck der Schriftsteller Siegfried Lenz geboren.

Lenz verewigte eine zischende und qualmende Einrichtung (›Eine Kleinbahn namens Popp‹, in ›So zärtlich war Suleyken‹), die bis heu-

Gänsehüter in der Nähe von Ełk (Lyck)

Der Süden Masurens – rund um Mikołajki (Nikolaiken)

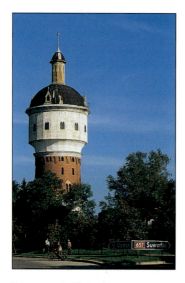

Wasserturm in Ełk (Lyck)

te die touristische Hauptattraktion von Ełk bildet. Die Schmalspurbahn wurde 1910–17 errichtet und verläuft in zwei Strecken nach Zawady (Sawaden) im Südosten und nach Turowo (Auersberg), mehr nach Nordosten. Diese zweite, 36 km lange Strecke bewältigt unser ›blitzschneller‹ Zug, der aus einer Minilok, einem Personen- und einem Güterwagen besteht, in sage und schreibe zwei Stunden. Bei diesem betulichen Vorwärts-Tuckern, Knattern, Quietschen und Pfeifen findet man die Lenzsche Beschreibung der Bahn völlig bestätigt, daß sie sich »… eine gewisse Beschaulichkeit dadurch bewahrte, daß sie an den Steigungen erschöpft stehenblieb und den Fahrgästen Gelegenheit gab, mit Wassereimerchen zum nahen See zu laufen, um Flüssigkeit für den Dampfkessel zu holen«.

Eine andere masurische Attraktion wartet in **Ostrykół** (Ostrokollen; 20 km südlich von Ełk, bei Prostki). Dessen ehemals evangelische Kirche aus dem Jahr 1667 ist eine der zwei erhaltenen Holzkirchen Masurens (die zweite steht in Wieliczki/Wielitzken bei Olecko). Die altertümliche Innenausstattung mit Kanzel, Altar, Taufengel und Hirschkopfleuchter blieb durch alle Kriegswirren erhalten.

Der mit Abstand interessanteste Ausflug von Ełk aus führt nach Rajgród im Biebrza-Tal. Dabei ist man historisch bereits in Litauen, wie eine Grenzsäule aus dem Jahr 1545 in **Prostki** (Prostken) dokumentiert. Dieses im Wald versteckte, 3 m hohe Backsteindenkmal mit den Wappen des Herzogtums Preußen und des Großherzogtums Litauen stand dort, wo die Grenzen Preußens und der beiden Teile des polnisch-litauischen Staates zusammentrafen. Es ist allerdings nur eine Kopie, das Original befand sich bis 1945 im Königsberger Schloß und ist heute verschollen.

In Rajgród angelangt, steht man vor den Toren des größten, erst 1992 geschaffenen Nationalparks des Landes, des **Biebrzański Park Narodowy.** Er schützt einen Großteil des 164 km langen Biebrza-Flusses, der zu den letzten auf ihrer gesamten Länge naturbelassenen

Biebrzański-Nationalpark

Flüssen des europäischen Kontinents zählt. Der Park umfaßt auch das flächenmäßig größte Sumpfgebiet in Europa (die GUS-Staaten ausgenommen). Seine Sümpfe und Torfmoore bieten den Vögeln geradezu paradiesische Lebensbedingungen. 253 der 280 Brutvogelarten Europas leben hier. Zu den seltenen Arten gehören Wasserrallen, Doppelschnepfen und Kampfläufer. Die Berühmtheit der letztgenannten Vogelart erklärt sich aus der Tatsache, daß jedes Männchen während der Balzzeit ein anderes Gefieder hat. Aber auch zahlreiche Säugetiere haben sich die Biebrza-Sümpfe als ihr Lebensareal ausgesucht. Neben dem Kampinowski-Nationalpark bei Warschau lebt hier mit etwa 200 Stück die größte Elchkolonie in Zentraleuropa. Sie werden jedes Frühjahr von Hubschraubern aus gezählt.

Die Superlative, die der Park verdient, können nicht die Tatsache verbergen, daß er relativ schwer zugänglich ist. Für Kajaktouren eignet sich der Fluß vorzüglich, allerdings braucht man wegen der oft unzugänglichen Ufer und der Unwegsamkeit der Umgebung Ausdauer und Lust auf Abenteuer. Erst langsam entstehen erste Pensionen in den Dörfern Lipsk und Osowiec, die ansonsten durch ihre Festungen aus dem 19. Jh. bekannt sind. Auf den neuen Karten des Nationalparks sind Wanderwege markiert, auf denen man – z. B. von Woźnawieś bei Rajgród – in das Herz der Sümpfe vordringen kann.

Information in Ełk: Orbis-Büro, ul. Mickiewicza 15, ✆ 087/610 38 51, 610 38 43, 610 35 73.
... in Goniadz: Infos zum Biebrzański Park Narodowy (Ausflüge, Übernachtung etc.) erteilt die Parkdirektion, Osowiec, twierdza 8 (in der Festung), ✆ 086/272 06 20, 272 08 02, www.biebrza.org.pl.

Unterkunft in Ełk: Lega Inn in Chełchy ($$$), ca. 10 km nordöstl. von Ełk, ✆ 610 44 43, ✆/Fax 610 44 43, ist die nobelste Adresse in der Gegend (Tennisplatz, Sauna, Kutschfahrten, Hubschrauber-Rundflüge). Ebenfalls außerhalb liegt Gryfia-Mazur ($$), Szeligi, ca. 5 km östl. der Stadt, ✆/Fax 610 37 09, malerisch am jezioro Selmęt Wielki gelegen. Einfache Hotels in der Stadtmitte sind Zodiak (ul. Kajki 1, ✆ 610 24 91) und Horeka, ul. Wojska Polskiego 63, ✆ 621 37 69. **Jugendherberge**, ul. Sikorskiego 7a, ✆ 610 24 14.
... in Rajgród: Knieja ($$), ul. Leśna 21, ✆ 086/72 14 68, Fax 72 14 07.

Campingplatz in Ełk: ul. Parkowa, ✆ 610 97 00 (am Stadtrand), und in Szeligi (ca. 5 km östl. der Stadt), ✆ 610 27 23.

Essen und Trinken: Im Hotel in Chełchy bietet das Restaurant Różowa (✆ 087/610 44 43) überaus schmackhafte Fischgerichte.

Aktivitäten: Schmalspurbahn (Bahnhof: Ełk Wąskotorowy) nach Zawady im Südwesten (Sawaden; 11.30, 15.50 Uhr, Fahrtdauer 1 Std.) und nach Turowo (Auersberg; 10.30, 16.10 Uhr). Die Polnische Eisenbahn (PKP, ✆ 610 26 30) veranstaltet auch Sonderfahrten incl. Fotostopps und Picknicks (Information im Orbis-Büro). Verleih von Wassersportgeräten: PTTK-Station (Stanica wodna), ul. Kąpielowa 2, ✆ 610 37 71.

149

Im Nordosten Polens – rund um Suwałki

**Auf den Spuren
eines geheimnisvollen Volkes –
die Sudauer bei Suwałki**

**Wo Biber und
Kamaldulenser wohnen –
der Wigry-Nationalpark**

**Eine Moränenlandschaft zum
Verlieben – Smolniki**

**Ein Besuch in der Synagoge
von Sejny**

**Ein Schiffsausflug
auf dem Augustów-Kanal**

Kamaldulenserkloster in Wigry

Im Nordosten Polens – rund um Suwałki

Etwa 200 Seen gibt es hier, die teilweise noch unberührter sind als die masurischen. Unter ihnen der naturbelassene See Wigry im gleichnamigen Nationalpark sowie der kristallklare jezioro Hańcza. Ein Fünftel der Region nimmt das Waldgebiet der Puszcza Augustowska ein. Nördlich von Suwałki ist die Landschaft mit ihren tiefen Tälern und hohen Hügeln so abwechslungsreich, daß Geologen sie ›Museum für nacheiszeitliche Formationen‹ nennen.

Der Nordosten Polens

Der nordöstliche Winkel Polens ist mit seinen Seen, Wäldern und Moränenhügeln landschaftlich Masuren sehr ähnlich. Nur weichen die roten Backsteinhäuser den niedrigen Holzbauten. Geschichtlich und kulturell handelt es sich um eine gänzlich andere Region, die Suwalszczyzna. Bis auf die Jahre von 1795 bis 1807 sowie die Zeit der beiden Weltkriege hat das Land nie zu Deutschland gehört; es hat auch nie eine nennenswerte deutsche Minderheit gegeben. Neben der polnischen Mehrheit leben oder lebten hier Litauer, Weißrussen, Russen, Juden und Tataren. In bezug auf die letzten beiden Völker ist allerdings die Vergangenheitsform zu gebrauchen. Die Juden fielen dem nationalsozialistischen Wahn zum Opfer.

Die Nationalsozialisten, die das Land Ostpreußen zugeschlagen und Suwałki in Sudauen umgetauft hatten, führten außerdem einen erbarmungslosen Krieg gegen die starke polnische Untergrundbewegung. Die Tataren assimilierten sich bereits im 19. Jh., und von ihrer Kultur ist kaum mehr übriggeblieben als einige verwitterte Grabsteine mit arabischer Schrift auf dem Friedhof in Suwałki.

In der Suwałki-Region ist man abseits vom Touristenrummel. Dies liegt an der unterentwickelten touristischen Infrastruktur und daran, daß sich für die deutschen Besucher keine unmittelbaren historischen Bezüge eröffnen. Gerade diese Ursprünglichkeit ist ein Grund, zumindest einen Ausflug dorthin zu machen.

Im Nordosten Polens – rund um Suwałki

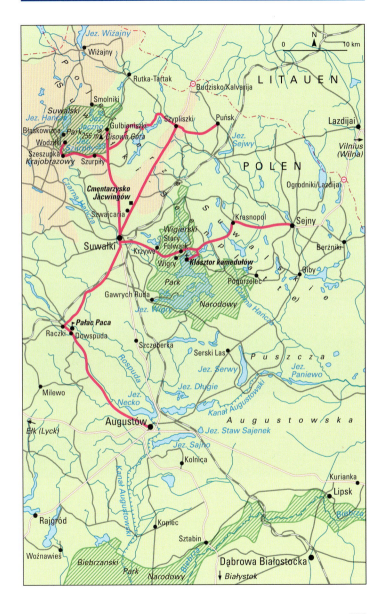

153

Im Nordosten Polens – rund um Suwałki

Suwałki

Suwałki war bis zum 19. Jh. ein kleines Dorf, das die Mönche des nahegelegenen Kamaldulenser-Klosters gegründet hatten. Erst im ›Kongreß-polen‹, dem unter der Herrschaft des russischen Zaren stehenden Ersatz für die polnische Staatlichkeit, den der Wiener Kongreß 1815 ins Leben rief, wurde der Ort etabliert. Damals wurde die an Łódź erinnernde Stadtstruktur angelegt, ähn-

Suwałki

Etwa 200 unberührte Seen liegen rund um Suwałki

lich wie dort ohne Marktplatz, aber mit einer breiten Straße (ul. Kościuszki), die die Hauptachse bildet.

Als Sitz einer Woiwodschaft bekam Suwałki eine Anzahl von in neoklassizistischer Manier ausgeführten Amtshäusern. Dazu zählt das Rathaus, das Gymnasialgebäude (ein Werk Antonio Corazzis) und die Gymnasialkirche. Am interessantesten ist die 1820–45 erbaute Alexanderkirche (kościół św. Aleksandra, pl. Wolności), an deren Bau zwei andere wichtige Vertreter des polnischen Neoklassizismus, Christian Aigner und Enrico Marconi, beteiligt waren.

Ausländische Namen sind bis zur Hälfte des 19. Jh. in Polen unter den Architekten fast die Regel: Deutsche, holländische und italienische Künstler machen das Land zum spannenden Treffpunkt verschiedenen Strömungen der europäischen Kunstgeschichte.

Im Kreismuseum gibt es neben Ausstellungen zu den Sudauern und zur Stadtgeschichte noch ein weiteres Beispiel für die Internationalität der polnischen Kunst. Die realistischen Bilder des 1849 hier geborenen Künstlers Alfred Wierusz-Kowalski (gest. 1915) sind meist in München entstanden. Wierusz-Kowalski war zwar nicht der beste, aber immerhin ein bekannter Verteter der sogenannten Polnischen Münchner Schule. Mit dem vom bayrischen Hof hofierten Józef Brand an der Spitze befriedigten diese Maler das Bedürfnis des Bürgertums nach exotischen Sujets in der Historienmalerei, wie Türkenkriege, Kosaken und Reiterkämpfe.

Im Nordosten Polens – rund um Suwałki

Von Szwajcaria nach Puńsk

Sudauer oder Jatwinger nannte man das Volk, das 5 km nördlich von Suwałki ein Gräberfeld hinterließ. Es befindet sich in einem Dorf, das sich etwas übertrieben **Szwajcaria** (poln. für ›Schweiz‹) nennt. Die Sudauer unterschieden sich von den anderen prußischen Stämmen so stark, daß es sich scheinlich um ein eigenständiges Volk innerhalb der baltischen Sprachfamilie handelte. Leider weiß man wenig über ihre Naturreligion und Gebräuche. Seit dem 2. Jh. n. Chr. hier beheimatet, galten sie unter den Nachbarn als kriegslustiges Volk. Sie verheerten häufig die masowischen Gebiete im Süden und kamen 1220 in einem Kriegszug sogar bis nach Krakau. Bis 1283 wurden sie vom Deutschen Orden und Polen – die späteren Erzfeinde erinnerten sich einige Jahrhunderte später nur ungerne an diese gemeinsame Aktion – unterjocht und dezimiert. Viele Sudauer flohen nach Litauen, die anderen wurden nach Samland zwangsumgesiedelt und verschwanden bald als eigenständiges Volk.

Was blieb, sind hier in Szwajcaria Gräber in Form von Rundhügeln mit einem Durchmesser von 3 bis 20 m. Sie waren ursprünglich mit Steinen verkleidet, heute sind sie weitgehend verfallen und so überwuchert, daß eine gehörige Portion Phantasie dazugehört, sich diese Überbleibsel als Gräber eines geheimnisumwitterten Volkes vorzustellen.

Das nächste Ziel weiter nördlich ist **Wodziłki,** ein Dorf der Altgläubigen (2 km zu Fuß aus Szeszupka [roter Wanderweg] oder 3 km aus Błaskowizna am jezioro Hańcza [blauer Weg]). Es ist älter als Wojnowo in Masuren, da es bereits in der zweiten Hälfte des 18. Jh. gegründet wurde (s. S. 140 f.). Hier steht eine der drei Molennas, also der Altgläubigenkirchen, in der Suwałki-Region. Die anderen beiden befinden sich in Grabowe Grądy bei Augustów und in Suwałki selbst. Nur in Suwałki kann man die Molenna gelegentlich besuchen, wenn Gottesdienste stattfinden. Das pittoreske, inmitten einer wunderschönen Landschaft gelegene Wodziłki

Ein Glaubenszeichen: Wegekreuz

Von Swajcaria nach Puńsk

wird nur noch von wenigen Altgläubigen bewohnt. Die Männer erkennt man an ihren langen Bärten.

Von weither ist **Cisowa Góra,** eine Moränenerhebung (256 m), sichtbar. Sie ist zwar nicht die höchste der Gegend, aber aufgrund ihrer konischen Form der bekannteste der hiesigen Berge. Der mühsame Aufstieg vom Ort Gulbieniszki aus wird belohnt durch einen wunderschönen Ausblick auf den Suwałki-Landschaftspark. Das Land ist sehr hügelig, stellenweise sogar fast gebirgig.

In einem tiefgelegenen Tal fließt die Czarna Hańcza. Die Seen Hańcza, Jaczno und Szurpiły haben steile, steinige Ufer wie Gebirgsseen. Felder mit glazialen Findlingen beim Dorf Bachanowo und bei Rutka erhöhen die Attraktivität dieser Gegend ebenso wie die tiefen Wälder östlich des Hańcza-Sees. Sie kann von den Dörfern Smolniki, das über drei hervorragende Aussichtspunkte verfügt, oder Jaczno aus erkundet werden; blau, schwarz und rot markierte Wanderwege führen zu den schönsten Flecken. Sie Seen Jaczno und Szurpiły werden häufig als die schönsten im Norden Polens bezeichnet.

Auch hier wird ein stiller Kampf um den Erhalt dieser Landschaft geführt. Zwar ist offiziell der gesamte Nordosten Polens in eine ›Grüne Lunge‹ verwandelt worden, aber die Freunde einer Modernisierung um jeden Preis legen immer neue Pläne vor. In Jaczno wollte man kürzlich ein Kraftwerk bauen, dessen Energie aus dem Niveauunterschied zweier Seen geschöpft werden sollte. Immer wieder geistern hier russische Pläne durch die Amtsstuben, eine Schnellstraße zwischen Weißrußland und dem Gebiet von Kaliningrad (Königsberg), die Litauen umgehen würde, zu bauen. Der russische Druck kann aber in diesem Fall nichts gegen die polnischen Ängste bezüglich einer solchen exterritorialen Autobahn ausrichten. Die Erinnerungen an den ›Polnischen Korridor‹ zwischen dem Reich und Ostpreußen und an Hitlers Forderungen sind noch lebendig.

Andere Ängste haben die Einwohner des Städtchens **Puńsk,** die zu 80 % Litauer sind. Sie gehören zu den etwa 30 000 Mitgliedern der litauischen Minderheit in Polen. Als Anfang der 1990er Jahre der zweite Grenzübergang nach Litauen in Budzisko eröffnet werden sollte, protestierten dagegen ausgerechnet die Einwohner von Puńsk. Wie sich herausstellte, wollten sie verhindern, daß sich in der Stadt Zöllner und Grenzbeamte niederlassen, die häufig jung und heiratswillig sind. Die Angst, assimiliert zu werden, ist sehr stark.

In Puńsk gibt es ein litauisches Gymnasium, ein Haus der Kultur, ein ethnologisches Museum, dessen Exponate von Juozas Vaina, einem passionierten Freund der litauischen Volkskultur, zusammengetragen wurden, sowie ein kleines malerisches Freilichtmuseum. Die beste Zeit, um Puńsk zu besuchen, ist während der Feiertage, an denen noch Volkstrachten getragen werden. In der Johannisnacht wird am Sejwy-See ein großes Lagerfeuer angezündet, wo gemeinsam gegessen und anschließend Kränze ins Wasser geworfen werden – ein Relikt aus heidnischen Zeiten.

Wigry-Nationalpark

Unmittelbar östlich von Suwałki beginnt der Wigry-Nationalpark (Wigierski Park Narodowy). Dieser 1989 gegründete Park umfaßt in einem breiten Gürtel den größten See der Suwałki-Region, den verwinkelten, knapp 20 km langen Wigry. Er weist zum Teil den Charakter eines Rinnensees mit der entsprechenden Tiefe von 73 m auf, teils ist er ein großer Flachsee mit insgesamt 15 Inseln. Rundherum wächst Mischwald, der vorwiegend aus Kiefern, Fichten und Haselnußbäumen besteht, und stellenweise Primärwaldcharakter besitzt.

Insgesamt 50 kleinere Seen befinden sich innerhalb der Grenzen des Nationalparks, allerdings werden auch kleine verlandende Tümpel (sucharki) dazu gezählt. Hier finden Elche, Dachse, Biber – das Symbol des Parks – und Fischotter optimale Lebensbedingungen.

Am besten lernt man den Park vom Wasser aus kennen, mit Kajak, Kanu oder Segelboot, oder auch über einen 49 km langen, grün markierten Wanderweg. Dieser führt um den ganzen See herum und ist in drei Tagen zu bewältigen (Zeltplätze in Abständen von je einer Tages-

wanderung sind vorhanden). Als Basis für die Ausflüge in den Nationalpark bieten sich die Dörfer Gawrych Ruda und Stary Folwark an.

Auf der Kloster-Halbinsel (Wigry, Półwysep Klasztorny), in einer traumhaften Gegend, liegt das ehemalige barocke Kamaldulenserkloster. Der Italiener Pietro Putini baute 1694–1745 die Klosterkirche und die dazugehörigen Einsiedeleien. Die Mönche kamen 1667 aus Krakau, auf Bestreben des Königs Johann Kasimir Wasa (Jan Kazimierz), der sie reichlich beschenkte. Erst die preußischen Behörden lösten das Kloster, das 30 Dörfer besaß, 1804 auf. Seit der Wende kann jedermann in dem ehemaligen Kloster gut übernachten. Ähnlich wie die Burg in Reszel (Rössel) stand es zunächst nur Künstlern offen. Die Funktion des ehemaligen Klosters als Künstlerherberge verwundert beim Anblick der wunderschönen Sonnenuntergänge nicht.

Durch den Wigry-See fließt die **Czarna Hańcza,** ein 140 km langer Nebenfluß der Memel, von dem sich 108 km auf polnischem Boden befinden. Er ist ein wahres Paradies für Kanufahrer. Einige Wasserfreunde ziehen diesen Fluß auch der Krutynia vor, was zumindest mit Hinblick auf das Gedränge, das dort mittlerweile herrscht, durchaus sinnvoll scheint. In der Regel führen die organisierten Kanutouren von Augustów über den Augustów-Kanal bis hin zum Wigry-Nationalpark, seltsamerweise meist gegen die Strömung, wohl um die Teilneh-

Wigry-Nationalpark

›Trockensee‹ im Wigry-Nationalpark

mer sportlich zusätzlich zu animieren. Eine lohnende Alternative bieten die PTTK-Büros in Augustów und Suwałki: Zuerst paddelt man von Augustów bis zum Serwy-See, von dort werden die Boote zum Wigry-See transportiert und man gönnt den Teilnehmern drei Tage Ruhe, um den Reiz des Nationalparks genießen zu können. Anschließend geht es mit der Strömung der Czarna Hańcza nach Augustów zurück.

Ganz in der ›Ecke‹ des Landes, dort wo die polnische Grenze von der West-Ost-Richtung nach Süden abbiegt, liegt **Sejny**. Dieses Städtchen, in dem die Zeit scheinbar vor hundert Jahren stehengeblieben ist, ist stolz auf seine Dominikanerkirche. Samt einer von Türmen flankierten Klosteranlage wurde sie in einem verspäteten, provinziellen Renaissance-Stil 1610–19 erbaut. Die Doppelturmfassade und die Innenausstattung der Kirche sind allerdings das Ergebnis eines Umbaus um 1760. In einem Seitenaltar steht das größte Heiligtum der Stadt und zugleich ein kunsthistorisches Juwel, eine Schreinmadonna aus der ersten Hälfte des 15. Jh., die geöffnet die Dreifaltigkeit zeigt.

Am anderen Ende der Stadt findet man eine Synagoge aus dem Jahr 1860. Nachdem die Juden Sejnys von den Nationalsozialisten ermordet worden waren und im Gotteshaus zunächst die Feuerwehr untergebracht war, wurde es in der Nachkriegszeit wenig pietätvoll als

Im Nordosten Polens – rund um Suwałki

Lagerraum genutzt. Frisch renoviert, beherbergt die Synagoge heute die Räume eines kleinen Museums, das an die Geschichte der Juden erinnert, die vor 1939 etwa ein Viertel der Stadtbewohner bildeten. Eine interessante Initiative ist die kulturelle Stiftung Grenzland mit Sitz neben der ehemaligen Synagoge. Ihre jungen schwungvollen Mitglieder organisieren Veranstaltungen, die die Kunst und Musik Litauens, Weißrußlands, der Ukraine und Rußlands fördern sollen.

Information in Suwałki: Biuro CIT, ul. Kościuszki 45, ☎ 087/566 54 94. PTTK-Büro, ul. Kościuszki 37, ☎ 566 59 61.

Unterkunft in Suwałki: Dom Nauczyciela ($$), ul. Kościuszki 120, ☎ 566 69 00, 566 69 08, Fax 566 60 28; Hańcza ($), ul. Wojska Polskiego 2, ☎ 566 66 33; Wigry ($), ul. Zarzecze 26, ☎ 566 60 18.
Jugendherberge: ul. Wojska Polskiego 9/11, ☎ 566 58 78, Juli–Aug.
Privatquartiere vermitteln: Touristenbüro und SMPT Wigry, ul. Kościuszki 84.
... in Stary Folwark: Östl. von Suwałki und nahe am Wigry-Nationalpark PTTK-Herberge (☎ 563 77 27).
... auf der Wigry-Halbinsel: Der schönste Übernachtungsort in der Gegend im ehemaligen Kamaldulenserkloster (Wigry, Dom Pracy Twórczej, ☎ 516 42 49).
... in Gawrych Ruda (Nr. 109): am anderen Ende des Nationalparks liegt die Pension Anser ($$), ☎ 0602/27 34 85.
... in Sejny: Hotel Na Skarpie ($$), ul. Piłsudskiego 13, ☎ 087/516 20 65).
... in Błaskowizna: am jezioro Hańcza Jugendherberge, Juli–Aug.

... in Puńsk: SODAS, ul. Mickiewicza 17, ☎ 516 13 14.

Campingplatz in Stary Folwark: 11 km östl. von Suwałki, ☎ 566 12 27, 566 12 23, in guter Lage zur Erkundung des Wigry-Nationalparks.

Essen und Trinken in Suwałki: Empfehlenswert ist das Restaurant im Hotel Hańcza sowie im Dom Nauczyciela (Wildschweingerichte!). Zwei Pizzerien (Rozmarino, ul. Kościuszki 75, ☎ 566 59 04; Tivoli, ul. Minkiewicza 3, ☎ 567 76 55). Chinesisches Restaurant: Szanghai, ul. Kościuszki, ☎ 565 14 60.
... in Puńsk: Gutes Restaurant im SODAS, ul. Mickiewicza 17, ☎516 13 14, mit litauischen Spezialitäten (probieren Sie *czernaki bliny litewskie* und als Nachspeise *mrowisko).*

Aktivitäten: Information zur Kanufahrt auf der Czarna Hańcza im PTTK-Büro. Wassersportverleih in Stary Folwark, ☎ 563 71 23.
... in Sejny: Stiftung Grenzland (ośrodek Pogranicze, ul. Piłsudskiego 37, ☎ 516 21 89).

In Sejny: im April von der Stiftung Grenzland organisiertes Festival.

Museen in Suwałki: Kreismuseum (Muzeum Okręgowe), ul. Kościuszki 81: Di–Fr 8–16, Sa, So 9–17 Uhr.
... in Krzywe: Museum des Wigry N. P.: Mo–Fr 7–15 Uhr.
... in Puńsk: Museum, Anmeldung im Dom Kultury Litewskiej, ul. Mickiewicza 56, ☎ 516 10 32, oder Aušra, Gesellschaft der Litauer in Polen, ul. Mickiewicza 23, ☎ 516 14 16.

Kloster in Sejny

Im Nordosten Polens – rund um Suwałki

  Verkehrsanbindung: Züge nach Olsztyn und Warschau verkehren vom 2 km außerhalb des Zentrums liegenden Fernbahnhof. Die Linienbusse vom Busbahnhof am Marktplatz fahren ebenfalls nach Olsztyn (über Giżycko), Danzig, und sogar einmal tgl. nach Grodno (Weißrußland) und Wilna (Litauen), nur 160 km entfernt. Das litauische Konsulat in Sejny (ul. Piłsudskiego 28, ✆ 516 22 14, 516 22 73) stellt binnen eines Tages ein Visum aus.

Augustów und Umgebung

Der Jagiellonenkönig Sigismund August gründete 1558 die Stadt Augustów, als Symbol des kurz zuvor nochmals besiegelten Friedens mit dem Herzogtum Preußen, wo gleichzeitig die Stadt Marggrabowa (Olecko/Treuburg) von Albrecht von Brandenburg-Ansbach aus ›wilder Wurzel‹ angelegt wurde. Einen bescheidenen wirtschaftlichen Aufschwung sicherte der Stadt im 19. Jh. der Augustów-Kanal.

In der Zwischenkriegszeit wurde die Stadt zur bekannten Sommerfrische der Warschauer Elite, die mit dem bekannten Zug ›Luxtorpedo‹ aus der Metropole schneller als heute hier anreisen konnte.

Lediglich zwei Museen, das Museum für Stadtgeschichte und das Museum über den Augustów-Kanal sind Alternativen für die Freizeitgestaltung an einem regnerischen Tag. Etwas außerhalb des Zentrums steht das alte Wandererheim, heute Hotel Hetman (ul. Sportowa), das einzige in Polen ausgeführte Gebäude des bekannten Architekten Maciej Nowicki (s. S. 163).

22 km nördlich von Augustów liegt **Dowspuda** mit dem Palast des litauischen Generals Michał Ludwik Pac (1780–1835), der heute als Ruine nur einen Abglanz seiner einstigen Pracht vermittelt. Die Pac-Familie war, neben den Sapiehas und Radziwiłłs, eine der zahlreichen Adelsfamilien Litauens, die sich, wie praktisch die gesamte Oberschicht des Landes, seit dem 15. Jh. vollständig polonisieren ließ.

Als 1791 der polnische Reichstag die Autonomie Litauens abschaffte, war das kein national motivierter Akt, da das Litauische zu diesem Zeitpunkt bereits ausschließlich von Bauern gesprochen wurde. Erst die nationale Bewegung Litauens im 19. Jh. wertete diese Sprache als Trägerin der litauischen Kultur wieder auf. Viele der Zwistigkeiten zwischen Polen und Litauen im 20. Jh. sind aus der Geschichte erklärbar – die litauische Angst vor der polnischen ›Überfremdung‹ und die polnische teils paternalistische, teils schlicht arrogante Art, mit diesen Ängsten des Nachbarn umzugehen. Vom Pac-Palast in Dowspuda, 1820–23 im Stil der englischen Neugotik errichtet und umgeben von einem romantischen Park, ist heute nur das Eingangstor mit dem ›Storchenturm‹ übriggeblieben. Der Palastbau zeugte wahrscheinlich ohnehin nicht von hohem Geschmack,

Augustów und Umgebung

Die kurze Laufbahn des Architekten Maciej Nowicki

In der ersten, später aktualisierten Ausgabe des Standardwerks zur Geschichte der Architektur von Nikolaus Pevsner ist von dem talentierten, frühverstorbenen Architekten russischer Herkunft Maciej Nowicki die Rede. In Wirklichkeit ein gebürtiger Warschauer, war Nowicki (1910–51) gerade 28, als er ein Wandererheim (heute Hotel Hetman, ul. Portowa 1) in Augustów entwarf – mit einem markanten geschwungenen Portikus auf vier dünnen Stützen. Dieses sehr bescheidene Werk sollte das einzige allein entwickelte Projekt des wichtigsten polnischen Architekten des 20. Jh. und Pioniers der Moderne sein, das er in seiner Heimat ausführen konnte. Sein visionärer Entwurf für den Wiederaufbau seiner vernichteten Heimatstadt wurde nicht verwirklicht.

1946 reiste er in die USA als polnischer Delegierter in der Kommission für den Bau des UNO-Sitzes in New York, kehrte aber nicht in das kommunistische Polen zurück. In Raleigh (North Carolina) nahm er eine Professur an, dort entstand auch das bei Pevsner erwähnte Paraboleum. Dieser Ausstellungs- und Schaupavillon, dessen Dach aus zwei ineinandergesetzten Flächen besteht und auf einer dünnen Stahl-Glas-Konstruktion aufliegt, eröffnete seine Weltkarriere. Der nächste Schritt war ein Projekt für die später von Le Corbusier realisierte indische Stadt Chandighar und Entwürfe für das UNO-Gebäude in New York. Dies war auch der letzte Schritt, da die Karriere Nowickis, einem Meteoriten gleich, bei einem Flugzeugabsturz in der Sahara zu einem jähen Ende kam.

da bis heute der im übertragenen Sinne gebräuchliche Spruch *wart Pac pałaca* besagt, daß er ebensowenig wert war wie die mäßigen Verdienste seines Besitzers als Oberbefehlshaber der polnischen Armee im November-Aufstand 1830/31. Allerdings verdankt die Kirche im nahen Raczki seinem Mäzenatentum zwei Flachreliefs von Antonio Canova.

Der **Augustów-Kanal** lockt die Besucher aus dem ganzen Land an.

Der Kanal wurde in den Jahren 1824–39 nach dem Entwurf des Generals Ignacy Prądzyński, des Helden des polnischen November-Aufstands gegen die Russen (1830/31), erbaut. 102 km lang, verband er über Narew und Biebrza die Weichsel mit der Memel.

Hintergrund war der russisch-preußische Zollkrieg ab 1822 und das Bestreben, das Holz des unter russischer Hoheit stehenden Polen

Im Nordosten Polens – rund um Suwałki

auf einem anderen Weg als über Danzig bis zum baltischen Ostseehafen Windau (Ventspils) transportieren zu können. Schon bald machte die Eisenbahn den Kanal überflüssig, den Todesstoß gab ihm die künstliche Grenzziehung nach 1945, die dazu führte, daß eine der Schleusen (Kurzyniec) durch die Grenze buchstäblich zweigeteilt wurde und daher – wie das unter ›Bruderländern‹ so üblich war – 50 Jahre lang vor sich hin gammelte.

Zu seiner Zeit war der Kanal eines der ehrgeizigsten Ingenieurprojekte Europas, das unter Anwendung neuer Techniken (Beton mit wasserresistentem Kalk) in einem Ausmaß erstellt wurde, das erst ein halbes Jahrhundert später vom französischen Canal du Midi überholt wurde. Wesentlich breiter als der Oberländische Kanal, wurde mit Hilfe von 18 großen Schleusen die Wasserscheide zwischen Weichsel und Memel mit etwa 40 m Höhenunterschied überwunden. Von den heute 14 in Polen befindlichen Schleusen wurden einige im Krieg beschädigt und teilweise ahistorisch aufgebaut, der Rest steht seit den 70er Jahren unter Denkmalschutz.

Da zum Holztransport nach Westen heute große Lkws verwendet werden, wird der Kanal ausschließlich touristisch genutzt. Im Sommer verkehren Ausflugsschiffe auf verschiedenen Routen, von denen der ganztägige Ausflug bis zum Paniewo-See am interessantesten ist. Landschaftlich lohnt der Ausflug, auch wenn nicht alle der insgesamt 26 Seen, die wie Perlen an einer Kette durch den Kanal verbunden sind, durchfahren werden können.

Der Kanal durchzieht die **Puszcza Augustowska,** die Augustów-Heide. Nach den niederschlesischen Wäldern nördlich von Bolesławiec (Bunzlau) ist sie mit etwa 1000 km^2 der größte zusammenhängende Waldkomplex Polens. In ihren Fichten- und Kiefernwäldern wachsen auch Ulmen, Weißbuchen, Lärchen und Eichen. Das Repertoire an Säugetieren und Vögeln ist mit Elchen, Bibern und Schreiadlern ähnlich wie weiter westlich im Gebiet der Großen Masurischen Seenplatte.

ℹ️ **Information in Augustów:** u. 3 Maja 31, ✆/Fax 087/643 28 83. Orbis, Rynek Zygmunta Augusta 12, ✆ 643 38 50, 643 23 19. PTTK-Büro, ul. Nadrzeczna 70a, ✆ 643 38 50.

🛏️ **Unterkunft:** Motel Turmot ($), ul. Mazurska 4, ✆ 643 28 67, 643 28 68, Fax 643 20 57. Die ehemalige PTTK-Herberge, heute Hotel Hetman ($$), ul. Sportowa 1, ✆/Fax 644 53 45), von Maciej Nowicki entworfen, liegt etwas außerhalb der Stadtmitte am jezioro Necko. Das beste Hotel des Ortes: Dom Wczasowy Daewoo-FSO, Nad jezioro Necko, ✆ 643 28 05. Günstige Alternativen: das zentral gelegene Dom Nauczyciela ($), ul. 29 Listopada 9, ✆ 643 20 21; Pension U Marianny ($), ul. Rajgrodzka 98, ✆ 644 57 11, und die nur im Sommer geöffnete **Jugendherberge** (ul. Konopnickiej 5).

🏕️ **Campingplatz:** in der Nähe der PTTK-Herberge (ul. Sportowa 1, ✆ 643 34 55), ein zweiter mit dem einladenden Namen Goła Zośka (›Nackte

Augustów-Kanal

Typisches Holzhaus in Gawrych Ruda

Sophie‹, an der Straße nach Suwałki, 2 km außerhalb der Stadt).

Essen und Trinken: Das nicht überwältigende Angebot an Restaurants beschränkt sich auf jene im Hetman-Hotel und im Motel Turmot sowie in der Stadtmitte das Restaurant Albatros (ul. Mostowa 3, ✆ 643 21 23).

Aktivitäten: In der PTTK-Herberge (ul. Sportowa 1, ✆ 643 34 55) sowie im Dom Nauczyciela (ul. 29 Listopada 9, ✆ 643 20 21) kann man Kanus und Kajaks mieten. Segelboote (auf Wunsch mit Kapitän) sind bei ośrodek Żeglarski (ul. Nadrzeczna 70a, ✆ 643 38 50) zu leihen. Die Ausflugsboote zu den Fahrten auf dem Augustów-Kanal verkehren von der Anlegestelle (ul. 29 Listopada 7, ✆ 643 28 81, 643 21 52); die Tickets kauft man am gleichen Tag. Die Schiffe verkehren vom 1. Mai–30. Sept., häufiger vom 27. Juni–31. Aug. (v. a. bis Przywieź und Swoboda, bis Paniewo muß extra bestellt werden).

Museen in Augustów: Museum für Stadtgeschichte (Muzeum Ziemi Augustowskiej, ul. Hoża 7, ✆ 643 27 54): Di–So 9–16 Uhr. Museum des Augustów-Kanals (Muzeum Kanału Augustowskiego, ul. 29-go Listopada 5a): Di–So 9–16 Uhr (15. Mai–15. Sept., außerhalb dieser Zeit kann das Museum auf Anfrage im Museum für Stadtgeschichte geöffnet werden).

Verkehrsanbindung: Mit zwei direkten Zügen pro Tag kommt man von Warschau zum Fernbahnhof, der weit außerhalb des Zentrums liegt. Es gibt häufig verkehrende Busse nach Suwałki und Ełk.

165

Danzig und Marienburg

Eine prachtvoll wiederaufgebaute Hansestadt – Danzig

Die größte Backsteinkirche der Welt – die Marienkirche

Wo Danzig sich porträtieren ließ – der Rote Saal

Wo das Ende des Kommunismus eingeleitet wurde – die Lenin-Werft

Eine mittelalterliche Residenz wie aus dem Bilderbuch – die Marienburg

Die Danziger Rechtstadt mit Marienkirche

Ein Abstecher nach Danzig (Gdańsk) und Marienburg (Malbork)

Ein Abstecher nach Danzig und zur Marienburg ist eine Bereicherung jeder Masuren-Reise. Der Stadtbummel führt zur gotischen Marienkirche, zum Krantor und zum Großen Zeughaus; Strandleben genießt man im nahen Sopot (Zoppot). Die Kleinstadt Malbork liegt im Schatten der ehemaligen Residenz der Hochmeister des Deutschen Ordens. Das bloße Ausmaß der Mauern, Türme und Tore überwältigt. Der Hochmeisterpalast präsentiert sich als eine der elegantesten spätgotischen Profanarchitekturen.

Danzig

Die einst reichste Stadt an der Ostsee hat unzählig viele Gesichter, und so wechselt in ihren Beschreibungen höchstes Lob ab mit scharfer Kritik. Während es für viele eine bezaubernde, trotz des Wiederaufbaus den Charme ihrer einstigen Größe und heutigen Bedeutung ausstrahlende Metropole ist, sehen andere im heutigen Danzig eine kümmerliche Nachbildung im Disneylandstil ohne historisch verwurzelte Bevölkerung.

Die einen betonen den Anteil der Stadtbewohner am Kampf gegen das Unrechtssystem und ihre Beteiligung an den heutigen Transformationsprozessen, die anderen – so die stolzen Einwohner von Krakau – verweisen auf die Mängel der hiesigen Universität, das Fehlen eines Kulturlebens von Niveau und die Scharen der Neureichen, deren Luxuskarossen sichtbarstes Zeichen frischen Wohlstands sind.

Man mag Argumente für beide Wahrnehmungen der Stadt nachvollziehen. Was letztendlich zählt, ist aber die pure Bewunderung, die man mitten auf dem Langen Markt (Długi Targ) empfindet. Die Frage der Echtheit der Gebäude tritt in den Hintergrund. Wenn auch nicht jeder Stein über eine mittelalterliche Urkunde verfügt, so kann man doch für die Rekonstruktion nur dankbar sein.

Die Rechtstadt

Vor der Rechtstadt breitet sich der **Kohlenmarkt** (1; Targ Węglowy) aus, wo gewöhnlich die Stadtfüh-

Danzig: Die Rechtstadt

rung beginnt. Er ist ein Potpourri aus alter und neuer Architektur. Preußische Verwaltungsgebäude grenzen an das moderne Theatergebäude. Vergeblich sucht man nach der im mauretanischen Stil gehaltenen Synagoge, die der ›Reichskristallnacht‹ 1938 zum Opfer fiel.

Perlen in dieser Baulandschaft sind die Stadttore sowie das **Große Zeughaus** (2; Wielka Zbrojownia) aus den Jahren 1602–05. Schöpfer dieses martialischen Baukomplexes soll der niederländische Festungsbaumeister Anthonis van Opbergen gewesen sein. Bezeichnend ist, daß hier ein Militärbau in die Stadtmitte gesetzt wurde – eine Mahnung für all diejenigen, die den Freiheiten der Stadt ein Ende setzen wollten.

Die Seite zum Kohlenmarkt besteht aus vier Giebelfassaden, so als ob man vier identische Bürgerhäuser zu einem Gebäude zusammengefaßt hätte. Die aufwendigere Fassade zur Piwna (ehemalige Jopengasse) ist zusätzlich von zwei hohen Türmen flankiert und mit einer Figur der Minerva verziert, der römischen Entsprechung der griechischen Athena, zuständig für Kriege, Weisheit und Künste.

Auf dem Dominikanermarkt

Ein Abstecher nach Danzig und Marienburg

Die Stadt Danzig war seit dem 16. Jh. von mächtigen Bastionen umgeben, die sie uneinnehmbar machten, so daß die schwedischen Armeen 1626 und 1655 unverrichteter Dinge wieder abziehen mußten. In diesen Erdbefestigungen gab es eine Anzahl von Toren, die seit der partiellen Schleifung der Bastionen im 19. Jh. etwas verwaist wirken, wie das **Hohe Tor** (3; Brama Wyżynna), direkt an der Hauptstraße neben den Straßenbahnschienen. Dieses wuchtige Gebäude wurde in den Jahren 1586–88 von Willem van den Blocke mit Dekorationen versehen. Die Westfassade zieren die Wappen Danzigs, Polens und Königlich Preußens (die Ostfassade mit dem Wappen der Hohenzollern kam im 19. Jh. hinzu) und eine Inschrift *Iustitia et pietas duo sunt regnorum omnium fundamenta* – ›Gerechtigkeit und Ehrfurcht sind Fundament aller (guten) Regierungen‹.

Nur ein paar Schritte vom Hohen Tor entfernt stehen der **Stockturm und die Peinkammer** (4; Wieża Więzienna i Katownia), zum Teil noch mittelalterlicher Herkunft, einst genutzt von der Danziger Gerichtsbarkeit. Ein erhaltenes Podest diente der Zurschaustellung der Gefangenen und deren Hinrichtung. Allerdings fanden hier nur die Zugereisten und die Mitglieder der niederen Klassen den Tod; Patrizier und Adlige besaßen das Privileg, vor dem Artushof hingerichtet zu werden.

Den eigentlichen Eingang in die Rechtstadt bildet das **Goldene Tor** (5; Złota Brama, erbaut 1612–14 von Abraham van den Blocke), das den Verlauf der mittelalterlichen Stadtmauer markiert. Das Renaissance-Gebäude in der Form eines Triumphbogens zeigt ionische Säulen im Erdgeschoß und korinthische darüber. Die krönenden Figuren verkörpern Frieden, Freiheit, Reichtum, Ruhm, Frömmigkeit, Eintracht, Gerechtigkeit und Besonnenheit.

Eine lateinische Inschrift besagt, daß durch Eintracht kleine Staaten wachsen, durch Zwietracht selbst große zugrunde gehen. Und wie einen frommen Wunsch lesen wir an der Ostfassade ein Zitat aus Psalm 122: »Es möge wohl gehen denen, die dich lieben! Es möge Friede sein in deinen Mauern und Glück in deinen Palästen!«

Nördlich schließt an das Goldene Tor das **Gebäude der St.-Georgs-Bruderschaft** (6; Dwór Bractwa Św. Jerzego) an. In diesem harmonischen

---

Danzig (Gdańsk):
1 Kohlenmarkt 2 Großes Zeughaus
3 Hohes Tor 4 Stockturm und Peinkammer 5 Goldenes Tor
6 St.-Georgs-Bruderschaft 7 Uphagen-Haus 8 Langer Markt 9 Artushof
10 Rathaus 11 Goldenes Haus
12 Grünes Tor 13 Postgebäude
14 Frauengasse 15 Marienkirche
16 Nationalmuseum 17 Krantor
18 Deutschordensburg 19 ›Zum Lachs‹ 20 Dominikanerkirche
21 Kaufhalle 22 Katharinenkirche
23 Holzmarkt 24 Brigittenkirche
25 Denkmal für die gefallenen Werftarbeiter 26 Große Mühle
27 Altstädtisches Rathaus

Danzig: Die Rechtstadt

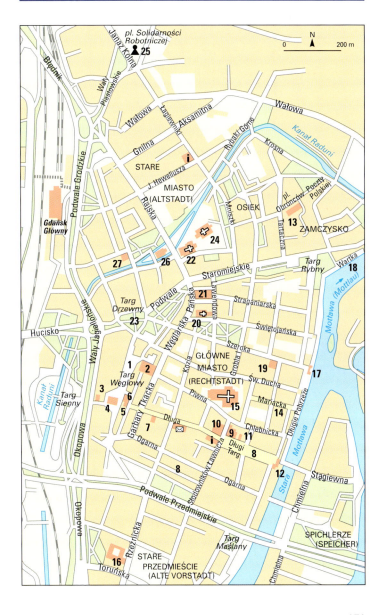

171

spätgotischen Gebäude (1487–94) veranstalteten die Patrizier ihre dem Rittertum abgeschauten Spiele.

Hinter dem Tor beginnt ul. Długa, einst die Lange Gasse, die beiderseits mit repräsentativen Bürgerhäusern bebaut ist. Cafés und Restaurants, Straßenmusikanten und Scharen von Touristen bestimmen das Bild dieser Fußgängerzone. Ein ganz besonderes Juwel erwartet uns bei Nr. 12. Hier steht das 1776–79 erbaute **Uphagen-Haus** (7; Dom Uphagena), an dessen Restaurierung sich auch die ›Deutsch-polnische Stiftung für Zusammenarbeit‹ beteiligte. Bereits kurz vor dem Zweiten Weltkrieg wurde hier ein Museum für Inneneinrichtung eröffnet, denn das Gebäude, dessen Diele und Wohnräume für die Patrizierwohnhäuser typisch sind, gilt als eines der besterhaltenen Beispiele im Rokokostil. Teile des Mobiliars konnten ausgelagert und gerettet werden, der größere Teil ist eine durchaus beachtenswerte minutiöse Rekonstruktion.

Am Langen Markt

Mittelpunkt der Stadt ist der Długi Targ, der **Lange Markt** (8), der eigentlich das breitere letzte Drittel der Langen Gasse bildet. Er ist das Zentrum der Rechtstadt (Główne Miasto), eines der vier städtischen Organismen Danzigs. Hier konzentrieren sich die wichtigsten Bauten, hier zeigte sich geballt die Macht und Bedeutung der Stadt, verkörpert durch prächtige Bürgerhäuser, das

monumentale Rathaus und das ›Grüne Tor‹. Auf dem Höhepunkt seiner Entwicklung, im 16. Jh., zählte Danzig 50 000 Einwohner und war wesentlich größer als Krakau, Berlin oder Königsberg.

Die mehrheitlich deutsche Bevölkerung hatte 1454 das Joch der Deutschordensherrschaft abgeschüttelt und sich der polnisch-litauischen Monarchie unterworfen. Des Deutschen Ordens wurde man nicht deswegen überdrüssig, weil seine Mitglieder Deutsche waren, wie manche polnische Veröffentlichung nahelegte, sondern weil seine Herrschaft in Politik und Wirtschaft repressiv und mit der Verfassung einer autonomen Hansestadt nicht vereinbar war.

Der polnische König, in dessen Machtbereich weitgehend friedlich 14 größere Nationen lebten, garantierte den Danzigern schlicht das, wonach sie strebten: niedrige Steuern, eigene Währung, freie Entfaltung ihrer Wirtschaft und möglichst wenig Einmischung in die inneren Belange der Stadt. Diese Symbiose überdauerte immerhin 338 Jahre.

Zwar gab es immer wieder Könige, die die Selbständigkeit Danzigs beschränken wollten, aber letztendlich profitierten beide Seiten ungemein von dieser Liaison. 70 % des gesamten polnischen Außenhandels wurden in dieser Zeit über Danzig abgewickelt. Aus dieser Vermittlung bezog Danzig einen Reichtum, der

Neptunbrunnen am Langen Markt

Ein Abstecher nach Danzig und Marienburg

noch heute in seiner Architektur abzulesen ist. Seine Schiffe segelten von Amsterdam bis nach Portugal, seltener bis Venedig, meist mit polnischem Getreide. Schiffe aus aller Herren Länder kamen nach Danzig, um Lieferungen abzuholen. Allein im Jahr 1642 legten hier – wie ein britischer Konsul berichtete – sage und schreibe 2042 Schiffe an.

Als sich Preußen 1792 mit Waffengewalt die Stadt einverleibte und viele Patrizier ihr auf Nimmerwiedersehen den Rücken kehrten, hatte dies wiederum nichts mit nationalen Problemen zu tun, sondern mit der schlichten Erkenntnis, daß die Zeit der goldenen Geschäfte ihr Ende gefunden hatte.

Der Lange Markt ist heute ein lebendiger Treffpunkt. Im Sommer breiten sich hier die Biergärten und Auslagen der Andenkenläden aus. Reisegruppen bummeln unter der Obhut von Lokalführern, die nur mühsam eine ruhige Ecke finden, um mit ihren Ausführungen fortfahren zu können.

Ein Zeichen der neuen Offenheit nach der Wende ist das breite Spektrum diverser Jugendsubkulturen, sichtbar beispielsweise an den lär-

Roter Saal im Rathaus

Danzig: Am Langen Markt

menden und malerischen Umzügen der Hare-Krishna-Anhänger. Inmitten des Geschehens steht der **Neptunbrunnen,** bekrönt von der Bronzefigur des Meersgottes mit dem Dreizack (1612–15). Natürlich verstand sich die Stadt selbst als die Herrscherin über die Meere, also dem Neptun ebenbürtig.

An seiner markanten, 1616 gestalteten Fassade mit zwei großen Spitzbogenfenstern ist der **Artushof** (9; Dwór Artusa) zu erkennen. In diesem 1476–81 errichteten und später umgebauten Gebäude hielten die reichen Patrizier ihre Gildeversammlungen ab. Das Gewölbe des *Versammlungssaals* ruht auf schlanken Säulen, die aus der geschleiften Deutschordensburg stammen. Ihre Anbringung hier ist symbolisch als Triumph über den einstigen Herrscher der Stadt zu verstehen und als Mahnung an potentielle neue Zwingherren, daß sich die Stadt nicht unterwerfen lassen würde.

Beachtenswert ist im großen Saal eine große hölzerne Figur des *hl. Georg mit dem Drachen* (1485) von der Hand des bekannten Hans Brandt und ein wunderschöner *Renaissance-Kachelofen* (1545), dessen Scherben die Restauratoren nach 1945 in mühseliger Kleinarbeit wieder zusammensetzten. Ein Gemälde aus dem 16. Jh. stellt die Belagerung der Marienburg durch Polen und Danziger im Dreizehnjährigen Krieg (1454–66) dar und ist somit eine wichtige Bildquelle für das Aussehen der Burg vor deren Umbau. Es vermittelt uns einen ersten Eindruck, bevor wir die Burg in natura zu sehen bekommen.

Das **Rathaus** (10; Ratusz Głównego Miasta) wird von einem hohen Turm und der Fassade zum Langen Markt hin beherrscht, in der hohe Blendnischen dominieren. Im Äußeren gotisch (1379–82, umgebaut 1486–92), gibt sich das Rathaus in den Innenräumen bereits frühneuzeitlich.

Die Eingangsdiele mit einer rekonstruierten Wendeltreppe vermittelt einen Vorgeschmack auf das größte künstlerische Juwel der Stadt, den *Roten Saal.* Am Ausgang des 16. Jh. besonders prachtvoll ausgestattet, diente er den Ratsherren als Versammlungssaal. Die Holzintarsien wären schon an sich ein Kunstwerk, dazu gesellen sich aber noch über 20 Gemälde des berühmten Jan Vredemann de Vries und von Izaak van den Blocke, die in die Wände und in die Decke eingelassen wurden. Die Mitte der Decke beherrscht das größte, die Apotheose der Stadt darstellende Bild, auf dem das Panorama Danzigs mit einem Triumphbogen unter einem Regenbogen und der Hand Gottes abgebildet ist. Die Weichsel, die als Transportweg für das Getreide als die Quelle des Danziger Reichtums angesehen wurde, wird hier in ihrer ganzen Länge von den Karpaten bis zur Mündung gezeigt. 1942 ausgelagert, ist die Innenausstattung des Roten Saals vollständig original – eine Seltenheit in Danzig.

Das Museum zur Geschichte der Stadt, das sich im Rathaus befindet,

Ein Abstecher nach Danzig und Marienburg

zeigt unter anderem Fotos, die das Ausmaß der Zerstörungen von 1944/45 veranschaulichen. Nur ein kleiner Teil des Stadtkerns wurde von den alliierten Bombardements zerstört, der weitaus überwiegende Teil wurde während der Belagerung und Eroberung der Stadt durch die Rote Armee sowie – durch mutwillige Zerstörungsakte – erst danach zu Schutt und Asche.

Tief bewegend ist die Ansicht der ehemaligen Frauengasse, auf der bis hin zur Mottlau nur eine Trümmerlandschaft zu sehen ist; dort blieb keine einzige Wand stehen. Man sollte es sich genau einprägen, bevor man die schier unzähligen Treppen des Rathausturmes hinaufsteigt. Erst von oben ist das ganze Ausmaß des Wiederaufbaus richtig einzuschätzen.

Zurück auf der Straße, gilt unser Blick den Bürgerhäusern. Der Wiederaufbau nach 1945 rekonstruierte meist nur die Fassaden wahrheitsgetreu. Im Inneren wurden Arbeiterwohnungen eingerichtet und oft mehrere Häuser über ein großes Treppenhaus miteinander verbunden. Es gibt Straßen, bei denen nur die Häuser einer Seite wiedererrichtet wurden, was den damaligen Idealvorstellungen von Grünflächen und lockerer Bebauung entsprach. Ganze Straßenzüge sind schließlich keine Rekonstruktionen, sondern ahmen historische Stile nach (s. S. 48 f.).

Den Fassaden waren die sogenannten Beischläge – Terrassen auf dem Niveau des Hochparterre – vorgeblendet. Zwar gibt es sie auch in Lübeck, Lüneburg oder Tallinn (Reval), aber nirgendwo waren sie so breit und so kunstvoll ausgearbeitet wie hier in Danzig. Ihr Ursprung liegt im Dunkeln, ihre Funktion aber ist bekannt: Sie waren Orte der Kommunikation, gleichzeitig dienten sie als Eingänge in die zur Straße hin vorgezogenen Weinkeller. Die schönsten Beischläge hat es auf der ehemaligen Frauengasse, heute ul. Mariacka, gegeben. Sie waren aber bereits in den 80er Jahren des 19. Jh.

Das ›Gold der Ostsee‹: Bernstein

überall in Danzig entfernt worden und erst vor dem Zweiten Weltkrieg neu errichtet worden. Nach ihrer abermaligen Zerstörung ist der Wiederaufbau in den 50er Jahren nichts als die Rekonstruktion des bereits Rekonstruierten.

Ein noch seltsameres Schicksal dieser Art erfuhr das Bürgerhaus in der ul. Chlebnicka 14 (ehem. Brotbänkengasse). Von seiner spätgotischen, eleganten Form ließ sich 1828 der spätere König Friedrich Wilhelm IV., damals noch Kronprinz, so beeindrucken, daß er es abbauen und auf der Pfaueninsel in Potsdam als ›Danziger Haus‹ aufstellen ließ. Beim Wiederaufbau Danzigs fuhr eine Delegation der polnischen Denkmalschützer nach Potsdam und vermaß und fotografierte das Haus, so daß in der ul. Chlebnicka eine identische Kopie errichtet werden konnte.

Intakt blieb die Fassade des Steffenshauses, auch **Goldenes Haus** (11; Złota Kamienica, neben dem Artushof) genannt. Diese prächtigste Danziger Fassade erinnert an die Bauten Antwerpens und Brüssels. Ihre vergoldeten Figuren und Reliefs stellen unter anderem antike Helden dar: Kleopatra, Antigone, Achilles und Ödipus.

Das 1564–68 errichtete **Grüne Tor** (12; Zielona Brama), das den Langen Markt zum Fluß hin abschließt, war als städtische Residenz der polnischen Könige erbaut worden, wurde aber kaum benutzt, da die Herrscher lieber den privaten Einladungen reicher Patrizier folgten. Über drei Durchgänge, die mit dem Stadtwappen (zwei Kreuze mit einer Krone), dem Wappen Königlich Preußens (Adler mit einer Krone um den Hals) und dem polnischen Adler verziert sind, gelangt man zum Kai. Das vierte Tor mit dem preußischen Adler stammt erst aus dem 19. Jh.; zuvor hat hier die Stadtwaage gestanden.

Mißverständnisse in reicher Zahl haben sich um diese Machtsymbole gebildet. In den letzten hundert Jahren oft abgeschlagen oder abgedeckt, werden all die polnischen Adler von alten Danzigern häufig für polnische Geschichtsklitterungen nach 1945 gehalten. In Wirklichkeit hat es keine andere polnische Stadt gegeben, die im 16. und 17. Jh. so oft Statuen der Könige und Wappen der polnisch-litauischen Krone an ihren Bauten anbrachte wie Danzig. Man denke nur an die Fassade des Artushofs oder an den ›guldnen Kerl‹, den Jagiellonenkönig Sigismund August, der den Rathausturm krönt. Das bedeutete aber wiederum nicht – wie einige Polen meinten – daß die Stadt ethnisch polnisch war. Vielmehr schmeichelten die Patrizier denjenigen, von denen ihr Reichtum letztendlich abhängig war.

Am Mottlau-Kai

Zurück in der Gegenwart ist man spätestens am Kai der **Mottlau** (Motława), eines Nebenflusses der Weichsel. Im Sommer tobt hier das Leben – Matrosen, Rucksacktouri-

Ein Abstecher nach Danzig und Marienburg

Mottlau-Kai mit Krantor

sten, Reisegruppen drängen sich im Dickicht der Verkaufsstände, zu denen sich auch die die Zukunft voraussagenden Roma sowie ›echte‹ Piraten gesellen. Von einer der Brücken aus ist das ganze Panorama des Mottlau-Kais zu bewundern.

Danzigs Stadtplan basierte ursprünglich auf dem als Hafen fungierenden Flußufer und den quer zu ihm verlaufenden Straßen. Sie öffneten sich zur Mottlau hin mit mächtigen Stadttoren, die, allesamt rekonstruiert, die Namen der jeweiligen Gassen trugen: Brotbänken-, Hunde-, Frauen- und Hl.-Geist-Tor. Gegenüber der Rechtstadt lag die Speicherinsel, die sich nach der Zerstörung von 1945 immer noch im Wiederaufbau befindet. Wie die bereits entstandenen Bauten bezeugen, entstehen hier keine Rekonstruktionen – dafür fehlt die Dokumentation – sondern hinter vorgespielten Fachwerkmauern verbergen sich moderne Räume.

Am Kai liegen Segelboote und Ausflugsschiffe. Von hier werden regelmäßig Ausflüge zur Westerplatte organisiert, die als Rundtrip etwa knappe zwei Stunden dauern. Dabei wird man in jene Zeit versetzt, in der das friedliche multinationale Leben Danzigs nachhaltig gestört wurde. Nach den Polnischen Teilungen und dem kurzen Intermezzo der napoleonischen Freistadt Danzig unter General François Lefebvre (1807–14) gehörte die Stadt zur preußischen bzw. deutschen Provinz Westpreußen.

Der Versailler Vertrag von 1920 schuf erneut die Freistadt Danzig, die zu 90 % von Deutschen bewohnt war, das Post- und Zollwesen wie auch die außenpolitischen Belange aber wurden von Polen vertreten. Diese Lösung, mit der keine der beiden Seiten so recht glücklich war, fand am 1. September 1939 ihr Ende. Die Schüsse des Panzerkreuzers ›Schleswig-Holstein‹ auf das polnische Munitionsdepot mit 182 Mann Besatzung markierten den Beginn des Zweiten Weltkriegs. Seine anschließende siebentägige Verteidigung wurde zum nationalen Heldenmythos, ähnlich wie die vierzehnstündige Verteidigung des **Postgebäudes** durch die polnischen Postbeamten, die Günter Grass in der ›Blechtrommel‹ verewigte (13; heute Muzeum Poczty Polskiej). Die Verteidiger der Post wurden anschließend hingerichtet – ein Fall von Justizmord durch den NS-Staat,

dessen Opfer erst 1998 durch ein Lübecker Gericht rehabilitiert wurden.

Heute steht auf der Halbinsel **Westerplatte** ein monumentales Denkmal; ein kleines Museum im ›Wachthaus Nr. 1‹ schildert die Belagerung. Unterwegs zum Denkmal passiert man das Hafengelände sowie auf der rechten Seite die **Seefestung Weichselmünde.** Die Kenner sehen in diesem Bau, dessen Kern, ein Leuchtturm aus dem 15. Jh., von einem hundert Jahre jüngeren Ring aus Häusern, dem ›Fort Carré‹ umgeben ist, eine der wenigen erhaltenen Seefestungen in Europa. Die Restaurierung des Baus von unschätzbarem Wert ist sehr aufwendig, da der Schwefel, der im nahen ›Nordhafen‹ umgeladen wird, stark an den eichenen Fundamenten genagt hat.

Marienkirche und Krantor

Ein kurzer Abstecher von der Mottlau führt die einstige **Frauengasse** (14; ul. Mariacka) entlang zu der sich von weitem ankündigenden Marienkirche. Unterwegs genießt man die schönste Danziger Gasse mit ihren auffällig großen Beischlägen. Schmuck aus Silber und Bernstein wird hier in etlichen Läden angeboten. Bei der Verfilmung der Buddenbrooks in den 70er Jahren stufte man diese Gasse als typisch hanseatisch ein und nutzte sie als Filmkulisse.

Die **Marienkirche** (15; kościół Mariacki) ist ein monumentales

Ein Abstecher nach Danzig und Marienburg

Denkmal, das sich das selbstbewußte Patriziat Danzigs zwischen 1342 und 1502 setzte. Diese dreischiffige Hallenkirche mit einem breiten Querschiff, Seitenkapellen und einem Turm, der nie vollendet wurde, ist mit ihren Abmessungen von 105 x 68 m die größte mitelalterliche Backsteinkirche der Welt. Aber nicht nur die bloßen Ausmaße machen staunen, sondern auch die Qualität der Architektur. Das Aufwärtsstreben des Baus betonen schmale Treppentürmchen und überdimensionale Spitzbogenfenster.

Im *Inneren* beeindrucken die Zellen-, Netz- und Sterngewölbe. Sie wurden allerdings nach 1945, als die Kirche ausgebrannt mit eingestürzten Dächern dastand, neu gespannt.

Der leere, karge Eindruck, den der Sakralraum heute vermittelt, hat aber nur teilweise mit dem Krieg zu tun: Bereits kurz nach 1525 wurden bei der Umwandlung der Kirche in ein protestantisches Gotteshaus die Wände weiß getüncht und viele Kunstwerke entfernt. Freilich ist mit der Auslagerung von Kunstwerken im Zweiten Weltkrieg der Innenraum noch leerer geworden. Was übrig blieb und sich in den riesigen Dimensionen etwas verliert, ist immer noch so viel, daß hier nur die ›Highlights‹ erwähnt werden können.

Bemerkenswert ist der *Hauptaltar* von Meister Michael aus Augsburg (1511–17) sowie ein zweiter Altar flämischer Provenienz im linken Querschiff mit charakteristisch geschwungener Bekrönung. In seiner Nähe steht die *astronomische Uhr* Hans Düringers aus den Jahren 1464–70, eine europäische Seltenheit: Es gibt nur fünf andere Uhren gleicher Bauweise, drei davon befinden sich in Deutschland, in Münster, Lübeck und Rostock. Der Überlieferung zufolge wurde der Meister nach ihrer Fertigstellung geblendet, damit er nie wieder ein ähnliches Wunderwerk konstruieren könne.

Eine ähnlich böse Geschichte haftet dem eindrucksvollen spätgotischen *Kruzifix* in der Kapelle rechts im Chor an. Der Künstler soll den Verlobten seiner Tochter selbst ans Kreuz genagelt haben, um den Gesichtsausdruck Christi möglichst naturalistisch wiedergeben zu können. An den Kirchenwänden erblickt man Reste der spätgotischen Fresken, Epitaphien und freistehende Grabmale, wie die von Simon und Judith Bahr im nördlichen Querschiff (1614–20, Abraham van den Blocke), in denen die Verstorbenen kniend dargestellt sind. Eine Grabplatte am Boden des nördlichen Seitenschiffs verewigt *Martin Opitz* (1597–1639) den großen barocken Dichter schlesischer Herkunft und Meister der deutschen Sprache.

Viele der Kunstwerke verdanken ihre Rettung der Tatsache, daß sie rechtzeitig ausgelagert wurden, die anderen – wie der Orgelprospekt und Teile des Taufbeckens – stammen aus der Johanniskirche, deren Wiederaufbau noch immer auf sich warten läßt. Ein Meisterwerk hängt in der Kapelle links vom Eingang: ›Das Jüngste Gericht‹, 1473 von

Danzig: Marienkirche und Krantor

Hans Memling vollendet. Die Mitte des Flügelaltars besetzt der Erzengel Michael, der die Seelen wiegt – links treten die bereits bekleideten Seelen auf einer Art Treppe aus Glaskristallen in den Himmel hinauf, rechts herrscht das Grauen der nackten, mit Feuer gequälten Körper in der ewigen Verdammnis. Das Bild in der Marienkirche ist lediglich eine Kopie – das Original wurde aus konservatorischen Gründen in das **Nationalmuseum** (16; Muzeum Narodowe, ul. Toruńska 1) gebracht.

Etliche Kunstwerke – mittelalterliche Skulpturen aus Pommerellen sowie ausländische und polnische Malerei der Frühneuzeit und der Moderne, darunter Werke von Agnolo Bronzino, Jan Breughel d. Ä., Anton Raphael Mengs, Lovis Corinth und den Danzigern Anton Möller und Daniel Chodowiecki – sind dort im ehemaligen Franziskanerkloster ausgestellt.

Wieder an der Mottlau, gelangt man nach links bald zum Aushängeschild der Stadt – dem **Krantor** (17; Żuraw). Es war gleichzeitig Stadttor und Kran zum Heben schwerer Lasten (4 t auf 27 m) auf die Schiffe sowie zum Aufstellen der Masten. Dies ermöglichten zwei Treträder, die noch heute im dortigen Schifffahrtsmuseum zu sehen sind. Eine Dependance des Museums befindet sich in drei Speichern am gegenüberliegenden Mottlau-Ufer, das mit einer kleinen Fähre zu erreichen ist.

Der Blick wandert vom Krantor aus nach Norden. Dort, wo die Mottlau eine Biegung nach rechts

Astronomische Uhr in der Marienkirche

macht, um bald in die Tote Weichsel zu münden, nahm die Stadt ihren Anfang. Bereits im Jahr 999 wird in der Vita des heiligen Adalbert ein Fischerdorf genannt, von dem aus 997 der spätere Heilige zu den Prußen aufgebrochen sein soll. Dies bot tausend Jahre später einen willkommenen Anlaß, eine große Jubiläumsfeier zu organisieren.

Danzig wird jedenfalls ab dem 12. Jh. zum Haupttort des christlichen slawischen Herzogtums Pom-

181

merellen, dessen Zugehörigkeit zu Polen seit dem Antritt der eigenständigen kaschubischen Dynastie der Samboriden immer lockerer wurde. Als das Herrschergeschlecht am Ende des 13. Jh. erlosch, meldeten Brandenburger, Polen und Deutschordensritter Ansprüche auf das Erbe an. Zunächst polnisch geworden, wurde Danzig 1308 von den Brandenburgern belagert und vom damaligen Verbündeten Polens, dem Deutschen Orden, entsetzt. Dieser nutzte jedoch die Gelegenheit und gliederte die Stadt in seinen Herrschaftsbereich ein. Er vertrieb die polnische Besatzung und ermordete die mit Polen oder Brandenburg sympathisierenden Stadtbürger. Für die folgenden 146 Jahre gehörte die Stadt den Deutschordensrittern, die an der Stelle der Samboriden-Burg eine **Deutschordensburg** errichteten, dort, wo an der besagten Mottlau-Biegung noch ein Stück roter Mauer zu sehen ist (18). In dieser Zeit entwickelte sich die Stadt zu einer reichen Hansestadt, in der der Wunsch nach mehr Autonomie immer größer wurde. Für die Danziger Kaufleute wurden die mit Hilfe von Wirtschaftsmonopolen regierenden Ordensherren zunehmend zu Konkurrenten und gar Feinden. Als der Orden 1410–11 zu Einschüchterungsmaßnahmen griff und den Bürgermeister ermorden ließ, war der Weg zum Bündnis mit Polen und zum Aufstand von 1454 vorgezeichnet. Und was dann kam, haben wir bereits im Abschnitt über den Langen Markt gehört (s. S. 172 f.).

Rund um die Dominikanerkirche

Das Krantor schließt die ul. Szeroka, die alte Breite Gasse, ab. Dort befindet sich das renommierteste Restaurant Danzigs **Pod Łososiem** (19), was soviel wie ›Zum Lachs‹ bedeutet. Wie der Name besagt, sind es vor allem Fische, die hier in stilvollem Ambiente zu entsprechenden Preisen angeboten werden. Nach dem Essen wird gewöhnlich Danziger Goldwasser serviert, eine Likörspezialität mit Goldblättchen, die in eben diesem Haus im Jahr 1598 zum ersten Mal in Danzig produziert wurde. Das Geheimrezept geht auf Ambrosius Vermollen zurück, der als Mennonit aus seiner holländischen Heimat vertrieben worden war. Im toleranten Danzig fanden sowohl Mennoniten Aufnahme als auch Hugenotten, protestantische Schotten und sogar Antitrinitarier.

Weiter der Straße folgend kommt man an einen trutzigen Backsteinbau, es ist die alte **Dominikanerkirche** (20; kościół dominikanów p.w. św. Mikołaja). Mit ihrem Bau hatten die Krakauer Dominikaner bereits kurz nach ihrer Ansiedlung in Danzig im Jahr 1227 begonnen, und so ist die Kirche eines der ältesten Gebäude der Stadt. Der Blick in den *Innenraum* ist lohnend, denn neben einer kleinen Kirche auf der Anhöhe über dem Hauptbahnhof (Fronleichnamskirche/kościół Bożego Ciała) ist dies das einzige Gotteshaus, das die Kriegswirren unbeschädigt überstanden hat. Die barocken Altäre

Danzig: Rund um die Dominikanerkirche

strotzen vor Gold und bilden einen starken Kontrast zum gotischen Raumeindruck. Dieser Reichtum war aber eher die Ausnahme. In der protestantischen Stadt waren die Dominikanerkirche und die Königliche Kapelle neben der Marienkirche die einzigen katholischen Kirchen und standen als solche unter der besonderen Obhut der polnischen Könige. Die protestantischen Kirchen waren zweifelsohne nicht so üppig ausgestattet, auch wenn sie bestimmt reicher waren als heute, da die Narben des Krieges noch nicht gänzlich verheilt sind.

Im 19. Jh. abgebrochen wurde das neben einem heute noch existierenden Stadtturm gelegene Dominikanerkloster. Der merkwürdige Name des Turmes ›Kieck en de Kök‹ bezog sich auf die Möglichkeit, von dort aus einen Blick in die wohl betriebsame und nicht gerade arme Klosterküche zu erhaschen.

An der Stelle des Klosters wurde eine große neugotische **Kaufhalle** (21; Hala Targowa) errichtet, die sich in ihrer ursprünglichen Funktion noch heute großer Popularität erfreut. »Stopfgarn und Räucherfisch, amerikanische Zigaretten und polnische Senfgurken, Mohnkuchen und viel zu fettes Schweinefleisch, Plastikspielzeug aus Hongkong, Feuerzeuge aus aller Welt, Kümmel und Mohn in Tütchen, Schmelzkäse und Perlonstrümpfe« – so sah Günter Grass in den ›Unkenrufen‹ das dortige Angebot. Heute hat der Westen verstärkt Einzug gehalten, die Kontraste werden größer. Der An-

Täglicher Markt

blick einer Großmutter mit ihren im Vorgarten gezogenen Knoblauchknollen, Bohnen oder Petersiliensträußchen vergegenwärtigt einprägsam die Kosten der polnischen Gründerzeit vor allem für die älteren Menschen.

Altstadt

Nur ein paar Schritte trennen die Dominikanerkirche von der Altstadt. Im ersten Moment verwirrt diese Bezeichnung, sie hat aber ihre Richtigkeit. Die Altstadt ist die kleinere, bescheidenere Schwester der Rechtstadt. Sie ist älter – bereits im 12. Jh. hat es hier eine Ansiedlung um die Katharinenkirche gegeben –, stand aber später im Schatten des größeren städtischen Organismus. Während die Rechtstadt in gewaltiger Mehrheit von Deutschen und Niederländern bewohnt war, lebten in der Altstadt bis in die Neuzeit hinein viele polnische und kaschubische Handwerker.

Nach der Katastrophe des Jahres 1945 wurde nur der Rechtstadt die Ehre zuteil, wiederzuerstehen zu dürfen. In der Altstadt dagegen wurden lediglich die wichtigsten Baudenkmäler rekonstruiert. So präsentiert sich dieser Stadtteil heute als eine heterogene Ansammlung von sozialistischen Wohnblocks mit vereinzelt eingestreuten historischen Bauten von Rang.

Die Silhouette bestimmt hier die **Katharinenkirche** (22; kościół św. Katarzyny) mit ihrem markanten

Turm, der von fünf barocken Helmen gekrönt wird. Dort befand sich bis 1945 das berühmte *Glockenspiel,* das nach einer langen Unterbrechung seit 1989 wieder erklingt.

Im Chor liegt der berühmte Astronom *Johannes Hevelius* (eigentlich Johann Hövelcke, 1611–87) bestattet, dessen Grabmal 1986 wiederentdeckt wurde. Er ist neben dem Physiker Daniel Gabriel Fahrenheit (1686–1736), dem Radierer und Maler Daniel Chodowiecki (1726–1801) und dem Philosophen Arthur Schopenhauer (1788–1860), der allerdings die Stadt mit vier Jahren für immer verließ, die wichtigste Identifikationsfigur des kulturellen Lebens der Stadt.

Hevelius beschrieb als erster die Oberfläche des Mondes, was ihm die Bezeichnung ›Vater der Selenographie‹ einbrachte. Seine Studien finanzierte er teilweise über den Betrieb einer eigenen Brauerei. Noch immer ist das Bier ›Heweliusz‹ die bekannteste Marke der Stadt, und der bestirnte Himmel auf dem Etikett soll gewiß zu Himmelsbeobachtungen nach dem Konsum des Bieres anregen.

Da der Bierverkauf allein nicht ausreichte, fand Hevelius einen reichen Gönner in der Gestalt des aus der Wiener Schlacht gegen die Türken 1683 bekannten Polenkönigs Jan III. Sobieski. Sein Denkmal ziert seit 1965 den ehemaligen **Holzmarkt** (23; Targ Drzewny). Die Statue des berittenen Königs ist aber älter und stand seit 1893 in Lwów (Lemberg, ukrainisch Lviv). So lebt die Heimat der Vertriebenen weiter: ca. ein Drittel der Danziger Bevölkerung hat ihre Wurzeln im ehemaligen Ostpolen, meist in Wilno (Wilna, litauisch Vilnius) oder eben in Lemberg.

Hinter der Katharinenkirche liegt die **Brigittenkirche** (24; kościół św. Brygidy), die neben dem **Denkmal für die gefallenen Werftarbeiter** (25; s. S. 186 f.) wie kaum ein anderer Bau in Polen die neueste Geschichte des Landes symbolisiert. Diese sehenswerte gotische Hallenkirche mit Sterngewölbe ließ Henryk Jankowski, der Pfarrer der Lenin-Werft, in den 1970er Jahren wieder aufbauen. Inzwischen durch seine nationalistischen Äußerungen in die politische Randzone gerückt, machte er damals die Kirche zu einem Treffpunkt für die Gegner des Systems.

Die geschmackvolle moderne *Ausstattung* – die Kanzel, die Bronzetür, eine Gedenktafel – befaßt sich mit Ereignissen, die heute zwar überall thematisiert werden, damals aber noch als streng tabuisierte Themen galten, beispielsweise das sowjetische Massaker an den polnischen Offizieren in Katyń 1940. Die symbolische Grabplatte des 1984 vom Geheimdienst ermordeten Priesters Jerzy Popiełuszko stellt seinen Leichnam in Bronze so dar, wie der Körper in der Weichsel gefunden wurde.

Gegenüber der Katharinenkirche steht die zur Einkaufspassage umfunktionierte **Große Mühle** (26; Wielki Młyn). Hier wurde im 14. und 15. Jh. mit Hilfe von 18 Rädern das Mehl für die Brote hergestellt, die laut Gesetz den Bedarf der Danziger Stadtbürger decken mußten. Strenge Vorschriften gab es auch für die Qualität dieser Brote, einerlei war es allerdings, welches Gebäck, ob mit oder ohne Beimischung von Sägemehl, man den Zugereisten zumutete.

Ein nahegelegenes quadratisches Backsteinhaus mit eleganten manieristischen Formen und einem Dachreiter auf dem Dach ist das **altstädtische Rathaus** (27; Ratusz Sta-

Altstädtisches Rathaus

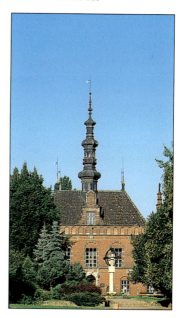

Lenin-Werft und ›Solidarność‹

Das Ende des Kommunismus

Zur Zeremonie offizieller Visiten in der Stadt gehört die Kranzniederlegung am Denkmal der gefallenen Werftarbeiter von 1970 vor den Toren der ehemaligen Lenin-Werft. Hier wurde, so sagt man, das Ende des Unrechtssystems eingeläutet. Die historische Wahrheit ist freilich komplizierter. Das kommunistische System war im katholischen, freiheitsliebenden Polen schon immer als Import der Sowjetunion angesehen worden. Natürlich arbeiteten in diesem System Millionen Polen mit. Dies geschah aber eher aus Opportunismus oder aufgrund der Ansicht, daß es vorläufig keinen anderen Weg gab, als aus Überzeugung.

Die Ausschreitungen der Volkspolizei 1956 in Posen und 1968 in Warschau unterhöhlten das Vertrauen in das Regime nachhaltig. 1970 kam es zur blutigen Niederschlagung von Hafenarbeiterstreiks in Danzig, Gdynia (Gdingen) und Stettin, bei denen fast hundert Menschen umkamen.

Die nächste Streikwelle von 1976 vereinte Arbeiter und Intellektuelle im Kampf gegen den Kommunismus, der in der friedlichen Revolution von 1980/81 gipfelte. Hinter den Toren der Lenin-Werft mußten am 31. August 1980 die Machthaber vor der Vertretung der Arbeiter kapitulieren und unterschrieben das ›Danziger Abkommen‹, in dem sie sich verpflichteten, 21 Forderungen der Arbeiter, darunter das Recht zur Gründung einer autonomen Gewerkschaft, zu erfüllen. ›Solidarność‹, die damals entstand und 10 Mio. Mitglieder zählte, wollte nicht die Macht übernehmen. Das wäre angesichts der außenpolitischen Bedingungen innerhalb des Warschauer Paktes und der ›Breschnew-Doktrin‹, der zufolge eine ›Gegenrevolution‹ in einem der Mitgliedsstaaten durch die anderen ›Bruderländer‹ militärisch bekämpft werden sollte, auch unrealistisch gewesen. Die Gewerkschaft unter Führung des Elektrikers Lech Wałęsa (Jg. 1943) verlangte jedoch die weitgehende Demokratisierung des Landes.

In dieser Zeit entstand das bewegende Denkmal aus rohem Stahl in Form von drei Ankern, die die Hoffnung symbolisieren. Ein Gedicht aus dem Jahr 1950 des Nobelpreisträgers Czesław Miłosz (Jg. 1911) gemahnt die Herrschenden: »Der du Unrecht getan hast dem einfachen Menschen … Sei nicht so sicher, der Dichter merkt es …«

Danzig: Lenin-Werft und ›Solidarność‹

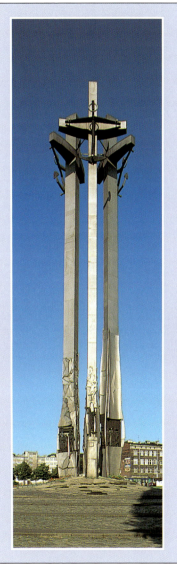

Die weitere Geschichte ist nur zu gut bekannt: Die Revolution wurde von General Wojciech Jaruzelski mit der Ausrufung des Kriegsrechts (13. Dezember 1981) vorläufig gestoppt, die Internierungslager füllten sich, es gab Tote zu beklagen. Für fast eine Dekade breitete sich über das Land ein schwarzer Schleier allgemeiner politischer und wirtschaftlicher Apathie.

Trotzdem überlebte ›Solidarność‹ die Zeit der Verfolgungen und war dank der gut organisierten Strukturen imstande, 1989 die Macht zu übernehmen. Zum ersten Mal in einem Ostblockland wurde damals ein Nicht-Kommunist, genauer gesagt sogar ein Antikommunist, Tadeusz Mazowiecki, Premierminister. Lech Wałęsa wurde Staatspräsident bis zu seiner Wahlniederlage 1995 gegen Aleksander Kwaśniewski. Falls es in dieser Geschichte eine Moral gibt, so lautet sie, daß die Zeit nicht zurückzudrehen ist. Das Fiasko des Kriegsrechts in Polen war dem russischen Machthaber Michail Gorbatschow wohl bewußt und trug acht Jahre später sicher zu seiner Einsicht bei, die Ostblockstaaten ihre eigenen Wege gehen zu lassen.

Denkmal für die
gefallenen Werftarbeiter

romiejski). Anthonis van Opbergen, dem auch das Große Zeughaus zugeschrieben wird, ließ diesen Bau in den Jahren 1587–95 entstehen. Die musealen Innenräume beeindrucken auf den ersten Blick durch ihre Renaissance-Möbel, enttäuschen aber beim zweiten. Man erfährt, daß es sich beim Mobiliar um ein Sammelsurium aus verschiedenen Gebäuden handelt, das im 19. Jh. zusammengestellt wurde. Daß die einzelnen Stücke reizend sind, will aber niemand leugnen, außerdem besitzt das Rathaus ein Café (Kawiarnia Staromiejska), in dem man Rast einlegen kann, bevor der Weg zurück in die Rechtstadt führt.

Die Umgebung Danzigs

Oliwa

Oliwa (Oliva) ist ein Stadtviertel Danzigs, allerdings ganze 10 km von der Stadtmitte entfernt und mit der Straßenbahn oder einer Art S-Bahn vom Hauptbahnhof (Dworzec Główny) aus zu erreichen. Unterwegs passiert man das Stadtviertel, das sich heute Wrzeszcz nennt. Hier in Langfuhr wurde 1927 Günter Grass geboren, dessen ›Danziger Trilogie‹, vor allem aber die ›Blechtrommel‹ – ein Panorama des Danzig der 30er und 40er Jahre – die passende Lektüre zum Besuch dieser Stadt ist.

In Oliwa gilt es, die berühmte **Zisterzienserkirche** zu besuchen, nicht zuletzt, um den Klang der dortigen Orgel zu genießen. Nach dem Motto *ora et labora* – »bete und arbeite« – wählten sich die Zisterzienser immer die schönsten und abgelegensten Fleckchen dieser Erde, mit Vorliebe dort, wo am Waldesrand ein Bach plätscherte. Hier, im Freudental oder Dolina Radości, wo heute der schönste Zoo Polens liegt, bauten die Mönche, die über Kołbacz (Kolbatz) bei Stettin ursprünglich aus dem dänischen Esrom gekommen waren, bereits 1186 das erste Kloster und die Kirche. Es entstanden Wassermühlen, auch Ölmühlen, woher der Name Oliwa vermutlich kommt. Andere Theorien leiten den Namen vom Ölberg Christi ab. Jedenfalls wurde hier die mit 107 m längste Kirche in Polen erbaut; ein Konglomerat romanischer (Pfeiler des Schiffes), gotischer (Gewölbe), Renaissance- (ehemaliger Hauptaltar im Querhaus links) und barocker Stilelemente.

Im Sommer gibt es stündlich eine Orgelvorführung. Sie ist ein Leckerbissen für Kenner wie auch Laien, da die 1763–88 von Johann Wulff aus Wormditt erbaute Orgel mit 5000 Pfeifen (heute gar 7000) zu den klangvollsten Europas zählt. Dabei schweift der Blick über den barocken Hauptaltar mit der Darstellung der Himmelssphäre, einer merkwürdigen watteähnlichen Struktur, aus der Engelköpfchen herunterschauen. Weiter oben bewundert man das Sterngewölbe des Kirchenschiffs.

Oliwa (Oliva) und Sopot (Zoppot)

Grand Hotel in Sopot (Zoppot)

Sopot

Eine weitere Pause, diesmal am Strand, sollte man in Sopot (Zoppot) einlegen. Diese etwa 50 000 Einwohner zählende, wohlhabende Stadt ist schon immer ein Ort für Badefreunde, aber auch für die Schickeria gewesen. Heute gehört sie zur Dreistadt, d. h. dem Städtekomplex, der aus Gdańsk, Gdynia und eben Sopot besteht. Hier flanieren wie eh und je diejenigen, die sich diese Art Urlaub leisten können, spielen im Casino (im Grand Hotel), beäugen die Möwen auf der mit 517 m längsten Mole der Ostseeküste und bevölkern die zahlreichen Cafés im Freien.

Bereits 1808 entdeckte Jean Georg Haffner, ein Arzt der napoleonischen Armee, die klimatischen Vorzüge Sopots und ließ die ersten sechs Umkleidekabinen errichten. Vor dem Krieg war es der wichtigste Strand der Freistadt Danzig. In Sopot wurde Klaus Kinski, damals Nikolaus Nakszyński, 1926 geboren. Nach seinem Tode 1991 wurde, nach heftigen Diskussionen, in der ul. Kościuszki 10 für ihn eine Gedenktafel eingelassen. Stein des Anstoßes war Kinskis im kirchlichen Sinne unsolider Lebenswandel mit angeblich 5000 Frauen.

Auch andere Berühmtheiten sind in Sopot zu Gast gewesen, wo sie im einst sehr noblen, heute etwas patinierten Grand Hotel abstiegen, so Omar Sharif, Fidel Castro und der Schah von Persien mit seiner schönen Frau Soraya. Adolf Hitler unterzeichnete 1939 hier seinen einzigen

Ein Abstecher nach Danzig und Marienburg

schriftlichen Mordbefehl, den ›Euthanasiebefehl‹.

Viel mehr als Spazierengehen ist in Sopot nicht zu tun, und das Baden ist nur bedingt zu empfehlen; zwar ist es nicht mehr verboten, aber sauber ist die Danziger Bucht, ein Sammelplatz osteuropäischer Abwässer, auch nicht zu nennen.

Information: Das Büro gegenüber dem rechtstädtischen Rathaus (ul. Długa 45, ☎ 058/301 91 51, Fax 301 60 96) ist zwar kleiner, aber effizienter und günstiger gelegen als das Haupttouristenbüro in der Nähe des Hevelius-Hotels (Centralny Ośrodek Informacji Turystycznej, ul. Heweliusza 27, ☎ 301 43 55, ☎/Fax 301 66 37). In **Sopot:** ul. Dworcowa 4, ☎ 551 26 17.

Unterkunft: Hevelius ($$$), ul. Heweliusza 22, ☎ 301 56 31, Fax 301 19 22, liegt in der Altstadt und ist trotz seines Alters die beste Adresse in der Stadtmitte, was sich aber mit dem Bau neuer Hotels bald ändern wird; Novotel ($$$), ul. Pszenna 1, ☎/Fax 301 56 19, ideal war der Speicherinsel gelegen, ist ein übliches Produkt dieser Kette; zwei Hotels der gehobeneren Klasse liegen in Jelitkowo am Strand nahe bei Oliwa und Sopot (etwa 10 km von der Stadtmitte; Straßenbahn Nr. 2, 6): Posejdon ($$$), ul. Kapliczna 30, ☎ 511 30 00, 511 32 00, Fax 553 02 28, und Marina ($$$), ul. Jelitkowska 20, ☎/Fax 558 91 00, 558 91 01, z. Z. die beste Wahl in Danzig und Umgebung; Jantar ($$), ul. Długi Targ 19, ☎ 301 95 32, Fax 301 35 29, ist etwas schlicht, dies belohnt aber die bestmögliche Lage am Langen Markt; Zaułek ($), ul. Ogarna 107/108, ☎ 301 41 69, ist eine einfache Bleibe in der Rechtstadt; eine durchaus akzeptable Alternative bietet Dom Nauczyciela in Wrzeszcz (ul. Uphagena 28, ☎/Fax 341 91 16. In **Sopot:** Grand Hotel ($$), ul. Bohaterów Warszawy 12/14, ☎ 551 00 41, Fax 551 61 24, dessen Glanz aber der Geschichte angehört. Akzeptabel sind Maryla ($), al. Sępia 22, ☎ 551 00 34, und Miramar ($), ul. Zamkowa Góra 25, ☎ 551 80 11, Fax 551 07 27.

Jugendherberge: ul. Wałowa 21, ☎ 301 34 61 (nah am Tor der ehem. Lenin-Werft), für diese Kategorie durchaus komfortable Herbergen: ul. Kartuska 245, ☎ 32 41 87, und al. Niepodległości 751, ☎ 551 14 93 in **Sopot.**

Privatzimmer: Biuro Kwater Prywatnych, ul. Heweliusza 8, ☎ 301 48 16.

Campingplatz: ul. Jelitkowska 23, ☎ 53 27 31 (in Jelitkowo bei Sopot) und ul. Hallera 234, ☎ 343 55 31 (in Brzeźno), beide nah am Strand. **Sopot:** ul. Zamkowa Góra 21/25, ☎ 551 80 11, und ul. Bitwy pod Płowcami 69/73, ☎ 551 65 23.

Essen und Trinken: Pod Łososiem (›Zum Lachs‹) ist die beste Adresse in Danzig (ul. Szeroka 54, Vorbestellung oft notwendig: ☎ 301 76 52), mit Fischgerichten wie Lachs in Krebssauce und dem bekannten Goldwasser. Elegant und zugleich relativ teuer ist das ebenfalls direkt am Langen Markt gelegene Tawerna (ul. Powroźnicza 19/20, ☎ 301 41 14, Vorbestellung sinnvoll). Zu den älteren Spitzenreitern gesellen sich in letzter Zeit neue gehobene Restaurants wie Major (ul. Długa 18, ☎ 30 11 10 69), wo sich Lachs-Carpaccio oder Romanov-Beefsteak mit Pflaumen empfehlen; U Szkota (Chlebnicka 9/12, ☎ 301 49 11), nicht nur mit schottischem Whisky, sondern auch mit von dort stammenden Gerichten; schließlich bietet Gdańska (ul. św. Ducha 16, ☎ 305 76 72) ›Alt-Danziger‹ Gerichte wie Wildschwein, Gans und Flunder. Die Lage in der Rechtstadt

Danzig und Umgebung

macht auch die simpleren Restaurants zu verhältnismäßig teuren Etablissements, darunter ist Pod Wieżą nah bei der Marienkirche (ul. Piwna 51, ✆ 301 39 24) wegen seiner guten Suppen empfehlenswert. Bis vor kurzem war Kubicki (ul. Wartka 5, ✆ 301 00 50) auf dem Gelände der ehem. Deutschordensburg ein Geheimtip; inzwischen allgemein entdeckt, bietet es immer noch altpolnische Küche in sehr guter Qualität. In **Sopot:** Restaurant im Grand Hotel (ul. Powstańców Warszawy 12/14, ✆ 551 00 41; Spezialitäten: Ente, Zander und Lachs auf kaschubisch) oder Villa Hestia (ul. Władysława IV 3/5, ✆ 551 21 00) mit Hirschgerichten mit Preiselbeeren.

Aktivitäten: Ausflüge zur Westerplatte und nach Hel von der Anlegestelle Zielona Brama (am Grünen Tor; ✆ 301 49 26). Die Oper (Opera Bałtycka) befindet sich in Gdansk-Wrzeszcz, al. Zwycięstwa 15 (✆ 341 46 44). Im Studentenklub Żak (Waly Jagielońskie 1, ✆ 301 41 19) wird allabendlich gute Jazzmusik live gespielt; im gleichen Haus ein Programmkino, oft mit Klassikern in Originalfassung.

Museen: Uphagenhaus (Dom Uphagena, ul. Długa 12): Di–Sa 10–16, So 11–16 Uhr. Artushof (Dwór Artusa): Di–Sa 10–17, So 11–16 Uhr (außerhalb der Saison jeweils 1 Std. kürzer). Museum der Stadtgeschichte im Rathaus der Rechtstadt (Muzeum Historii Miasta Gdańska): Di–Sa 10–17, So 11–16 Uhr (außerhalb der Saison jeweils 1 Std. kürzer). Museum der Polnischen Post (Muzeum Poczty Polskiej, ul. Obrońców Poczty Polskiej 1/2): Mo, Mi 10–16, Sa, So 10.30–14 Uhr. Westerplatte, Wachthaus Nr. 1 (Wartownia): 1. Mai–31. Okt. tägl. 9–16 Uhr. Festung Weichselmünde (Wisłoujście, ul. Stara Twierdza 1; Anfahrt Richtung Stogi über ul. Majora Su-

charskiego, Bus 106): 15. Juni–15. Sept. Di–So 10–17 Uhr. Nationalmuseum (Muzeum Narodowe, ul. Toruńska 1, ✆ 301 68 04): in der Saison Mi–Fr, So 10–16, Di, Sa 10–17 Uhr; außerhalb der Saison Mi, Fr, So 9–16, Di, Sa 11–17 Uhr. Schiffahrtsmuseum (Centralne Muzeum Morskie, ul. Szeroka 67/68): in der Saison tgl. 10–18 Uhr, außerhalb der Saison Di–Fr 9.30–16, Sa, So 10–16 Uhr. Altstädtisches Rathaus (Nadbałtyckie Centrum Kultury, ul. Korzenna 33/35, ✆ 301 10 51): tgl. 10–16 Uhr (falls keine andere Veranstaltung).

Feste, Festivals: Dominikanermarkt (Jarmark Dominikański) 31. Juli– 15. Aug.: Seit 1260 wird die große Kirmes zu Ehren des hl. Dominikus veranstaltet. Heutzutage werden in dieser Zeit kulturelle Veranstaltungen organisiert; auf etlichen Straßen in der Rechtstadt ist alles Erdenkliche – Thorner Lebkuchen, kaschubische Keramik, böhmisches Glas, russische Pelze, Bernstein – zu kaufen.

Im Juli/Aug. findet ein Orgel-Festival in der Kathedrale zu Oliwa statt (in der Touristeninformation nach den einzelnen Konzerten fragen).

Alle drei Jahre findet die Internationale Triennale der Keramikkunst statt (Juni–Aug., das nächste Mal im Jahr 2000).

Jährlich im Aug. spielen Theater aus ganz Europa im Teatr Wybrzeża am Targ Węglowy 1 (✆ 301 70 21) ihre besten Shakespeare-Inszenierungen.

Das ›Festival des Liedes‹ in Sopot wird alljährlich im Juli organisiert und hatte schon gewisse Höhepunkte zu verzeichnen, wie die Entdeckung einer bis dahin unbekannten schwedischen Gruppe namens Abba. Das Festival findet in der 1909 errichteten und nach dem Krieg ausgebauten ›Waldoper‹ statt, in der vor 1945 Wagner-Festivals veranstaltet wurden (Opera Leśna, ul. Moniuszki 12, ✆ 551 18 12).

Ein Abstecher nach Danzig und Marienburg

   Verkehrsanbindung: Der Danziger Flughafen liegt in Rębiechowo, 40 Min. von der Stadtmitte entfernt. Verbindungen nach Warschau (5× tgl.) und Hamburg (1× tgl.), London (2× wöchentl.).

Fähren verbinden Danzig und Gdynia mit Nynäshamn und Oxelösund (Schweden) und Helsinki (Finnland); ✆ 30 43 18 87, 30 43 69 78). Reservierungen im LOT-Büro beim Hohen Tor (Wały Jagiellońskie 2/4, ✆ 301 11 61, 301 40 26).

Nah bei der Altstadt liegt der riesige Neurenaissance-Bahnhof Danzigs, den man aufgrund seiner Größe kaum übersehen kann. Die kürzliche Renovierung wurde von McDonald's finanziert, das auf diese Weise das Recht bekam, ein Restaurant dort zu eröffnen. Verbindungen mit allen größeren polnischen Städten (ca. 3,5 Std. nach Warschau, alle Züge dorthin halten nach 40 Min. in Malbork/Marienburg; ca. 4 Std. nach Posen, 5,5 Std. bis Stettin), auch direkte Züge 1× tgl., 8 Std. Fahrt nach Berlin (der Nachtzug fährt ab in Gdynia); Kaliningrad (Königsberg, poln. Królewiec) sowie nach St. Petersburg (✆ 301 11 12, 308 52 60).

Der in der Nähe liegende Busbahnhof verbindet über diverse Linien in die nah gelegenen Orte (✆ 301 11 12, 308 52 60).

In der Dreistadt benutzen Sie die S-Bahn vom Hauptbahnhof bis Gdynia (über Wrzeszcz, Oliwa, Sopot); in der Hauptverkehrszeit alle 6 Min., sonst ca. alle 30 Min. In den Straßenbahnen und Bussen muß man eine Fahrkarte – *bilety* – entsprechend der erwarteten Fahrzeit entwerten (drei Zeitzonen: bis 10 Min., bis 30 Min. und darüber). Am besten kauft man eine Tageskarte *(bilet całodzienny)*. Funktaxen bestellt man unter ✆ 301 91 91 (Halo-Taxi) oder ✆ 301 63 16 (City Taxi), sie sind günstiger als die privaten Taxen an den Taxiständen.

Marienburg

In der Marienburg im heutigen Malbork ist man in der größten Backsteinburg Europas, für deren Bau etwa 10 Mio. Backsteine verwendet wurden. Sie ist auch flächenmäßig eine der größten Burgen überhaupt, vergleichbar mit dem Moskauer Kreml oder dem Prager Hradschin. Was Monumentalität und Einheitlichkeit der Architektur angeht, sind aber alle Vergleiche hinfällig: Die Marienburg ist einmalig. Auch von ihrem Aufbau her – eine Mischung aus weltlicher Residenz und Kloster für die Ritterbrüder.

Zur Einstimmung bietet sich ein Blick vom Westufer der Nogat an, einem Mündungsarm der Weichsel. Vor allem am Nachmittag, wenn die Sonne die Mauern noch röter erscheinen läßt als sie ohnehin schon sind, entfaltet sich ein überwältigendes Panorama. Hier werden einem die Ausmaße der Burg und der an sie gekoppelten Stadt bewußt – sie reichen von einer Brücke bis zur anderen und nehmen das gesamte Blickfeld ein.

Als im 19. Jh. die Eisenbahnlinien in Westpreußen erbaut wurden, durchschnitt man die Vorburg und zerstörte einige Türme. So ist die Marienburg eine der wenigen Burgen Europas mit involviertem Zugverkehr – in diesem Fall der Strecke Warschau–Danzig.

Der Blick vom Nogatufer aus wandert nach links hinüber und streift dabei die modernen Wohn-

Marienburg

blocks an der Stelle der zerstörten **Altstadt** (1; nur die Pfarrkirche, das Rathaus und zwei Stadttore blieben stehen) und den Kubus des Hochschlosses mit dem hohen Turm und dem diagonal hinausgeführten Gang zum **Dansker** (2), dem Abortturm. Zwei mächtige Türme markieren das **Brückentor** (3); weiter nördlich liegt das Mittelschloß mit dem zum Fluß hin vorkragenden Bau des Hochmeisterpalastes. Das über die Zinnen ausladende Dach ist allerdings ein Restaurierungsfehler des 19. Jh., da die großen quadratischen Zinnen und die Erker ursprünglich nicht überdacht waren.

Der offizielle Eingang in die Burg befindet sich im Norden. Dort in der Vorburg parkt man das Auto, kauft die Eintrittskarte, wobei die Burg nur mit einer Führung (auch auf deutsch) zu betreten ist. In der ehemaligen **Vorburgkapelle** (4) und den anschließenden Wirtschaftsräumen liegen das beste Hotel am Ort sowie ein Restaurant. Eine hervorragende Bogratsch-Suppe wird hier angeboten, die zudem – nach all den hier anzusprechenden Tief- und Glanzpunkten des deutsch-polnischen Verhältnisses – mit ihrer ungarischen Herkunft so beruhigend neutral schmeckt.

Über eine rekonstruierte Toranlage tritt man auf den weitflächigen, trapezförmigen **Hof des Mittelschlosses** (5). Er ist von drei Seiten mit Wohnflügeln umgeben; nach Süden hin eröffnet sich der Blick auf das Hochschloß, den ältesten Teil der Burg. Um 1280 begonnen, war das **Hochschloß** (6) ein typisches Konventshaus des Deutschen Or-

---

Marienburg (Malbork):
1 Altstadt   2 Dansker   3 Brückentor   4 Vorburgkapelle   5 Hof des Mittelschlosses   6 Hochschloß   7 Großer Remter   8 Hochmeisterpalast   9 Bernsteinausstellung   10 St.-Annen-Kapelle   11 Goldene Pforte

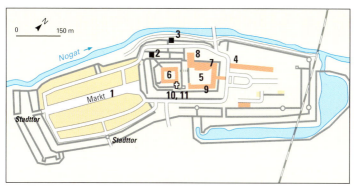

193

Ein Abstecher nach Danzig und Marienburg

Marienburg, über die Nogat gesehen

dens, auch Komturburg genannt. Eine solche Burg war das Zentrum einer Komturei, d. h. eines der etwa 25 Bezirke des Staates. Dort übten der Komtur und, in Anlehnung an die Zahl der Apostel, zwölf Ordensbrüder die gesamte politische, wirtschaftliche, religiöse und juristische Macht aus. Im Hauptgeschoß einer solchen Burg befanden sich die Kirche, der Remter (Refektorium) zum Speisen, der Kapitelsaal für die Versammlungen, die Firmarie für die Kranken sowie das Dormitorium, wo die Ordensbrüder den Statuten gemäß angezogen und bei Licht schlafen mußten. Die Marienburg, rechtwinklig und dreischiffig, gehörte noch zu den älteren Konventshäusern, spätere Kastelle wie in Gniew (Mewe) oder Radzyń Chełmiński (Rehden) waren auf dem Grundriß eines idealen Quadrats angelegt.

Das Konventshaus war noch nicht fertiggestellt, als 1308 die Entscheidung getroffen wurde, den Hochmeistersitz von Venedig hierher zu verlegen. Nach dem Verlust Palästinas und der Verfolgung der Templer in Frankreich stand die Absicht dahinter, das sichere Preußen zum Zentrum der Ordenstätigkeit zu machen. Die gleichzeitige gewaltsame Eingliederung des Gebietes westlich der Weichsel, Pommerellens mit Danzig, das von Marienburg aus leichter erschlossen werden konnte, hat zu diesem Beschluß gewiß beigetragen.

Die Marienburg wurde für die folgenden 90 Jahre zur größten Baustelle des Ordenslandes Preußen.

Marienburg

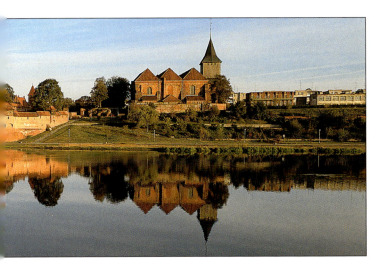

Das alte Konventshaus wurde zum Hochschloß mit verbreiteter Schloßkirche, für die Ordensbeamten entstand das Mittelschloß, schließlich baute man am Ende des 14. Jh. den eleganten Hochmeisterpalast und verlegte die Wirtschaftsfunktionen in die neu angelegte große Vorburg.

1410 belagerten Polen und Litauen ergebnislos die Burg, deren Verteidigung der Schwetzer Komtur und spätere Hochmeister Heinrich von Plauen organisierte. Er hatte nicht an der Schlacht bei Tannenberg (s. S. 22 f.) teilgenommen, ließ sich von der allgemeinen Panik nicht beeinflussen und konnte durch seine geschickte Verteidigung die Integrität des Ordensstaates retten.

Knappe 50 Jahre später war es aber soweit: Die vom bankrotten Hochmeister nicht bezahlten böhmischen Söldner übergaben für die immense Summe von 190 000 ungarischen Florin, vergleichbar mit 5 Mio. € – Danzig stellte einen großen Teil des Geldes zur Verfügung – die Burg an den polnischen König Kasimir IV. den Jagiellonen. Für die nächsten drei Jahrhunderte war Marienburg die Residenz der polnischen Könige auf ihren Reisen nach Norden.

Nach den schwedischen Kriegen im 17. Jh. verschlechterte sich aber zunehmend ihr Bauzustand. Als 1772 das Land preußisch wurde, brach man aus Zweckmäßigkeitsüberlegungen viele Mauern ab. Um Haaresbreite wäre die ganze Burg für die Gewinnung der Backsteine geschleift worden.

Die romantische Geisteshaltung, genauer gesagt ein dramatischer Appell Max von Schenkendorffs ›Über die Zerstörungssucht in Preußen‹

rettete 1804 die Anlage. Es folgten Wiederaufbaumaßnahmen, von denen die erste unter Beteiligung des Baumeisters (und Malers) Karl Friedrich Schinkel (1781–1841) allerdings zum Abbruch originaler Elemente und deren Ersetzung durch neugotische führte. Die Romantiker wußten halt besser, wie eine mittelalterliche Burg auszusehen hat.

Aus der Sicht der heutigen Denkmalpflege verdient erst die Tätigkeit Conrad Steinbrechts und Bernhard Schmids, die zwischen 1882 und 1944 die Burg weitgehend rekonstruierten, ein Lob. Gleichzeitig aber wurde die Marienburg als Symbol der deutschen Kulturüberlegenheit im Osten Europas instrumentalisiert.

Während der sinnlosen vierwöchigen Verteidigung am Ende des Zweiten Weltkriegs wurde die gesamte Ostfront der Burg zerstört. Die ideologische Diskussion im Polen der Nachkriegszeit über den Sinn des Wiederaufbaus des deutschesten Denkmals schlechthin wurde glücklicherweise zugunsten dieses Baus von Weltrang entschieden, und so stellte man seit 1960 die Marienburg wieder her. Aus finanziellen und denkmalpflegerischen Gründen ist lediglich die Schloßkirche mit einer außenstehenden, 8 m hohen Marienfigur bis heute nicht fertiggestellt; die Reste der Figur sind im Untergeschoß des Hochmeisterpalastes zu besichtigen.

In jüngster Zeit sind neue Probleme aufgetreten. Nachdem um 1900 die Nogat durch den Bau einer Schleuse zum stehenden Gewässer gemacht wurde, rotten die Eichenpfähle der Fundamente, und der gesamte Westteil der Burg sinkt langsam ab. Der am meisten gefährdete **Große Remter** (7) im Mittelschloß – der größte Raum der Burg mit auf Säulen gestütztem Gewölbe – wurde Anfang der 1990er Jahre mit Eisenankern befestigt. Trotzdem wird er noch lange nicht zu besichtigen sein.

Nur die Höhepunkte der Fülle von Sehenswürdigkeiten können hier aufgezählt werden. Unbedingt sollte der 1383–99 errichtete **Hochmeisterpalast** (8) angeschaut werden. In diesem spätgotischen, von Licht durchfluteten Bau weht ein anderer Geist als im älteren Konventshaus – der Geist einer weltlichen Ritterkultur. Große quadratische Fenster beleuchten den Sommerremter, einen Einstützenraum, der mit einem ausgeklügelten Radialgewölbe abgeschlossen ist, das wegen seines Aussehens ›Palmengewölbe‹ genannt wird. Dem Hochmeisterpalast gegenüber gibt es im Gästeflügel eine ständige **Bernsteinausstellung** (9; wystawa bursztynu). Das ›Gold der Ostsee‹ ist 10 Mio. Jahre altes, erhärtetes Harz. Seit Jahrhunderten wird Bernstein als Schmuckmaterial geschätzt und in Kunstgegenständen, Schmuckstücken oder Möbeln verarbeitet – die Ausstellung legt die Geschichte seiner Verarbeitung faszinierend dar.

Wenn man kurz vor dem Tor des Hochschlosses nach links abbiegt, gelangt man bald zur **St.-Annen-Kapelle** (10), der Grabkapelle der Hochmeister. Nur drei der ursprünglich elf Grabplatten überdauerten

Marienburg

den letzten Krieg. Das wichtigste hier sind die Giebelfelder in den beiden Portalnischen, auf denen verschiedene neutestamentarische Szenen, darunter das Jüngste Gericht, dargestellt sind.

Das Hochschloß besitzt einen Hof mit Arkaden. Im Hauptgeschoß liegen die Eingänge in die wichtigsten Räume, z. B. in den Kapitelsaal mit seinen zwei schlanken Säulen. Die benachbarte **Goldene Pforte** (11; Złota Brama) ist eigentlich das Portal der vorläufig gesperrten Schloßkirche. Auffällig sind die großen glasierten Terrakottaplatten mit den Fabelwesen an den Seitenwänden der Vorhalle ebenso wie die Portalfiguren der Klugen und Törichten Jungfrauen sowie die phantasievollen Dämonen. Das Portal, errichtet kurz nach 1280, gehört zur ältesten Bauphase der Burg.

Den Rundgang beschließt man am besten mit dem Besteigen des hohen Turmes. Hier kann man die organisierte Führung verlassen und auf eigene Faust die scheinbar unzähligen Treppen bewältigen. Das Gebäude war ein Glocken- und Wachtturm und kein Bergfried, der den Verteidigern eine letzte Zuflucht bieten sollte, wie dies bei vielen anderen Deutschordensburgen der Fall war. Eine nicht zu unterschätzende Funktion des Turmes lag in dessen Symbolik: Ein von weit her sichtbarer Turm im Kern des Deutschordenslandes Preußen zeigte einprägsam, wer hier das Sagen hatte. Von oben lassen sich die einzelnen Teile der Anlage genau er-

kennen, man sieht den breiten Fluß und die fruchtbaren Böden ringsum. Dieses Panorama ist zweifelsohne der Höhepunkt der Reise.

Information: Reisebüro Maltour, ul. Sienkiewicza 15, ℰ 055/272 36 82.

Unterkunft: Ein gotisches Vorburggebäude beherbergt das elegante Hotel Zamek ($$$), ul. Starościńska 14, ℰ 272 84 00, Fax 272 33 67. Akzeptabel, aber ungünstig weit von der Burg entfernt ist Dedal ($$), ul. Generała de Gaulla 5, ℰ 272 68 50, ℰ/Fax 272 31 37. Ein schlichtes Bett bekommt man im immerhin renovierten Zbyszko ($), ul. Kościuszki 43, ℰ 272 26 40, ℰ/Fax 272 33 94. **Jugendherberge** (Juli–Aug.): ul. Żeromskiego 45 (ℰ 272 24 08).

Campingplatz: ul. Portowa 3, ℰ 272 24 13.

Essen und Trinken: Zamkowa in der Vorburg (ul. Starościńska 13, ℰ 272 27 38) ist das eleganteste Lokal der Stadt. In der Stadtmitte gute polnische Standardküche im Zbyszko (ul. Kościuszki 43) oder im Nad Nogatem (pl. Słowianski 5).

Burgmuseum (Muzeum Zamkowe, ul. Starościńska 1, ℰ/Kasse 272 33 64-211): Mai–Sept. Di–So 9–17 Uhr. Mo ist nur das Gelände der Burg zugänglich; außerhalb der Saison bis 15 Uhr. Im Sommer fragen Sie nach den *son-et-lumière*-Darbietungen im Hof des Mittelschlosses.

Verkehrsanbindung: In 1 knappen Std. ist Malbork mit dem Zug von Danzig zu erreichen. Der Bahnhof liegt 20 Min. von der Burg entfernt.

TIPS & ADRESSEN

Alle wichtigen
Informationen rund
ums Reisen –
von Anreise bis Zoll –
auf einen Blick.

Ein Sprachführer hält
die wichtigsten Rede-
wendungen und
Vokabeln griffbereit.

INHALT

Reisevorbereitung

Informationsstellen 201
Einreisebestimmungen 201
Diplomatische Vertretungen . . . 201
Karten und Stadtpläne 202

Anreise

... mit dem Flugzeug 203
... mit dem Zug 203
... mit dem Bus 203
... mit der Fähre 204
... mit dem Auto 204

Unterwegs in Masuren

... mit dem Auto 205
... mit öffentlichen
    Verkehrsmitteln 206
... im Stadtverkehr/mit Taxen . . 206

Unterkunft

Hotels, Betriebsheime,
Privatzimmer 207
Jugendherbergen, Wanderheime 208
Campingplätze 208

Kleiner Sprachführer 209

Informationen von A bis Z

Angeln 211
Ärztliche Versorgung/
Apotheken 211
Baden 211
Behinderte 212
Fahrradfahren 212
Feiertage 212
Foto- und Videoaufnahmen . . . 212
Geld, Geldwechsel 213
Haustiere 213
Literaturtips 213
Notruf und Notfälle 214
Öffnungszeiten 214
Post/Telefon 214
Reiten 215
Sicherheit, Polizei 215
Souvenirs 216
Toiletten 216
Trampen 217
Trinkgeld 217
Wassersport 217
Zeitungen/Zeitschriften 218
Zoll 218

Abbildungs- und
Quellennachweis 219

Register 220

REISEVORBEREITUNG

Informationsstellen

... in Deutschland

Polnisches Fremdenverkehrsamt
Marburger Str. 1, 10789 Berlin
✆ 030/21 00 92-0, Fax 21 00 92-14
www.polen-info.de

... für Österreich und die Schweiz

Polnisches Fremdenverkehrsamt
Mariahilfer Str. 32–34/102, 1070 Wien
✆ 01/524 71 91, 524 71 91 20
Austro-Orbis
Lilienbrunnengasse 5, 1020 Wien
✆ 01/214 76 88, ✆/Fax 212 13 56

Nützlich können auch die Büros von
Polorbis, des auf Polen spezialisierten
Reiseveranstalters, sein:
Hohenzollernring 99, 50672 Köln
✆ 02 21/95 15 34 20, Fax 52 82 77

Danzig im Internet: www.gdansk.pl

In den meisten größeren Orten gibt es
mittlerweile eine mit ›IT‹ gekenn-
zeichnete Touristeninformation, die
sich allerdings in der Qualität ungemein unterscheiden.
Überregionale Auskünfte erteilt ›IT‹
in Warschau auf dem Schloßplatz (pl.
Zamkowy 1/13, ✆ 022/635 18 81,
831 04 64). Auch die ›Orbis‹-Büros
sowie in besseren Hotels die Rezeption können bei der Informationssuche
weiterhelfen. Beachten Sie auch die
Büros des Polnischen Wandervereins
(PTTK), die in der Regel gut mit Mate-
rial und Infos ausgestattet sind (Haupt-
büro in Warschau: ul. Świętokrzyska
36, ✆ 022/20 82 41).

Einreisebestimmungen

Für die Einreise nach Polen benötigen
Sie einen noch für ein weiteres halbes
Jahr gültigen Reisepaß. Mit dem Ein-
reisestempel sind Deutsche, Österrei-
cher und Schweizer berechtigt, drei
Monate im Lande zu bleiben. Die
Kontrollen werden ohnehin zunehmend lässiger, was mit der polnischen
Annäherung an die EU einerseits und
mit der Verschärfung der Reisebestim-
mungen für die polnischen Anrainer-
staaten im Osten andererseits zusam-
menhängt; wundern Sie sich also
nicht, wenn Sie keinen Stempel bekommen.
Mit einem Personalausweis dürfen
offiziell nur die deutschen Einwohner
der Grenzbezirke nach Polen einrei-
sen. Wenn Sie von weiter her kommen, ist es riskant, nur den Ausweis
mitzunehmen und sich auf den guten
Willen des polnischen Grenzbeamten
zu verlassen. Kinder bis 16 Jahre müssen im Paß der Eltern eingetragen sein
oder einen eigenen Kinderausweis besitzen (ab 10 Jahre mit Lichtbild).

Diplomatische Vertretungen

... in Deutschland

Botschaft der Republik Polen:
Lassenstr. 19–21, 14193 Berlin
✆ 030/22 31 30, Fax 22 31 31 55
www.botschaft-polen.de
www.weh-berlin.de
Außenstelle:
Lindenallee 7, 50968 Köln
02 21/93 73 00, Fax 34 30 89

Generalkonsulate:
Trufanowstr. 25, 04105 Leipzig
☎ 03 41/562 33 00, Fax 562 33 33
Ismaninger Str. 62a, 81675 München
☎ 089/418 60 80, Fax 47 13 18
Gründgensstr. 20, 22309 Hamburg
☎ 040/632 50 29, Fax 632 50 30

... in Österreich
Hietzinger Hauptstr. 42c, 1130 Wien
☎ 01/870 15, Fax 87 01 52 22

... in der Schweiz
Elfenstr. 20a, 3006 Bern,
☎ 031/352 04 52, Fax 353 34 16

... in Polen
**Botschaft der Bundesrepublik
Deutschland**
ul. Dąbrowiecka 30
03932 Warszawa
☎ 022/617 30 11, Fax 617 35 82
Generalkonsulat:
al. Zwycięstwa 23, 80219 Gdańsk
(Danzig, im Stadtviertel Wrzeszcz)
☎ 058/341 43 66, Fax 341 60 14

Botschaft der Republik Österreich
ul. Gagarina 34, 00748 Warszawa
☎ 022/841 00 81, Fax 841 00 85
Generalkonsulat:
ul. Śląska 17, 81319 Gdynia
☎ 058/21 19 93, Fax 21 19 12

Botschaft der Schweiz
al. Ujazdowskie 27
00540 Warszawa
☎ 022/628 04 81, Fax 621 05 48

Bei Verlust des Reisepasses wird Ihnen
von Ihrer Botschaft ein Ersatzpapier
ausgestellt; dazu sind zwei Paßbilder
und die Verlustanzeige der örtlichen
Polizei vorzulegen.

Karten und Stadtpläne

Empfehlenswert sind Polenkarten von
Euro-Cart, die es im Maßstab
1:300 000 in vier Ausschnitten des
Staatsgebietes gibt. Der nordöstliche
Ausschnitt (Mazury, Mazowsze) ist sowohl in Polen als auch in Deutschland
(hier mit den Namen größerer Orte
auch auf deutsch) erhältlich.

Es gibt eine Anzahl von Karten, die
die alten deutschen Namen, oft in der
nationalsozialistischen Version, genauer als die heutigen Namen wiedergeben (z. B. im Rautenberg-Verlag),
und die für nationalbewußte Reisende
nützlich sein können. Bei der Suche
nach familiären Wurzeln sind aber
vermutlich die Reprints der Vorkriegs-
karten (plus die heutige Karte für die
Konkordanz) – so die Karte von Ostpreußen im Maßstab 1:300 000, herausgegeben von der Buchhandlung
Horst Zander – von größerem Nutzen.

In Polen selbst sind Straßenkarten
im Maßstab von 1:200 000 in Buchhandlungen, gelegentlich auch an
größeren Tankstellen erhältlich.

Empfehlenswert ist die jüngst er-
schienene Karte ›Große Masurische
Seen, Historische Ortsnamen aus dem
Jahre 1933‹ (1:100 000, PPWK Warszawa, Wrocław) sowie auch die einstigen Generalstabskarten, beispielsweise von Ostróda und dem Oberländischen Kanal (1:100 000; herausgegeben von zarząd topograficzny Szta-
bu Gen. WP).

Die Stadtpläne von Danzig, Olsztyn
etc. sind heutzutage vor Ort problemlos zu bekommen, auch zweisprachig,
bzw. mit Register der historischen
deutschen Straßennamen.

REISEVORBEREITUNG/ANREISE

ANREISE

... mit dem Flugzeug

Es gibt immer noch wenige regelmäßige Flugverbindungen direkt in den Norden Polens. Nur LOT bedient tgl. die Route Hamburg–Danzig (weiter Warschau). In der Regel muß man von einem deutschen Flughafen bzw. aus Wien oder Zürich nach Warschau fliegen und erst von dort aus nach Danzig. Mittlerweile gibt es im Sommer Charterflüge von Köln, Hannover oder Stuttgart nach Olsztyn (Allenstein) oder Szczytno (Ortelsburg); Infos bei:
NV Touristik GmbH
Max-Planck-Str. 10
70806 Kornwestheim
☎ 0 71 54/13 18 30, Fax 18 29 24

Auskünfte zu Flugplan und Reservierungen erteilen die Büros der polnischen Fluglinie LOT, die übrigens nach der Wende ihre gesamte Flotte austauschte und so von allen europäischen Fluggesellschaften über die modernsten Maschinen verfügt:
Frankfurt/M., Terminal 2
Gebäude 149
☎ 069/ 24 00 10 10, Fax 24 00 10 29
Auskunft/Buchung bundesweit:
☎ 0 18 03 00 03 46

1010 Wien, Rotenturmstr. 5/9
☎ 01/ 533 12 12, Fax 535 52 73
Auskunft/Buchung in Österrreich:
☎ 01/ 96 00 74 50, Fax 96 00 74 60

8001 Zürich, Hirschgraben 84
☎ 01/ 2 58 32 80, -81, Fax 2 58 32 82
Auskunft/Buchung in der Schweiz:
☎ 08 48 80 05 01, -601, 701

... mit dem Zug

Es gibt tgl. zwei Nachtzüge von Berlin nach Danzig. Einer der Züge fährt bis Kaliningrad (Königsberg) weiter und hält in Malbork (Marienburg), Elbląg (Elbing) und sogar Braniewo (Braunsberg); der andere wird im Sommer über Iława (Deutsch Eylau) bis nach Olsztyn (Allenstein) geführt.

Eine Alternative bietet die Anreise über Warschau, da inzwischen die Züge von Berlin nach Warschau (zwei Eurocitys tgl.) nur noch 6 Std. brauchen und sich die Fahrzeit in den nächsten Jahren noch weiter verringern soll. In der polnischen Hauptstadt angelangt, können Sie vom gleichen Bahnhof aus nach Olsztyn oder Suwałki weiterreisen. Auch bei der Anreise von Süddeutschland muß man in Warschau umsteigen; am besten fährt man mit dem Schlafwagen von Frankfurt/M. über Wrocław (Breslau). Im Sommer ist der TUI-Autoreisezug von Hannover bis nach Iława (Deutsch Eylau) eine sehr bequeme Alternative zur Anreise per Auto.

... mit dem Bus

Die preiswerteste Art nach Polen zu kommen, sind die Fernbusse, die von den Zentralomnibusbahnhöfen vieler deutscher Großstädte regelmäßig verkehren. Sie dienen meist den Heimatbesuchen der in Deutschland lebenden Polen und verkehren daher am häufigsten dorthin, wo die Mehrzahl der Emigranten der 1980er Jahre her-

203

kam (Danzig, Oberschlesien). In einem harten Konkurrenzkampf sind inzwischen die meisten ominösen Firmen verschwunden, trotzdem erkundigen Sie sich genau nach Zeiten, Konditionen und Preisen, da diese häufig stark variieren.

... mit der Fähre

Nach Danzig oder Gdynia (Gdingen) kann man auch mit einer Fähre von diversen skandinavischen Häfen (u. a. Kopenhagen) aus gelangen. Von Travemünde aus kommt man auf dem Wasserweg nur bis Świnoujście (Swinemünde).

... mit dem Auto

Trotz der (teilweise berechtigten, s. Sicherheit) Schauermärchen fahren Millionen Touristen mit dem eigenen Wagen nach Polen. Dazu brauchen Sie nur den nationalen Führerschein und den Kraftfahrzeugschein, den Aufkleber mit dem Kennzeichen Ihres Her-

kunftslandes sowie die Grüne Versicherungskarte (falls Sie mit einem Anhänger unterwegs sind, ist eine zweite Karte vonnöten). Wer mit einem geliehenen Auto reist, sollte eine amtlich beglaubigte Vollmacht vorweisen können, damit das Auto nicht als gestohlen betrachtet wird.

Während für die Lkws die polnische Grenze ein Ärgernis sondergleichen bedeutet, ist das Passieren der Grenze für Pkws in der Regel unproblematisch. Nur bei Ferienbeginn sowie an den Wochenenden, wenn die Pasewalker und Prenzlauer sich auf die Suche nach Billigbenzin und Gartenzwergen begeben, kann es zu kleinen Staus kommen.

Vor allem folgende Grenzübergänge kommen in Betracht: Linken-Lubieszyn (westl. von Stettin), Pomellen-Kołbaskowo (südwestl. von Stettin an der Autobahn), Kietz-Kostrzyń (östl. von Berlin) und Frankfurt/O.-Świecko (Autobahn Richtung Posen, Warschau). Beachten Sie, daß der Grenzübergang Ahlbeck-Świnoujście auf der Insel Usedom nur für Fußgänger geöffnet ist.

ANREISE/UNTERWEGS IN MASUREN

UNTERWEGS IN MASUREN

… mit dem Auto

Die Straßen in Polen scheinen aus allen Nähten zu platzen. Seit 1990 verzehnfachte sich der Verkehr; allein in Warschau gibt es jetzt auf je 1000 Einwohner 400 Autos, doppelt so viele wie beispielsweise in Amsterdam. In den ganzen letzten zehn Jahren wurde nur die Strecke Wrocław – Gliwice (Breslau – Gleiwitz) im Süden des Landes fertiggestellt. Jetzt erst wird der Ausbau der bereits vorhandenen Fernstraßen intensiver betrieben, was das Fahren zusätzlich erschwert. Diese Horrorvisionen gelten allerdings mehr für den Süden des Landes. Der nicht so dicht bevölkerte und industrialisierte Norden ist damit weniger konfrontiert. Deswegen wählen Sie lieber den Weg über Stettin und Danzig nach Osten, wo die gut ausgebaute Straße noch relativ leer ist. Die Strecke über Poznań (Posen) und Toruń (Thorn) ist dagegen voll, und in beiden Städten gibt es Staus. In Masuren herrscht noch kein Gedränge. Nur bei schlechtem Wetter begegnet man recht häufig anderen Urlaubern auf dem Weg zu wetterunabhängigen Attraktionen.

Einige Vorschriften: Die **Geschwindigkeitsbegrenzung** liegt bei 130 km/h auf (in diesem Landesteil nicht existierenden) Autobahnen, 110 km/h auf Schnellstraßen, 90 km/h auf anderen Wegen, eine Vorschrift, die ohnehin niemand beachtet. Ernst zu nehmen ist dagegen die Begrenzung der Höchstgeschwindigkeit auf 60 km/h in den Ortschaften, nicht zuletzt wegen häufiger Radarkontrollen. Wenn Sie die warnende Lichthupe entgegenfahrender Autos verschlafen haben und sich erwischen ließen, sollten Sie Ihre gute Laune behalten. Da die Bußgelder zwar nach Tabellen, aber mit großem Ermessensspielraum der Polizisten verhängt werden, ist Freundlichkeit und ein lächelndes »Ich wußte nicht …« hier die beste Waffe. Wenn Sie doch zahlen müssen: Mit Strafzettel ist teurer als ohne, wobei im zweiten Fall das Geld garantiert nicht der Staatskasse zugute kommt.

Die **Promillegrenze** liegt bei 0,2 %, auch wenn manche einen Fahrstil pflegen, der den dringenden Verdacht aufkommen läßt, daß das Verbot umgangen wurde. Große Vorsicht sollten Sie nachts oder am Wochenenden auf den meisten Landstraßen walten lassen: von Saufgelagen Heimkehrende, Mütter mit Kinderwagen, Panje-Wagen ohne Beleuchtung, aber mit der surrealen, da vollkommen nutzlosen Kreideaufschrift *brak świateł* (›keine Lichter‹) – das alles will, neben Ihrem und anderen Autos, Platz auf der Fahrbahn finden. Es herrscht eine generelle **Anschnallpflicht** sowie die Vorschrift, im Winterhalbjahr vom 1. Okt. bis zum 1. Mai das **Abblendlicht** auch tagsüber angeschaltet zu haben. Bei den beliebten Kreisverkehren hat das im Kreisverkehr befindliche Auto Vorfahrt sowie auch generell die Straßenbahn. Schließlich sollten Sie bei den Bahnübergängen vorsichtig fahren, da die Schienen manchmal so hoch aus dem Straßenbelag herausragen, daß man vom Bahnübergang direkt zur Autowerkstatt fahren muß (bei Pannen: Notruf 981. Und noch ein praktischer Hinweis: Nachts sollte man das Auto nur auf bewachten Parkplätzen stehen lassen (s. Sicherheit).

Diesel oder bleifreies **Benzin** zu tanken, ist inzwischen kein Problem mehr. Da mancherorts aber Tankstellen gehäuft auftreten und später dann meist für lange Zeit nichts kommt, warten Sie mit dem Tanken am besten nicht bis auf den letzten Tropfen Treibstoff.

Die meisten **Leihwagenfirmen** in Deutschland lassen ihre Autos wegen der Diebstahlgefahr nicht nach Polen fahren. Im Land selbst gibt es inzwischen Niederlassungen aller wichtigeren Autoverleih-Firmen, darunter:
Avis: Żwirki i Wigury 1, Warszawa, ✆ 022/650 48 72;
Herz: ul. Nowogrodzka 27, Warszawa, ✆ 022/21 13 60.

Die Verleihpreise sind höher als in Deutschland, beispielsweise ca. 77 € pro Tag für einen Kleinwagen (Opel Corsa).

... mit öffentlichen Verkehrsmitteln

Das Schienennetz ist dicht, aber viele Verbindungen wurden nach der Wende, als man sich bemühte, die Rentabilität der Polnischen Eisenbahn (PKP) zu steigern, eingestellt. Die Züge sind langsam, dafür aber sehr preiswert. Wenn Ihre Reise nur auf Nordpolen begrenzt ist, ist der ›Polrailpaß‹, mit dem Sie z. B. einen Monat lang herumfahren können, keine gute Idee, da Sie häufig auf Busse angewiesen sind. Einen besonderen Spaß bieten die Schmalspurbahnen, wie jene bei Ełk (Lyck).

Genaueres zu den Fahrplänen erfährt man in der Vertretung der Polnischen Staatsbahnen (PKP):
Schillerstr. 20
60313 Frankfurt/M.
✆ 069/29 43 66
Fax 28 36 97

Zwischen den masurischen Städten sind die Überlandbusse (PKS) vorzuziehen. Es gibt Eilbusse, die auf den Abfahrtstafeln rot markiert sind und normale, die sozusagen an jeder Milchkanne anhalten. Die Buskarten kauft man in den Busbahnhöfen am Schalter, oder bei Durchgangsbussen im Bus, wobei es nicht immer sicher ist, daß genügend Plätze vorhanden sind und man auch mitkommt. Die Zugbahnhöfe und die Fernbusbahnhöfe liegen häufig nebeneinander. Seit 1995 gibt es eine Konkurrenz zu den PKS-Bussen, die private Firma ›Polski Express‹, deren Busse für längere Strecken zu empfehlen sind.

... im Stadtverkehr mit Taxen

In Danzig und Elbląg gibt es ein Busnetz und die Straßenbahn, in Olsztyn nur Busse, die zwischen 4.30 und 23 Uhr verkehren; später nur seltene Nachtbusse. Die Fahrkarten kauft man am Zeitungskiosk (bilet na autobus, bilet na tramwaj) und entwertet sie im entsprechenden Verkehrsmittel; sie sind für jeweils eine Fahrt gültig. Das System in Danzig ist etwas komplizierter, da der Preis von der Fahrzeit abhängt. Tageskarten kommen in verschiedenen Städten bereits vor; das System hat sich aber noch nicht überall durchgesetzt, so daß solche Karten oftmals nur unter Schwierigkeiten zu bekommen sind.

UNTERWEGS IN MASUREN/UNTERKUNFT

Taxen haben einen Taxameter, der als Folge der seit 1989 galoppierenden Inflation bis vor kurzem oft einen Betrag angab, der erst später aufgrund von Multiplizierungstabellen in den eigentlichen Fahrpreis umgewandelt wurde. Inzwischen zeigt der Taxameter meist den richtigen Betrag, aber passen Sie auf, daß er überhaupt eingeschaltet wird. Die Preise liegen wesentlich niedriger als in Deutschland, solange Sie nicht auf einen Betrüger stoßen, die v. a. in Warschau häufig auftreten. Um dem vorzubeugen, ist es am besten, nicht an einem Taxistand einzusteigen, sondern telefonisch (in vielen Städten 919) in einer der etlichen Kooperativen ein Taxis zu bestellen, die ohnehin billiger sind. Nach 22 Uhr und an Sonn- und Feiertagen zahlt man fast den doppelten Tarif.

UNTERKUNFT

Die Unterkunftsmöglichkeiten werden im Reiseteil in drei Preisklassen gegliedert aufgeführt. Es handelt sich dabei um Annäherungswerte, die der Einfachheit halber in Euro ausgedrückt sind und die nichts mit der landesspezifischen Kategorisierung nach ›Sternen‹ zu tun haben. Das Sternsystem ist ohnehin etwas unübersichtlich, da sich manches Hotel nach eigenem Gutdünken und aus steuerlichen Gründen auf- oder abgewertet hat.

Im folgenden handelt es sich um die Preise in der Hauptsaison, für ein Doppelzimmer (2 Personen), bei besseren Hotels mit Frühstück inklusive.

$ – unter 25 €
$$ – zwischen 25 und 50
$$$ – über 50 €

Hotels, Betriebsheime, Privatzimmer

In Masuren sind die Übernachtungsmöglichkeiten dicht gesät. Trotzdem kann es in der Saison schwierig sein, ein optimales Zimmer zu finden. Reservieren Sie daher rechtzeitig. Die breite Palette reicht von Vier-Sterne-Hotels bis zu einfachen Pensionen. Die Etablissements erster Kategorie (s. Danzig, Malbork, Elbląg, Mrągowo und Mikołajki) gehören meist zu ›Orbis‹, das im kommunistischen Polen eine Monopolstellung innehatte; inzwischen gesellen sich immer häufiger private Besitzer oder internationale Hotelketten dazu. Preiswerter sind natürlich einfachere Hotels, Pensionen und Motels. Die oft sehr schön gelegenen ehemaligen **Betriebsheime** müssen sich seit der Wende selbst erhalten und vermieten die zur Verfügung stehenden Zimmer auch an ›betriebsfremde‹ Reisende. **Ferienhäuser** vermittelt die Zentrale für Landurlaub, Heerstr. 73, 53111 Bonn, ☏ 02 28/63 12 85, Fax 7 66 91 99.

Über die Touristeninformationen oder spezielle Zimmervermittlungen *(biura zakwaterowania)* kann man auch **Privatzimmer** bekommen, für die man mit etwa 15 € pro Person rechnen muß. Oft werden solche Zimmer am Straßenrand angezeigt (*pokoje wolne,* bzw. Zimmer frei); im Zweifelsfalle sind die Taxifahrer eine gute Informationsquelle.

Jugendherberge, Wanderheime

Nur in den touristisch wichtigeren Orten gibt es ganzjährig geöffnete Jugendherbergen. Der große Rest wird provisorisch in den Grundschulen eingerichtet, d. h. sie funktionieren nur, wenn die Schüler Ferien haben (Ende Juni bis 1. Sept.). Eine Liste der Jugendherbergen bekommen Sie in jeder Herberge, wo, falls zu Hause vergessen, auch Jugendherbergsausweise, die zu 25 % Preisermäßigung berechtigen, ausgestellt werden können. Am sichersten bekommen Sie alles in der Zentrale: IYHF, ul. Chocimska 28, 00791 Warszawa, ✆ 022/49 81 54, Fax 49 83 54.

Eine vergleichbare Kette von Herbergen unterhält der Polnische Wanderverein (PTTK, Hauptsitz: ul. Świętokrzyska 36, 00116 Warszawa, ✆ 022/620 82 41, Fax 620 42 07; in Olsztyn: ul. Staromiejska 1, 10950 Olsztyn, ✆ 089/27 34 42). Die Bedingungen in solchen Heimen sind aber oft recht spartanisch.

Campingplätze

Mehr als ein Viertel der 250 polnischen Campingplätze liegt im Nordosten. Sie sind in der Regel von Mitte/Ende Mai bis Mitte/Ende Sept. geöffnet. Ein genaueres Verzeichnis ist beim Polnischen Fremdenverkehrsamt (Berlin; s. Reisevorbereitung/Information) zu bekommen. Auch eine in Buchhandlungen erhältliche Karte ›Campingi w Polsce‹ gibt einen aktuellen Überblick. Die Campingplätze sind in drei Klassen gestaffelt; die beste ist Klasse eins, wo mit Restaurants, Sportanlagen etc. zu rechnen ist. Der Preis liegt für einen Tag pro Person mit Zelt und Auto unter 10 €. Auf solchen Campingplätzen locken auch Bungalows zum Übernachten, wenn weit und breit alles naß ist. Neben den Campingplätzen gibt es in Masuren eine Anzahl von Zeltplätzen (*miejsca biwakowe),* die oft malerisch an Seeufern gelegen sind, aber an zivilisatorischen Errungenschaften wenig mehr als ein Plumpsklo zu bieten haben. Wild campen sollte man erst, wenn der Grundstücksbesitzer oder der Förster um Erlaubnis gefragt worden ist (meistens mit einer kleinen Geldspende problemlos). Für mehr Einzelheiten: Polska Federacja Campingu i Caravaningu, ul. Grochowska 331, 03838 Warszawa, ✆/Fax 022/810 60 50.

UNTERKUNFT/KLEINER SPRACHFÜHRER

KLEINER SPRACHFÜHRER

Zwar verständigt man sich in Polen häufig auf Englisch, und in den Touristengebieten, wo es viel Deutsche gibt, auch auf Deutsch, aber hier und dort müßten Sie ein paar Worte Polnisch sprechen können. Außerdem wird ein Wörtchen in der Landessprache gerne gesehen und hilft, das erste Eis zu brechen bzw. erhöht die Hilfsbereitschaft der Menschen.

Polnisch ist mit seinen sieben grammatikalischen Fällen gewiß nicht leicht zu erlernen. Die Aussprache ist aber weniger kompliziert, als dies auf den ersten Blick erscheint, da die Mehrheit der berüchtigten Zischlaute auch im Deutschen existieren. So wird sz wie sch ausgesprochen und cz wie tsch (Tschechien), allerdings oft miteinander kombiniert (Szczecin wird Schtschezin ausgesprochen). Rz bzw. ż ist j wie in ›Jargon‹ oder ›Journal‹. Es kommen noch dz (etwa ds), dż (dsch wie ›Dschungel‹) und dź (dsch, aber weicher ausgesprochen) hinzu. Zu den Zischlauten gesellen sich die weich ausgesprochenen Konsonanten: ś, ć, ź oder ń, wie in ›Anja‹. Ó ist nur ein etwas anders geschriebenes u. Zuletzt gibt es das ł, das wie das englische w auszusprechen ist (›water‹) sowie die Nasalvokale – ą und ę –, bei denen wiederum das Französische zu Hilfe genommen werden muß (›Bonbon‹, ›Caen‹ und ›vin‹, ›Teint‹).

Begrüßungsformeln/Allgemeines

Guten Tag	*Dzień dobry*
(auch als Guten Morgen)	
Guten Abend	*Dobry wieczór*
Gute Nacht	*Dobranoc*
Hallo! Tschüß!	*Cześć*
(als Begrüßung und zum Abschied)	
Wie geht es Dir (Ihnen)?	*Jak się masz?*
	Jak się Pan/ Pani ma?
sehr gut	*bardzo dobrze*
Auf Wiedersehen	*Do widzenia*
gestern/heute/ morgen	*wczoraj/dzisiaj/ jutro*
Morgen/Abend	*rano/wieczorem*
danke (sehr)	*dziękuje (bardzo)*
bitte	*proszę*
Entschuldigung	*przepraszam*
Das macht nichts	*Nie szkodzi*
Sprechen Sie Deutsch (Englisch)?	*Czy mówi Pan/ Pani po niemiecku (po angielsku)?*
Ich verstehe nicht	*Nie rozumiem*
Ich spreche leider kein Polnisch.	*Niestety nie mówię po polsku.*
Wie bitte? (auch wenn man ein Telefongespräch entgegennimmt)	*słucham*
ja/nein	*tak/nie*
Wie heißt das?	*Jak to się nazywa?*
Herr/Frau	*pan/pani*
wer/was	*kto/co*
wo/wohin/woher	*gdzie/dokąd/skąd*
wie/wieviel	*jak/ile*
wann/warum	*kiedy/dlaczego*
rechts/links/ geradeaus	*na prawo/na lewo/prosto*
eins/zwei/drei	*jeden/dwa/trzy*
zehn/hundert/ tausend	*dziesięć/sto/ tysiąc*
Eingang/Ausgang	*wejście/wyjście*
geöffnet/ geschlossen	*otwarte/ zamknięte*
verboten	*wzbronione; zabronione*

209

Achtung	uwaga
Ende	koniec

Rund um die Reise

Flugzeug/ Flughafen	samolot/ lotnisko
Zug/Bahnhof	pociąg/dworzec kolejowy
Bus/Straßenbahn/ Haltestelle	autobus/tramwaj/ przystanek
Auto/Taxi	samochód/ taksówka
(bewachter) Parkplatz	(strzeżony) parking
Bitte zum Bahnhof	proszę na dworzec
Fahrkarte (normal, ermäßigt)	bilet (normalny, ulgowy)
erste/zweite Klasse	pierwsza/druga klasa
hin und zurück	tam i z powrotem
Wo ist hier eine Touristen-information?	Gdzie jest infor-macja turystycz-na?
Wie komme ich nach …?	Jak dojadę do …?
Haben Sie einen Stadtplan?	Czy ma Pan/ Pani plan miasta?
Museum/ Ausstellung	muzeum/ wystawa
Kirche/Burg/ Schloß	kościół/zamek/ pałac
Toilette	WC (sprich wuze)
Straße/Platz/ Marktplatz	ulica/plac/ rynek
Stadt/Dorf	miasto/wieś
See/Strand	jezioro/plaża

Unterkunft

Haben Sie Zimmer frei?	Czy ma Pan/ Pani wolne pokoje?
Einzel-/Doppel-zimmer	pokój jednoosobo-wy/dwuosobowy
mit/ohne Bad	z/bez łazienki

teuer/billig	drogo/tanio
Wieviel kostet (das Zimmer pro Nacht)?	Ile kosztuje (pokójna jedną dobę)?

Essen und Trinken

Frühstück/ Mittagessen/ Abendessen	śniadanie/ obiad/ kolacja
Ich möchte zahlen	Proszę o rachunek
Vorspeise/ Hauptspeise/ Nachspeise	przekąska/ drugie danie/ deser
Suppe/ Fleischgerichte	zupa/ danie mięsne
Geflügel/Fisch/ Gemüse	drób/ryba/ warzywa
Eis/Getränke	lody/napoje
Wasser/Kaffee/ Tee	woda/kawa/ herbata
Restaurant/Laden	restauracja/sklep
Brot/Butter/Salz/ Zucker	chleb/masło/sól/ cukier

Geld

Wo ist eine Bank (Wechselstube)?	Gdzie jest bank (kantor)?
Ich möchte Geld wechseln	Chciałbym/ chciałabym (m/f) wymienić pieniądze
Akzeptieren Sie Kreditkarten?	Czy honorowane są karty kredytowe?

Im Notfall

Ich brauche einen Arzt	Potrzebuję lekarza
Zahnarzt/ Krankenhaus	dentysta/ szpital
Wo ist die Apotheke?	Gdzie jest apteka?
Medikament	lekarstwo
Wir hatten einen Unfall	Mieliśmy wypadek

INFORMATIONEN VON A BIS Z

Mein Auto ist aufgebrochen worden (gestohlen worden)	*Mój samochód został okradziony (ukradziony)*	Bitte rufen Sie die Polizei	*Proszę wezwać policję*
Ich bin bestohlen worden	*Zostałem okradziony/zostałam okradziona* (m/f)	deutsche, österreichische, schweizerische Botschaft	*ambasada niemiecka, austriacka, szwajcarska*

INFORMATIONEN VON A BIS Z

Angeln

Die masurischen Seen mit ihren Kleinen Maränen, Forellen, Zander, Renken und Aalen, die auch schon mal über einen Meter lang sein können, gehören natürlich zu den Traumgebieten jedes Anglers. Bevor man sich aber ans Ufer setzt, muß man einen Angelschein für eine bestimmte Region und eine genau festgelegte Anzahl von Tagen kaufen. Am einfachsten bekommt man ihn beim Polnischen Anglerverband (PZW), ul. Twarda 42, 00105 Warszawa, ☏ 022/620 89 66, Fax 620 50 85, 620 50 88, oder in der Filiale in Olsztyn (PZW), ul. Bałtycka 2, 10136 Olsztyn, ☏ 089/527 34 60; gelegentlich auch in den örtlichen Reisebüros. Außerdem benötigt man eine Aufstellung der in Polen geltenden Schonzeiten sowie schließlich das Wissen, daß in Polen nur natürliche Köder zugelassen sind.

Ärztliche Versorgung/ Apotheken

Leider gibt es kein Krankenversicherungsabkommen zwischen Polen und Deutschland, so daß Ihre Ausgaben nur dann erstattet werden, wenn Sie eine Zusatzversicherung abschließen. Die Erste Hilfe, die bei Notfallaufnahmen *(Pogotowie retunkowe,* Notruf in Polen 999) geleistet wird, ist aber kostenlos. Die Apotheken *(apteka)* sind in der Regel von 8 bis 19 Uhr geöffnet, später finden Sie am Eingang jeder Apotheke die Adressen derer, die gerade Nachtdienst haben.

Baden

Unter den Tausenden Seen im Nordosten Polens gibt es nur wenige, in denen das Baden wegen der **Wasserqualität** nicht empfehlenswert ist. Dies gilt für Niegocin bei Giżycko (Lötzen) und Jezioro Mikołajskie bei Mikołajki (Nikolaiken). Eine goldene Regel lautet, daß das Wasser um so sauberer ist, je weiter der See von größeren Ortschaften entfernt liegt. Es gibt allerdings recht wenige Stellen, wo Sandboden den Zugang zum tieferen Wasser bequem macht, ansonsten schwabbelt der Boden mit seinen Wasserpflanzen und undefinierbaren Gegenständen etwas unbehaglich unter den Füßen.

Am besten schwimmt man sofort, noch im seichten Wasser, los.

Die **Wassertemperaturen** im Juli und August hängen von der Wärme des jeweiligen Sommers sowie von der Größe des Sees ab; grundsätzlich kann man an heißen Tagen gut baden.

Die Sitte des **FKK-Badens** ist in Polen auf eine elitäre Gesellschaft begrenzt, die ihr beispielsweise in Chałupy auf der Hela-Halbinsel frönen. Ansonsten konnten sich die *naturzyści* noch nicht richtig durchsetzen.

Behinderte

In öffentlichen Einrichtungen werden inzwischen behindertengerechte Aufzüge eingebaut, doch gibt es noch große Mängel. Infos: Polnischer Behinderten-Verband, Krajowa Rada Osób Niepełnosprawnych, Warszawa, ul. Zamenhofa 8, ☎ 022/ 831 46 37.

Fahrradfahren

Die schmalen, mit Bäumen gesäumten Asphaltstraßen, auf denen Autos nur jede Stunde einmal vorbeifahren, sind ein Dorado für jeden Radler. Eigentlich kann man in der Gegend von Mrągowo, Giżycko und Mikołajki alle Nebenstraßen zum Radfahren nutzen; fragen Sie aber vorsichtshalber im Hotel, ob es dort nicht zu viel Sand bzw. Kopfsteinpflaster gibt. Die Hauptverkehrsstraßen sowie die Städte sollte man tunlichst meiden, da man dort in Todesangst und von Auspuffemissionen begast vor sich hin strampelt. Das Moränengebiet Masurens ist bekanntlich voller Hügel, so daß scheinbar läppische 20 km/h gelegentlich eine

richtige Anstrengung bedeuten. Trotzdem benötigen Sie ein normales Tourenfahrrad eher als ein Mountain-Bike.

Bis auf die Eurocity-Züge und einige wenige Expreßzüge können Fahrräder per Zug befördert werden, entweder im Gang oder bei längeren Strecken im Gepäckwagen (erkundigen Sie sich beim Fahrkartenkauf, da gelegentlich eine Extragebühr zu entrichten ist). Das Flickzeug sollte man auf die Reise unbedingt mitnehmen, und auch ein gutes Schloß, da Fahrräder gerne geklaut werden (abends aufs Hotelzimmer mitnehmen, oder zumindest die Rezeption fragen, wohin damit).

Feiertage

Arbeitsfreie Tage sind die katholischen Feiertage (Weihnachten, Ostermontag, Fronleichnam, Mariä Himmelfahrt am 15. Aug. sowie Allerheiligen am 1. Nov.), die auch in der kommunistischen Zeit nicht abgeschafft wurden. Der in der Volksrepublik als Nationalfeiertag begangene 22. Juli wurde durch den 11. Nov. abgelöst. An diesem Tag des Jahres 1918 kehrte Józef Piłsudski aus der Festung Magdeburg mit einem Sonderzug nach Warschau zurück und rief die Wiedererstehung des polnischen Staates nach der Zeit der Teilungen aus. Neben Neujahr und dem 1. Mai wird auch der 3. Mai gefeiert, da an diesem Tag im Jahr 1791 in Polen die erste Verfassung Europas verabschiedet wurde.

Foto- und Videoaufnahmen

Fotoausrüstung und -material ist in Polen in größeren Städten erhältlich. Sel-

212

INFORMATIONEN VON A BIS Z

tenere Batteriesorten und Diafilme sollte man aber vorrätig haben, da sie in kleineren Ortschaften oft nicht zu kaufen sind. In der Regel haben die Menschen nichts gegen das Fotografieren; man fragt aber lieber vorsichtshalber: *Czy mogę zrobić zdjęcie?* (›Kann ich ein Bild machen?‹). Schilder mit durchkreuztem Fotoapparat sind gelegentlich an Brücken, Kasernen und Bahnhöfen zu sehen. Man sollte sie respektieren, auch wenn diese Verbotsschilder meist Überbleibsel der realsozialistischen Spionageparanoia sind.

Geld, Geldwechsel

Die polnische Währung ist der Złoty (›der Goldene‹). 100 Groszy ergeben einen Złoty. 1 € ist ca. 3,60 zł. wert. Die Inflationsrate betrug für 2001 etwa 4 %.

Das langandauernde Durcheinander mit Millionenbeträgen und den alten und neuen gleichzeitig gültigen Banknoten (Folge der galoppierenden Inflation seit 1989) ist seit dem Abschluß der Denomination Ende 1997 vorüber; die alten Banknoten sind jetzt nicht mehr gültig. Geld wechselt man in den Wechselstuben *(kantor)*, die in jeder Stadt zahlreich vorhanden sind. An der Grenze sowie in besseren Hotels ist der Kurs in der Regel etwas ungünstiger. Bei einem stabilen Złoty sind die ominösen Gestalten, die Ihnen auf der Straße im Flüsterton einen genialen Kurs anbieten, nichts als Betrüger. Sie nützen die Gleichsetzung von Polen mit einem gigantischen Schwarzmarkt aus, die noch in vielen Westler-Köpfen herumschwirrt.

Die Wechselstuben tauschen Euroschecks und Reiseschecks bis zu 200 € ein. Geldautomaten sind noch sehr selten anzutreffen. Hotels, Restaurants und Läden (auch Tankstellen), die etwas auf sich halten, akzeptieren Kreditkarten (meist American Express, VISA, Euro- und MasterCard). Die Ausfuhr und Einfuhr von Złoty in größeren Summen ist verboten und ohnehin unsinnig, da man in Westeuropa nichts damit anfangen kann. Fremde Devisen können in beliebiger Höhe ein- und ausgeführt werden, allerdings sollte die ausgeführte Summe nicht um ein vielfaches die eingeführte übersteigen. Wenn Sie mehrere tausend Euro bei sich haben, ist es eine gute Idee, eine Devisenerklärung auszufüllen – fragen Sie den Zöllner danach.

Haustiere

Nehmen Sie den Impfpaß mit dem Nachweis einer gültigen Tollwutimpfung, die spätestens drei Wochen und frühestens ein Jahr vor Reiseantritt durchgeführt wurde, mit auf die Reise. Außerdem benötigt man eine amtliche Gesundheitsbescheinigung des Tierarztes. Die Hotels berechnen häufig einen Aufpreis für Haustiere. 1998 erließen einige Gemeindevorsteher der Ostseebäder ein Strand-Verbot für Vierbeiner. In Masuren gibt es diese Verbote aber nicht, und sie sind auch nicht in Sicht.

Literaturtips

Klaus Bednarz: Fernes nahes Land. Begegnungen in Ostpreußen.
Stefan Chwin: Der Tod in Danzig.
Marion Gräfin Dönhoff: Kindheit in Ostpreußen.

Marion Gräfin Dönhoff: Namen, die keiner mehr nennt.

Marion Gräfin Dönhoff: Polen und Deutsche. Die schwierige Versöhnung.

Ralph Giordano: Ostpreußen ade. Reise durch ein melancholisches Land.

Günter Grass: Die Blechtrommel.

Martin Hellmann: Daten der polnischen Geschichte.

Paweł Huelle: Weiser Davidek.

Ewa Kobylińska/Andreas Lavatty/Rüdiger Stephan: Deutsch und Polen – 100 Schlüsselbegriffe.

Christian Graf von Krockow: Begegnungen mit Ostpreußen.

Hans Graf Lehndorff: Ostpreußisches Tagebuch. Aufzeichnungen eines Arztes aus den Jahren 1945 und 1947.

Hans Graf Lehndorff: Menschen, Pferde, weites Land.

Siegfried Lenz: Heimatmuseum.

Siegfried Lenz: So zärtlich war Suleyken.

Czesław Miłosz: Das versklavte Denken.

Reisen in Europa: Masuren mit der Ostseeküste, Danzig und Königsberg (Bildband)

Gotthold Rhode: Kleine Geschichte Polens.

Arno Surminski: Die Reise nach Nikolaiken.

Dieter Zimmerling: Der deutsche Ritter-Orden.

Lisa von Zitzewitz: 5mal Polen.

Notruf und Notfälle

Polizeinotruf: 997
Feuerwehr: 998
Krankenwagen: 999
Pannenhilfe: 981

Radiosuchruf im Radioprogramm ›Lato z radiem‹ (›Sommer mit dem Radio‹, Juni–Sept., etwa 9–11 Uhr): ✆ 022/ 845 92 77.

Öffnungszeiten

Es gibt in Polen kein Ladenschlußgesetz, so daß die Läden selbst entscheiden, wann es für sie rentabel ist, offen zu halten. So hat in jeder Stadt mindestens ein Laden 24 Stunden am Tag geöffnet, einige andere bis 20 oder 21 Uhr. Die gängigen Öffnungszeiten für die Lebensmittelgeschäfte sind 7–19 Uhr, andere kleine Läden, wie Buchhandlungen, Industriewarenläden etc. öffnen später (11 Uhr) und schließen bereits um 18 Uhr, dafür sind Mittagspausen so gut wie unbekannt. Die Behörden schließen schon um 15 Uhr, arbeiten aber ebenfalls gewöhnlich ohne Mittagspause, auch etliche Museen schließen relativ früh.

Post/Telefon

Die Postämter arbeiten 8–19 Uhr; in Danzig ist die Post an der ul. Długa Mo–Sa bis 20 Uhr geöffnet. Briefmarken bekommt man nur in Postämtern: 1,90 zł. für einen Brief oder eine Karte nach Deutschland. Die Sendungen benötigen eine knappe Woche.

Das Telefonieren, das bei Aus- und Inländern gleichermaßen noch vor kurzem oft zu Nervenzusammenbrüchen führte, ist einfacher geworden. Da die Gespräche aus den Hotelzimmern teurer sind, ist es sinnvoll, die neuen blauen Kartentelefone zu benutzen. Bei den Postämtern, gelegentlich auch an Hotel-Rezeptionen, kau-

INFORMATIONEN VON A BIS Z

fen Sie die Karten *(karta telefoniczna)* für 50 oder 100 Einheiten und reißen eine Ecke ab (wichtig!), bevor Sie sie in den Apparat stecken und wählen.

Die für das beschriebene Gebiet wichtigsten Vorwahlnummern innerhalb des Landes lauten (**Polen** 0048/…): **Warschau** 022, **Danzig samt Sopot und Gdynia** 058 und **Olsztyn** 089.

Wegen der Konkurrenz zu den staatlichen Telefongesellschaften muß man seit 2001 bei **Inlandsgesprächen von Ort zu Ort** obligatorisch eine zusätzliche Vorwahl wählen (z. Z. 010 44 oder 00 44) und anschließend die Ortsvorwahl ohne Null.

Deutschland (0049 + Ortsvorwahl ohne Null) erreicht man meist beim ersten oder zweiten Versuch (**Österreich** 0043/…, **Schweiz** 0041/…).

Reiten

Der Reitsport ist in Polen gut organisiert und es gibt zahlreiche Gestüte; die wichtigsten im Nordosten heißen Kadyny und Liski, wo Trakehner oder engverwandte Rassen gezüchtet werden. Informationen erteilt das Polnische Fremdenverkehrsamt in Berlin sowie die Warschauer Touristeninformation (s. Reisevorbereitung/Information), aber v. a. der Polnische Reiterverband (Polski Związek Jeździecki, ul. Cegłowska 68/70, 01809 Warszawa, ☎ 022/834 73 21, 834 26 83, Fax 834 52 28). An die zwei größten Hotels in Masuren – Mrongovia in Mrągowo und Gołębiewski in Mikołajki – sind kleine Gestüte angeschlossen, die Ausritte und Kutschfahrten anbieten. Auch in Olsztyn gibt es einen Betrieb, der »alles um das Pferd« organisiert (Kojrys, ☎ 089/ 523 88 02).

Sicherheit, Polizei

Trotz der häufig vertretenen gegenteiligen Meinung ist Polen kein gefährliches Land. In der Statistik der **Gewaltdelikte** rangiert es weit hinter den meisten westeuropäischen Ländern. So ist die Wahrscheinlichkeit, tatsächlich angegriffen zu werden, sehr klein. Man muß aber gewisse Regeln einhalten: wenn man abends von einem guten Hotel aus (sei es Novotel in Danzig oder Mrongovia in Mrągowo/Sensburg) spazierengeht, läßt man Wertsachen, vielleicht auch die Handtaschen, im Hotel, wo sich immer ein Safe befindet. Dunkle Gegenden in der Nähe solcher Hotels, die Bahnhofsgegenden sowie die Orte, wo Touristen in Massen auftreten, locken freilich die Kriminellen an, und **Taschendiebstähle** kommen häufig vor.

Das schwarze Bild Polens ist durch den **Autodiebstahl** entstanden. Sowohl in Deutschland, wo die ›Danziger Mafia‹ Autos klaut, oder in Polen selbst ist das Problem tatsächlich aktuell. Meistens werden kleine Fiat-Polski (126p) wegen der Ersatzteile, außerdem VW-Golfs sowie große Karossen à la BMW oder Mercedes gestohlen.

Vermutlich locken ausländische Nummernschilder die Diebe eher an als inländische, wohl aufgrund der Annahme, die Wagen seien in einem technisch besseren Zustand und der Ausländer werde länger brauchen, um die Polizei zu alarmieren. Der Zeitfaktor ist beim Autoklau nämlich ganz zentral, da das Diebesgut inzwischen nie mehr im Land bleibt, sondern so schnell wie möglich mit falschen Papieren die polnische Ostgrenze passiert.

Folgende Vorsichtsmaßnahmen verringern das Diebstahlrisiko aber wesentlich: Lassen Sie in einer größeren Stadt nie das Auto unbeaufsichtigt über Nacht stehen und lassen Sie darin keine wertvollen Sachen (auch kein Autoradio und keine undefinierbaren Taschen!), die die Gier der Diebe wekken könnten. Die ländliche Gegend Masurens ist sicherer als beispielsweise Danzig, allerdings wurde auch schon von Autoknackerbanden auf ›Gasttourneen‹ berichtet.

Souvenirs

Bernstein in allen Varianten ist das häufigste Mitbringsel aus Danzig, wo sich viele Läden (an der ul. Mariacka oder neben der Königlichen Kapelle der Marienkirche) darauf spezialisiert haben. An Straßenständen kann Bernstein preiswerter sein, vorausgesetzt es ist welcher: Plastikimitate sind in jedem Fall zu teuer. Kunsterzeugnisse bieten etliche Galerien mit Kunstwerken in sehr verschiedenen Geschmacksrichtungen an.

Polen als Paradies für **Antiquitäten** ist passé, sie sind inzwischen teuer, nicht von bester Qualität und ihre Ausfuhr (wie die aller vor 1945 produzierter Gegenstände) sowieso verboten. Der Schmuggel aus den ex-sowjetischen Gebieten von Samowars, Ikonen etc. ebbt ab, außerdem waren viele dieser Antiquitäten gefälscht. Wenn Sie trotzdem etwas erstanden haben, ist die Erlaubnis des Woiwodschaftskonservatoren (sie wird u. a. im Danziger Nationalmuseum ausgestellt) für die Ausfuhr notwendig.

Dies gilt auch für die alten deutschen **Bücher,** die man in den Antiquariaten kaufen kann. Ein schönes Geschenk sind Bildbände über die Naturlandschaft in Masuren oder über Kunstdenkmäler (der Band ›Danzig‹, wie es war‹ mit hervorragenden Archivbildern ist empfehlenswert), die allerdings längst nicht mehr so günstig zu kaufen sind wie einst.

Wenn Sie Musikfan sind, ist es gut zu wissen, daß **Musikkassetten** und **CDs,** inzwischen offiziell aufgenommen und lizenziert, etwa um die Hälfte preiswerter sind als in Deutschland. Dabei steht Ihnen auch die breite Palette der polnischen Musik zur Verfügung, von der Klassik (Chopin, Szymanowski) über die Moderne Musik (Lutosławski, Penderecki, Górecki) bis hin zum berühmten polnischen Jazz (Urbaniak, Namysłowski, Makowicz, Stańko).

Unter den handfesteren Mitbringseln gibt es hervorragende Bonbons (Krówki‹, ›Kuhbonbons‹, mit einer Kuh auf dem Einwickelpapier, in unterschiedlichen Sorten erhältlich; Pflaumen in Schokolade, *śliwki w czekoladzie,* und *sezamki* – Sesamkekse) und Spirituosen, z. B. ist der ›Chopin‹-Wodka ein schönes Mitbringsel.

Toiletten

Mit dem Einzug der Marktwirtschaft hat sich die tragische Situation auf den polnischen Toiletten deutlich verbessert. So erkennt, eigentlich ›erriecht‹ man die öffentliche Toilette in Olsztyn unter der Burg nicht mehr, heute hilft dort eine nette Toilettenfrau, eine *babcia klozetowa,* etwas übertrieben beim Händewaschen. Diese Damen gehören zum Alltag, und die Arbeit im stillen Örtchen ist ihr einziges Einkom-

INFORMATIONEN VON A BIS Z

men, daher tolerieren Sie bitte die Tatsache, daß Sie auch in den Restaurants, wo Sie zu Gast sind, zur Kasse gebeten werden (in der Regel 1 zł.). Interessant ist die Symbolik an den Toilettentüren: der Kreis heißt ›Damen‹, das Dreieck steht immer für ›Herren‹, üblich auch ›damski‹ bzw. ›męski‹.

Trampen

Viele fahren in Polen per Anhalter. Es war weltweit das einzige Land mit einer gesetzlichen Regelung für das Trampen. Man bezahlte einen kleinen Beitrag für den sog. ›Autostop‹-Verband, worauf man versichert wurde und eine Anzahl von Coupons bekam, die man dem jeweiligen Fahrer aushändigte. Nach der Wende scheint diese Regelung aber langsam auszusterben.

Beim Trampen halten die Polen meist nicht den Daumen in die erwünschte Fahrtrichtung ausgestreckt (wobei diese Art als westeuropäisch auch bekannt ist), sondern den ganzen Arm quer zur Straße; dazu kommt oft noch eine flatternde Bewegung der Hand, als ob sie nicht fahren, sondern fliegen wollten. Wegen der landesweiten Gastfreundlichkeit kommen Sie schnell voran (und ihr Kostenbeitrag wird meist abgelehnt), wenn Sie sich als Ausländer zu erkennen geben.

Trinkgeld

Es herrschen in dieser Hinsicht ähnliche Sitten wie in Deutschland. Bei guter Bedienung rundet man gerne den Betrag nach oben auf. Auch bei Taxifahrten ist es üblich, auf die Groschen zu verzichten. In den Hotelzimmern läßt man am besten eine Münze für das Zimmermädchen zurück, sie gehören zu der am wenigsten verdienenden Berufsgruppe im Hotel.

Wassersport

Er stellt für viele den wichtigsten Grund dar, nach Masuren zu kommen. Segeln, Kanufahren und Rudern kann hier auf Hunderten von Seen praktiziert werden. Auch Windsurfen, Motorbootfahren und Wasserski haben ihre eingeschworenen Fans.

Die Segler reizt die Möglichkeit, knappe 100 km über die miteinander verbundenen Seen zurücklegen zu können, d. h. zwischen Węgorzewo (Angerburg) im Norden sowie Ruciane-Nida und Pisz (Johannisburg) am anderen Ende der Seenkette. Auch die Gegend von Iława (Deutsch Eylau) ist unter den Seglern sehr beliebt. Die schier unendliche Zahl der Segelboote gehören den Seglervereinen und Privatpersonen, v. a. aus Warschau, von wo aus man in zwei Stunden hier sein kann. Vielerorts gibt es Anlegestellen mit Stromanschluß, Reparaturwerkstatt und Batterieauflademöglichkeiten am Kai (so in Ruciane, am Guzianka-See, in Mikołajki, Giżycko und Węgorzewo), wo auch Segelboote gemietet werden können. Es wird im Juli/Aug. extrem schwierig sein, ein Segelboot zu mieten; im Juni und Sept. scheint es dagegen kein großes Problem zu sein. Bevor man mietet, überprüft man eventuelle Mängel des Boots, damit sie einem später nicht zur Last gelegt werden. Kochutensilien, ein dicker Schlafsack, Regenzeug und eine Taschenlampe sind ein Muß.

Für die Abfahrt ist auch eine gute Karte (s. Karten) unbedingt notwendig, um seichte Gewässer und Steine unter der Wasseroberfläche meiden zu können. Die Idylle trügt, v. a. auf dem Śniardwy können die plötzlichen Wasserumschwünge und hohen Wellen sehr gefährlich sein.

Informationen erteilt der Polnische Seglerverband (Polski Związek Żeglarski), ul. Chocimska 14, 00791 Warszawa, ✆ 022/48 04 82, 49 57 31.

Großer Beliebtheit erfreut sich das Paddeln. Mit Kajaks oder Kanus sind die schönsten Strecken in mehreren Tagesetappen zu bewältigen: Entlang der Krutynia (Kruttinna) von Sorkwity bis zur Mündung in den Bełdan-See sowie entlang der Czarna Hańcza. Die genauen Routenvorschläge erfragt man am besten beim Polnischen Kanutenverband (Polski Związek Kajakowy), ul. Ciołka 17, 01445 Warszawa, ✆ 022/37 40 59, Fax 37 14 70.

Zeitungen/Zeitschriften

Deutsche Zeitungen und Zeitschriften brauchen zwei Tage, um das masurische Seengebiet zu erreichen (fragen Sie in besseren Hotels). Auf Deutsch erscheint im Sommer die Beilage zur ›Gazeta Wyborcza‹, Ausgabe Olsztyn, wo man u. a. Tips für Kultur- und Sportaktivitäten finden kann. ›Warsaw Voice‹, eine wöchentlich auf Englisch erscheinende Zeitschrift, bietet einen guten Überblick über die jeweiligen Kulturveranstaltungen und politischen Ereignisse im Lande.

Zoll

Gegenstände für den persönlichen Gebrauch und Geschenke im Wert bis zu 100 US-$ können nach Polen eingeführt werden, darunter zwei Fotoapparate, eine Videokamera etc. Die Einfuhr von Waffen ist verboten. Im Zweifelsfalle fragen Sie vorsichtshalber, ob eine Zollerklärung notwendig ist. Aus Polen dürfen Sie ohne eine besondere Erlaubnis keine Gegenstände ausführen, die vor dem Jahr 1945 hergestellt wurden (s. Souvenirs).

Nach den deutschen, österreichischen und schweizerischen Zollvorschriften dürfen Sie bei der Einreise in diese Länder eine Stange Zigaretten, 1 l hochprozentiger Alkoholika (oder 2 l Wein) sowie Geschenke im Wert bis zu knapp 180 € zollfrei importieren.

Die Ein- und Ausfuhr von Devisen in Höhe von mehr als 5000 € ist deklarationspflichtig.

Seit Sommer 1999 wird ausländischen Touristen an der Grenze auf Wunsch die Mehrwertsteuer erstattet, die sie beim Einkauf bezahlt haben. Deshalb sollten Sie Ihre Einkaufsquittungen unbedingt aufbewahren.

ABBILDUNGS- UND QUELLENNACHWEIS

Archiv Dr. Karkosch, Manfred Kube, Gilching   S. 41

Archiv für Kunst und Geschichte, Berlin   S. 20, 22/23, 58

Ralf Freyer, Freiburg   Titelbild, Umschlagrückseite oben, S. 2/3, 18/19, 60/61, 95, 108, 138

Rainer Hackenberg, Köln Umschlagrückseite unten, S. 53, 56, 65, 68/69, 81, 82, 86/87, 90, 92/93, 100/101, 102, 107, 128/129, 147, 148, 156, 183, 185, 187

Hans Joachim Kürtz, Heikendorf Umschlaginnenklappe vorne, Umschlaginnenklappe hinten, Umschlagrückseite Mitte, S. 13, 27, 38, 44/45, 48, 55, 67, 73, 104/105, 114, 117, 118/119, 122/123, 137, 141, 150/151, 159, 169, 176, 189, 194/195, 198

Polnisches Fremdenverkehrsamt, Berlin   S. 10/11, 98, 111, 135, 154/155, 166/167, 173, 174, 178, 181

Tomasz Torbus, Wrocław   Vignette, S. 30, 33, 84, 125, 132, 142, 161, 165

Wir danken den folgen Verlagen für die freundliche Genehmigung zu zitieren:

Zitat S. 9: Siegfried Lenz, ›So zärtlich war Suleyken‹, © 1955 by Hoffmann und Campe Verlag, Hamburg

Zitat S. 43: Marion Gräfin Dönhoff, ›Namen, die keiner mehr nennt‹, © Siedler-Verlag, Berlin 1962

Zitat S. 113: Siegfried Lenz, ›Heimatmuseum‹, © 1978 by Hoffmann und Campe Verlag, Hamburg

Karten und Pläne:
cartomedia, Karlsruhe
© DuMont Reiseverlag, Köln

Bitte schreiben Sie uns, wenn sich etwas geändert hat!
Alle in diesem Buch enthaltenen Angaben wurden vom Autor nach bestem Wissen erstellt und von ihm und dem Verlag mit größtmöglicher Sorgfalt überprüft. Gleichwohl sind – wie wir im Sinne des Produkthaftungsrechts betonen müssen – inhaltliche Fehler nicht vollständig auszuschließen. Daher erfolgen die Angaben ohne jegliche Verpflichtung oder Garantie des Verlages oder des Autors. Beide übernehmen keinerlei Verantwortung und Haftung für etwaige inhaltliche Unstimmigkeiten. Wir bitten dafür um Verständnis und werden Korrekturhinweise gerne aufgreifen:

DuMont Reiseverlag, Postfach 10 10 45, 50450 Köln
E-Mail: info@dumontreise.de

REGISTER

Personen- und Sachregister

Adalbert, hl. (Wojciech)   20, 26, 46, 181
Aigner, Christian   155
Albrecht, Markgraf von Brandenburg-Ansbach, Hochmeister des Deutschen Ordens und Herzog in Preußen   24, 104, 120, 162
Altgläubige   88, **140 f.,** 156
August II., der Starke, König von Polen und Kurfürst von Sachsen   46, 143

Baisen, Johann von (Jan Bażyński)   54
Bednarz, Klaus   42, 139
Behring, Emil von   147
Bernstein   84 f., 196
Biber   17, 80, 135
Blocke, van den, Familie   39
Blocke, Abraham van den   170, 180
Blocke, Izaak van den   175
Blocke, Willem van den   85, 170
Blücher, Gebhard Leberecht Fürst   66
Bodt, Jean de   63, 66, 78, 106
Bolesław I. Chrobry, der Tapfere, König von Polen   20
Bormann, Martin   103
Boyen, Hermann von   98
Brand, Józef   155
Brandt, Hans   88, 175
Breughel, Jan d. Ä.   181
Bronzino, Agnolo   181
Buzek, Jerzy   130

Canova, Antonio   163
Castro, Fidel   189
Chodowiecki, Daniel   181, 184
Chwin, Stefan   41 f.

Ciano, Galeazzo, Conte di Cortellazo   114
Collas, John von   78, 106
Colonna-Waleski, Alexandre Graf   66
Corazzi, Antonio   155
Corinth, Lovis   181

Deutscher Orden   **20 ff.,** 26, 27, 37 f., 46, 52, 54, 59, 64, 70, 76, 79, 80, **82,** 86, 97, 104, 107, 125, 143, 145, 147, 172, 182, 192 ff.
Dohna-Schlobitten, Heinrich Graf von   78
Dönhoff, Familie   78
Dönhoff, Marion Gräfin von   42, 106 f.
Düringer, Hans   130

Ertly, Georg   103, 104

Fahrenheit, Daniel Gabriel   184
Farenheid, Friedrich Heinrich Graf von   120
Finck von Finckenstein, Albrecht Konrad   66
Friedrich II., Kaiser   21
Friedrich II. (der Große), König von Preußen   24
Friedrich I. (Kurfürst Friedrich III. von Brandenburg), König in Preußen   24, 143
Friedrich Wilhelm I. von Brandenburg-Preußen (der Große Kurfürst)   24, 57
Friedrich Wilhelm I., König von Preußen (Soldatenkönig)   89
Friedrich Wilhelm IV., König von Preußen   177

Gałczyński, Konstanty Ildefons   143
Garbo, Greta   66
Giordano, Ralph   42

REGISTER

Gizewiusz, Herman M. G.   112
Gorbatschow, Michail   187
Grass, Günter   **41,** 179, 183, 188
Gregor IX., Papst   21
Gregorovius, Ferdinand   83
Gustav Adolf, König von Schweden   57

Haffner, Jean Georg   189
Hasior, Władysław   88
Hedwig von Anjou (Jadwiga Andega-weńska), Königin von Polen   21
Heinrich von Plauen, Hochmeister des Deutschen Ordens   21, 195
Helwing, Georg Andreas   115
Herder, Johann Gottfried   40, **63 f.**
Hevelius, Johannes (Johann Hövelcke)   183
Himmler, Heinrich   111
Hindenburg, Paul von   80
Hitler, Adolf   23, 101 f., 103, 190
Honthorst, Gerard und Willem   64
Hosius, Stanislaus Kardinal   61
Huelle, Paweł   41 f.

Jankowski, Henryk   185
Jaruzelski, Wojciech   25, 187
Johann II. Kasimir Wasa (Jan Kazimierz), König von Polen   158
Johann (Jan) III. Sobieski, König von Polen   31, 57, 184
Johannes Paul II. (Papst)   31

Kasimir IV., der Jagiellone, Großfürst von Litauen und König von Polen   195
Kętrzyński, Wojciech (Adalbert von Winkler)   100, 112
Kinski, Klaus   189
Koch, Erich   84 f.
Konrad I., Herzog von Masowien   20
Kopelew, Lew   72
Kopernikus, Nikolaus   57, **58 f., 75,** 76

Kormoran   98 f.
Krasicki, Ignacy   40, 88
Krockow, Christian Graf von   42
Krzywiński, Andrzej   139
Kwaśniewski, Aleksander   128, 187

Lefebvre, François General   179
Lehndorff, Hans Graf von   42, 115
Lehndorff, Heinrich Graf von   78, 114
Lehndorff, Marie Eleonore Gräfin von   114
Lenica, Jan   88
Lenz, Siegfried   27, **40 f.,** 95, 111, **113,** 120, 147
Ludendorff, Erich   23, 80

Malkovich, John   66
Markoni, Enrico   155
Masowier   94
Masuren (Volk)   **144,** 145, 146
Matejko, Jan   22
Mazowiecki, Tadeusz   25, 187
Meister Bernhauser   50
Meister Matz   101
Meister Michael   180
Memling, Hans   181
Mendelsohn, Erich   39, **72 f.**
Meyer, Matthias   105
Mickiewicz, Adam   34, 35
Miller, Leszek   14
Miłosz, Czesław   186
Mohammed Reza Pahlewi, Schahinschah, Kaiser von Iran   189
Möller, Anton   181
Mosengel, Johann Josua   105
Mrongowiusz, Krzysztof   112
Müller-Stahl, Armin   66
Muntschmann, Krzysztof   129

Napoleon   24, 66
Nason, Pieter   64
Netscher, Caspar   64
Nitrowski, Georg   57
Nowicki, Maciej   39, 162, **163**
Nowowiejski, Feliks   85

Oginski, Eugeniusz Graf   105
Opbergen, Anthonis van   39, 169,
   188
Opitz, Martin   39 f., 180

Pac, Michał Ludwik   162
Peucker, Christopher   105
Pilchowski, Władysław   132
Pius II. (Enea Silvio Piccolomini),
   Papst   88
›Polnischer Korridor‹   24, 157
Popiełuszko, Jerzy   185
Prądzyński, Ignacy   163
Preußen (Preußen, Pruzzen)   20, **26,
   75 f.,** 103, 147, 156, 181
Putini, Pietro   158

Rakowski, Mieczysław   115
Ribbentrop, Joachim von   114
Riegl, Alois   48
Riga, Izaak   128

Samsonow, A. W., General   80
Schenk von Stauffenberg, Claus Graf
   von   103
Schenkendorff, Max von   196
Schinkel, Karl Friedrich   62, 78, 79,
   86, 98, 196
Schlöndorff, Volker   41, 66
Schlüter, Andreas   57
Schmid, Bernhard
Schopenhauer, Arthur   40, 184
Schultheis von Unfrieds, Joachim
   Ludwig 63
Schwan   133
Sharif, Omar   189
Siebeck, Wolfram   34
Siegfried von Feuchtwangen, Hoch-
   meister des Deutschen Ordens   21
Sienkiewicz, Henryk   22
Sigismund II. August, Großfürst von
   Litauen und König von Polen
   120, 162
Solidarność   25, **186 f.**
Soraya, Kaiserin von Iran   190

Speer, Albrecht   103
Stalin, Jossif W.   28
Steinbrecht, Conrad   196
Storch   **108 f.**
Surminski, Arno   **42, 95**

Tannenbergschlacht (1410 und 1914)
   21, **22 f., 80 f., 82**
Tarpan   17, **134,** 135, 139
Thorvaldsen, Bertel   59
Tournier, Michel   66
Trakehner   54, **89 f.**

Ulrich von Jungingen, Hochmeister
   des Deutschen Ordens   22, 82

Vaina, Juozas   157
Vermollen, Ambrosius   182
Vries, Jan Vredemann de   39, 175

Walewska, Maria   66
Wałęsa, Lech   31, 186, 187
Warmier   70
Watzenrode, Bischof Lukas von   58
Weizsäcker, Richard von   63
Wiechert, Ernst   40, **137 ff.**
Wierusz-Kowalski, Alfred   155
Wilhelm II., deutscher Kaiser und
   König von Preußen   54, 118
Winfried von Kniprode   21
Wisent   17, **116**
Władysław (Ladislaus) III. Jagiełło,
   Großfürst von Litauen und König
   von Polen   22, 31
Wojtyła, Karol   s. Johannes Paul II.
Wulff, Johann   188
Wyszyński, Kardinal Stefan   30, 31,
   89

Yorck von Wartenburg, Hans David
   Ludwig Graf   24

Zachwatowicz, Jan   48

REGISTER

Ortsregister

Alle   s. Łyna
Allenstein   s. Olsztyn
Alt-Rosenthal   s. Stara Różanka
Angerapp   s. Węgorapa
Angerburg   s. Węgorzewo
Auersberg   s. Turowo
Augustów   159, **162**
Augustów-Heide (Puszcza Augustowska)   15, **164**
Augustów-Kanal   158, 162, **163 f.**

Bachanowo   157
Banie Mazurskie (Benkheim)   120
Barciany (Barten)   107 f.
Barczewo (Wartenburg)   **84 f.**
Barten   s. Barciany
Bartenstein (Bartoszyce)   89
Bartoszyce   s. Bartenstein
Beldahn-See   s. Bełdany
Bełdany (Beldahn-See), jez.   130, 133, 142
Benkheim   s. Banie Mazurskie
Biebrza   14, 16, 17, 148
Biebrzański Park Narodowy   16, **148 f.**
Błąkały   120
Błaskowizna   156
Boborowo (Bieberstein)   107
Bolesławiec (Bunzlau)   164
Borki (Borken)   117
Braniewo (Braunsberg)   31, 39, **61 f.,** 98
Braunsberg   s. Braniewo
Brożówka, jez.   116
Buchwalde   s. Buczyniec
Buczyniec (Buchwalde)   52, 53
Budzisko   157
Butryny   76

Cadinen   s. Kadyny
Całuny Nowe (Kußfeld)   52
Cisowa Góra   157
Crossen   s. Krosno

Czarna Hańcza   157, **158,** 159
Czerwony Dwór (Rothebude)   117
Czos (Schoß-See), jez.   125

Dajtki   76
Danzig   s. Gdańsk
Dargin (Dargeinen-See), jez.   111, 116
Dawidy (Davids)   63
Deutsch Eylau   s. Iława
Dietrichswalde   s. Gietrzwałd
Dobre Miasto (Guttstadt)   **85,** 98, 112
Dobskie (Doben-See), Jez.   16, 99
Dönhoffstädt   s. Drogosze
Dorotowo   80
Dowspuda   162
Drausen-See   s. Druzno
Drewenz-See   s. Drwęckie
Drogosze (Dönhoffstädt)   78, **106 f.**
Druzno (Drausen-See), jez.   52
Drwęckie (Drewenz-See), Jez.   64
Duś (Duß-See), jez.   140

Eckertsdorf   s. Wojnowo
Elbing   s. Elbląg
Elbląg (Elbing)   14, 17, 38, **46 ff.,** 112
Ełk (Lyck)   14, 17, **146 ff.**
Ełk (Lyck; Fluß)   117

Finckenstein   s. Kamieniec
Frauenburg   s. Frombork
Friedrichstein   42, 106, 107
Frische Nehrung (Mierzeja Wiślana)   46, 50, **54, 59 ff.**
Frisches Haff (Zalew Wiślany)   46, 52, **54, 59 ff.**
Frombork (Frauenburg)   12, **55 ff.**

Gawrych Ruda   158
Gdańsk (Danzig)   14, 21, 24, 25, 37, 38, **39,** 41, 46, 47, **48 f.,** 112, **168 ff.**
– Długi Targ (Langer Markt)   172 ff.

223

– Dwór Artusa (Artushof)   175
– Kościół Mariacki (Marienkirche)
   37, **179 ff.**
– Kościół św. Katarzyny (Katharinen-
   kirche)   184
– Oliwa (Oliva)   188
– Ratusz Głównego Miasta (Rathaus)
   175 ff.
Geserich-See   s. Jeziorak
Gierłóż (Görlitz)   101
Gietrzwałd (Dietrichswalde)   **77 ff.**
Giżycko (Lötzen)   14, **95 ff.,** 112
Gładysze (Schlodien)   63
Gołdap (Goldap)   112, **117 f.**
Gołdapska Góra   (Goldaper Berg)
   117
Gołdopiwo (Goldaper-See), jez.   116
Góra Dylewska (Kernsdorfer Höhen)
   14
Góra Szeska (Seesker Höhen)   117
Grabowe Grądy   156
Große Masurische Seenplatte (Wiel-
   kie Jeziora Mazurskie)   13, **94 f.,**
   124
Grunwald (Grünfelde)   21, **82**
Gulbieniszki   157
Gutkowo   76
Guttstadt   s. Dobre Miasto

Hańcza, jez.   156, 157
Heiligelinde   s. Święta Lipka
Heilsberg im Ermland   s. Lidzbark
   Warmiński
Hejdyk (Heidig)   143
Hohenstein   s. Olsztynek

Iława (Deutsch Eylau)   52, **65**

Jaczno, jez.   157
Januszewo (Januschau)   115
Jeziorak (Geserich-See), jez.   14, **65**
Johannisburg   s. Pisz
Johannisburger Heide (Puszcza Piska)
   15, 16, **136 ff.**
Juno, jez.   125

Kadyny (Kadinen/Cadinen)   54
Kadzidłowo (Einsiedeln)   139
Kahlberg   s. Krynica Morska
Kamieniec (Finckenstein)   65, **66,**
   78, 79
Kanał Augustowski   158, 162, **163 f.**
Kanał Elbląski (Oberländischer Kanal)
   52 f.
Karnity (Karnitten)   78
Karwica (Kurwien)   143
Karwiny (Karwinden)   63
Kętrzyn (Rastenburg)   38, 39, **100,** 112
Kirsajty, jez.   111
Kisajno (Kisain-See), jez.   95, 96
Krosno (Crossen)   91
Kruklanki (Kruklanken)   98, 116
Krutyń (Kruttinnen)   139, 140
Krutynia (Kruttinna)   14, **130, 139,** 140
Krutyńskie, Jez.   139
Krynica Morska (Kahlberg)   59
Krzyże (Kreuzofen)   143
Kurpie   144

Lampackie (Lampasch-See), Jez.   130
Lejdy (Legden)   109
Lenzen   s. Łęcze
Lidzbark Warmiński (Heilsberg im
   Ermland)   12, 58, **85 ff.,** 98
Liesken   s. Liski
Lipsk   149
Liski (Liesken)   89 f.
Lötzen   s. Giżycko
Löwentin-See   s. Niegocin
Lucknainen-See   s. Łuknajno
Lwowiec (Löwenstein)   107, 109
Lyck   s. Ełk

Łańskie (Lansker-See), Jez.   76
Łaźno (Haschner-See), jez.   117
Łęcze (Lenzen)   54
Łuknajno (Lucknainen-See), jez.   16,
   133
Łupstych   76
Łyna (Alle)   14, 85
Łyse   144

REGISTER

Malbork   192
Mamry (Mauer-See), jez.   14, 94 f.,
   116
Marienburg (Deutschordensburg)
   21, 37, 38, 39, **192 ff.**
Marienburg (Ort)   s. Malbork
Markowo (Reichertswalde)   64, 78,
   79
Masurische Seenplatte   s. Große
   Masurische Seenplatte
Mauer-See   s. Mamry
Mazury (Masuren; Ort)   117
Mierzeja Wiślana (Frische Nehrung)
   46, 50, **54, 59 ff.**
Mikołajki (Nikolaiken)   17, **131 ff.**
Mohrungen   s. Morąg
Mokre (Mucker-See), jez.   139
Mołtajny (Molteinen)   110
Momajny (Momehnen)   107
Morąg (Mohrungen)   **63,** 112
Motława (Mottlau)   177 ff.
Mrągowo (Sensburg)   14, 112, **125,
   128**
Myszyniec   144

Narew   144
Nationalpark   s. Wigierski, Biebr-
   zański Park Narodowy
Neidenburg   s. Nidzica
Nidzica (Neidenburg)   **83**
Nidzkie (Nieder-See), Jez.   96, 138,
   142
Nieder-See   s. Nidzkie
Niedźwiedzi Róg   133
Niegocin (Löwentin-See), jez.   95
Nizina Mazowiecka (Masowische
   Tiefebene)   13
Nogat   192
Nowogród Łomżyński   **144**

Oberländische Seenplatte (pojezierze
   Iławskie)   13, **46**
Oberländischer Kanal (Kanał Elbląski)
   52 f.
Okul-See   s. Ukiel

Olecko (Treuburg/Marggrabowa)
   120, 162
Oliwa (Oliva)   188
Olsztyn (Allenstein)   14, 17, 26, 39,
   59, **71 ff.,** 79, 112
Olsztynek (Hohenstein)   23, **80 f.**
Orneta (Wormditt)   91
Ortelsburg   s. Szczytno
Osowiec   149
Ostróda (Osterode)   52, 53, **64**
Ostrykół (Ostrokollen)   148

Pasłęk (Preussisch Holland)   63
Pasłęka (Passarge)   14, 61, 80
Pasym (Passenheim)   83
Peitschendorf   s. Piecki
Piecki (Peitschendorf)   137
Piersławek   137
Pilwąg (Pillwung-See), jez.   117
Pisz (Johannisburg)   **143, 145**
Pluszne (Großer Plautziger-See), Jez.
   76
Pojezierze Iławskie (Oberländische
   Seenplatte)   13, **46**
Pojezierze Suwalskie (Suwałki-Seen-
   platte)   13, **152**
Popielno (Popiellnen)   17, **133 ff.**
Pozezdrze (Possessern)   98, **111**
Pranie (Seehorst)   143
Preussisch Holland   s. Pasłęk
Prostki (Prostken)   148
Puńsk   157
Puszcza Augustowska (Augustów-
   Heide)   15, **164**
Puszcza Borecka   17, **116 f.**
Puszcza Piska (Johannisburger Heide)
   15, 16, **136 ff.**
Puszcza Romincka (Rominter Heide)
   118 ff.

Radosze (Freudenberg)   107
Rajgród   148
Rapa (Kleinangerapp)   120
Rastenburg   s. Kętrzyn
Reichertswalde   s. Markowo

225

Reszel (Rössel)   39, **106**
Rominter Heide (Puszcza Romincka)
   118 ff.
Rosenberg   s. Susz
Rössel   s. Reszel
Ruciane-Nida   142
Rutka   157
Rychnowo (Reichenau)   81
Ryn (Rhein)   125

Sawaden   s. Zawady
Schlodien   s. Gładysze
Schwenzait-See   s. Święcajny
Sejny   26, **159 f.**
Sejwy, jez.   157
Sensburg   s. Mrągowo
Serwy, jez.   159
Siemiany (Schwalgendorf)   65
Słobity (Schlobitten)   **63,** 78, 79
Smolniki   157
Śniardwy (Spirding-See), jez.   14,
   94, **133,** 134
Sopot (Zoppot)   189 f.
Sorkwity (Sorquitten)   37, 78, **128 ff.**
Spirding-See   s. Śniardwy
Stańczyki (Staatshausen)   119 f.
Stara Różanka (Alt-Rosenthal)   110
Stary Folwark   158
Stębark (Tannenberg)   82
Steinort   s. Sztynort
Stoczek Klasztorny (Springborn)   30,
   89
Stutthof   s. Sztutowo
Suchacz (Succase)   54
Sulejki (Suleiken)   120 f.
Susz (Rosenberg)   65
Suwałki   17, 152, **154 f.**
Suwałki-Seenplatte (pojezierze Su-
   walskie)   13, **152**
Święcajny (Schwenzait-See), jez.   116
Święta Lipka (Heiligelinde)   39, **103 ff.**
Sząbruk (Schönbrück)   80
Szczurkowo (Schönbruch)   109
Szczytno (Ortelsburg)   83
Szeska Góra (Seesker Höhen)   14

Szestno (Sehesten)   125
Szeszupka   156
Sztutowo (Stutthof)   59 f.
Sztynort (Steinort)   42, **114 f.**
Szurpiły, jez.   157
Szwajcaria   **156**
Szwałk (Schwalg)   117
Szwałk (Schwalg-See), jez.   117
Szymbark (Schönberg)   65 f.

Tannenberg   s. Stębark
Tomaszkowo   80
Treuburg   s. Olecko
Turowo (Auersberg)   148

Ukiel (Okul-See), jez.   76

Wartenburg   s. Barczewo
Węgorapa (Angerapp)   115
Węgorzewo (Angerburg)   96, **115 f.**
Wiartel   143
Wielka Guzianka (Guschienen-See),
   jez.   142
Wielkie Jeziora Mazurskie (Große Ma-
   surische Seenplatte)   13, **94 f., 124**
Wierzba (Spirding)   133
Wigierski Park Narodowy   16, **158**
Wigry, jez.   14, **158,** 159
Wilkasy   96
Wodziłki   156
Wojnowo (Eckertsdorf)   37, 88, **140 f.**
Wolfsschanze   **101 ff.**
Wolisko   116
Wormditt   s. Orneta
Woźnawieś   149
Wulpinskie (Wulping-See), Jez.   80
Wzniesienie Elbląskie (Elbinger
   Anhöhen)   54

Zalew Wiślany (Frisches Haff)   46,
   52, **54, 59 ff.**
Zawady (Sawaden)   148
Zoppot   s. Sopot

Żywkowo (Schewecken)   109

DUMONT
REISE-TASCHENBÜCHER

»Was den DUMONT-Leuten gelungen ist: Trotz der Kürze steckt in diesen Büchern genügend Würze. Immer wieder sind unerwartete Informationen zu finden, nicht trocken eingestreut, sondern lebhaft geschrieben... Diese Mischung aus journalistisch aufgearbeiteten Hintergrundinformationen, Erzählung und die ungewöhnlichen Blickwinkel, die nicht nur bei den Farb- und Schwarzweißfotos gewählt wurden – diese Mischung macht's. Eine sympathische Reiseführer-Reihe.«
Südwestfunk

»Zur Konzeption der Reihe gehören zahlreiche, lebendig beschriebene Exkurse. Sie vertiefen zentrale Themen und sollen zu einem abgerundeten Verständnis des Reiselandes führen.«
Main Echo

Weitere Informationen über die Titel der Reihe DUMONT Reise-Taschenbücher
erhalten Sie bei Ihrem Buchhändler oder beim
DUMONT Reiseverlag · Postfach 10 10 45 · 50450 Köln · www.dumontreise.de

DUMONT RICHTIG-REISEN

»Den äußerst attraktiven Mittelweg zwischen kunsthistorisch orientiertem Sightseeing und touristischem Freilauf geht die inzwischen sehr umfangreich gewordene, blendend bebilderte Reihe ›Richtig Reisen‹. Die Bücher haben fast schon Bildbandqualität, sind nicht nur zum Nachschlagen, sondern auch zum Durchlesen konzipiert. Meist vorbildlich der Versuch, auch jenseits der ›Drei-Sterne-Attraktionen‹ auf versteckte Sehenswürdigkeiten hinzuweisen, die zum eigenständigen Entdecken anregen.«
Abendzeitung, München

»Zum einen bieten die Bände dem Leser eine vorzügliche Einstimmung, zum anderen eignen sie sich in hohem Maß als Wegweiser, die den Touristen auf der Reise selbst begleiten.«
Neue Zürcher Zeitung

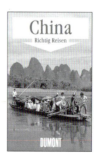

Weitere Informationen über die Titel der Reihe DUMONT Richtig Reisen erhalten Sie bei Ihrem Buchhändler oder beim
DUMONT Reiseverlag · Postfach 10 10 45 · 50450 Köln · www.dumontreise.de